1968年のカップ・ファイナル後、フランコはにこりともせずに総統杯——国王杯を自身にちなんで改称したもの——をバルセロナのサルドゥア主将に渡す。内戦後、決勝での初対決で、カタルーニャのクラブはレアル・マドリードをオウンゴールにより1-0と破った。*Popperfoto*

英国人フレッド・ペントランドはアスレティック・ビルバオにプロのサッカーを教えた。1959年12月8日、サン・マメスで行われた記念試合でチェルシーのジミー・グリーヴズとロン・ティンドルを両脇に従えキックオフ。
Sr Elorza/Athletic Bilbao

MARCA
COLECCIONABLE FASCICULO
REAL SOCIEDAD
50 LIGAS DE PRIMERA
EN 1989 SE DA UN GIRO DE 180 GRADOS EN LA POLITICA DEPORTIVA DEL CLUB
EXTRANJEROS, Sí

CON BORONAT, A EUROPA
■ Boronat vuelve a llevar al equipo a Europa, aunque no llega a terminar la temporada 1990-91

ADIOS A UNA TRADICION
■ Con la llegada de Aldridge, Atkinson y Richardson cae la vieja tradición de no jugar con extranjeros

GOLES A MONTONES
■ Satrústegui es, con 133 "dianas", el mayor goleador de la historia de la Real en la Primera división

スペイン人は否、外国人は是。1989—90年シーズン、バスクのクラブであるレアル・ソシエダードは初めて獲得した外国人選手、ダリアン・アトキンソン、ジョン・オルドリッジ、ケヴィン・リチャードソンを盛大に歓迎する。*Marca*

英国の影響はいまも残る。1870年代のアンダルシアのサッカー伝道師、スペイン最古のクラブの中心人物だったアレグザンダー・マッケイの名を伝えるレクレアティボ・ウエルバのペーニャ。*Phil Ball*

「思いきり蹴ったら、それがはいった」ヘスス・サモラの土壇場のゴールが1981年のレアル・ソシエダードのタイトル獲得を決める――マドリード外にあるチームによるフランコ没後初のリーグ制覇。*Marca*

フランコの死後、改めて主張されるバスクのアイデンティティ。ビルバオのホセ・イリバル(左)とレアル・ソシエダードのイグナシオ・コルタバリアがバスクの旗を掲げる。1976年12月、サン・セバスティアンのアトーチャ・スタジアム。*As*

1936年国王杯決勝、バルセロナのホセ・エスコラのシュートを阻むリカルド・サモラ。レアル・マドリードが2-1で勝利し、かつてバルサの偶像だったサモラは内戦後にフランコから勲章を授与される。*As*

内戦中に死亡したバルセロナの会長の記念行事に集まるジョゼップ・スニョールの友人たち。左から三人めはトニ・ストルベル。墓石の綴りがカタルーニャ語ではなくスペイン語のSuñolになっている。
Jesús Fernández Blay

ペペ・サミティエル。20年代のバルセロナの放蕩児であり、50年代のベルナベウの友人にしてディ・ステファノのレアル・マドリード移籍の鍵となった人物。
Museu FC Barcelona, President Núñez, Colleció Fútbol Art, Pablo Ornaque

1992年のウェンブリー、レアル・マドリードの欧州チャンピオンズカップ制覇をうらやんできたバルセロナがついに栄冠に輝く。喜ぶロナルト・クーマン(左)とフリスト・ストイチコフ。*Colorsport*

フェレンツ・プスカシュがペナルティを叩きこむ。1960年、ハムデン・パークでの欧州チャンピオンズカップ決勝、レアル・マドリードが7-3で圧勝したアイントラハト・フランクフルト戦で彼が決めた4ゴールのひとつ。
Empics/Topham

セビーリャのサンチェス・ピスフアン・スタジアムの入口には、ここを訪れた世界のトップクラブへのオマージュが描かれている。アスレティック・ビルバオのファンはチーム名の正しい表記を望むだろう。*Simon Inglis*

いったん詐欺師となったら、もうやめられないのか？　1970年にバルセロナから、84年にはノッティンガム・フォレストから不正を糾弾された疑惑の審判、エミリオ・グルセタ。*EFE*

アトレティコ・マドリードの抱える難問。発祥地はビルバオ、本拠地はマドリード、スポンサーはアンダルシアのマルベリャ。写真は1996年の二冠達成時で、中央がご満悦のヘスス・ヒル会長。4年後、彼は投獄され、アトレティコは2部へ降格した。*Empics*

1964年、欧州ネーションズカップを制覇し、国際大会初優勝を祝うルイス・スアレス（前列中央）とスペイン代表。決勝でのソ連に対する勝利をフランコは最大限に利用した。*Mark Leech/L'Equipe*

ネーションズカップで優勝を決めたゴール。終了7分まえにマルセリーノ（右端、地面の上）のヘディングがレフ・ヤシンを破り、ベルナベウでのスペインの2-1の勝利が決まる。*EFE*

ユーロ2000から去るラウル。フランス戦でPKをミスするも、いまだアンタッチャブルな存在。*Empics*

悪夢のような地元開催の1982年ワールドカップ、ジェリー・アームストロング（北アイルランド）の一撃がルイス・アルコナーダの股間を抜く。*Colorsport*

イタリア人の呪い。1994年ワールドカップ準々決勝、終了間際にマウロ・タソッティに肘打ちされ、治療を受けるルイス・エンリケ。スペインは2-1で敗れる。*Allsport*

バルサとレアル　スペイン・サッカー物語

MORBO : The Story of Spanish Football
by
Phil Ball

装幀　花村 広

三人のD、
デイヴィッド、ドリス、ダイアナに

目次

はじめに

子供のころ、ティータイムのニュース番組でパンプロナの牛追い祭を見た。当時の私は、ニュースをちゃんと聴かないまでもスクランブルエッグを食べながら画面をちらちら見あげるような年ごろだった。その夜に見たものを疑問に感じたことはなかったが、そこに映し出された狂騒は子供らしいゆがんだ夢のように記憶に刻みこまれ、私はそれから何年も、スペイン人は日ごろから恐ろしい牛に追いかけられて国じゅうの通りを走っているのだと思いこんでいた。

スペインの人は毎日、おそるおそる左右を確認しながら戸口のステップを降りるにちがいない。そう信じきっていたので、学校には親に連れられてこの不思議の国を休日に訪れた友達もいたけれど、あんな面倒をどう切り抜けたのかあえて訊く気にはなれなかった。そんなことは知らないほうがいい。考えるだけで充分だし、サンタクロースの死と同じで、結局、真相はまるでおもしろみがないということもある。まさか自分がいつの日か、その国に暮らして本を書き、子供までもうけるとは夢にも思わなかった——それもパンプロナから車で半時間のところで。あのころ見たような狂騒はたしかにここにある。憶えていたイメージとはちがっているにしても。

本書はスペイン・サッカーについて書いたものだが、この国の一風変わった特徴を定めるのはサッカーではない。ヨーロッパという枠組みのなかでは、スペインの文化がいちばん色分けしにくく、英国ばかりか、ほかのヨーロッパ諸国でも勝手な印象を抱かれてきた。もっとも、馴れ親しんだ古い文化上のステレオタイプについては、過去十年のあいだに認識の変化が起きつつある。

いまではたいていの人が知っていることだが、スペインは強い自治権をもつ地域の緩やかな連合体で、実際に扇を振ってセビリャーナスを踊る習慣があるのは一地域にすぎない。ただ、スペインの最深部はいまだ珍獣に等しく、英国のミドルクラス向けパッケージ旅行とは大きな差がある。V・S・プリチェットが一九五〇年代に書いたように、スペインは、国境で「ヨーロッパ」——それが何であるかはともかく——から断絶しているのだ。

イングランドは小さな家でいっぱいだ。フランスは見るからに緑のリノリウムで、生い茂る草地の国である。ところがピレネー山脈の向こうにあるスペインは、赤茶と黄と黒にあふれており、岩と砂のなかで踏ん張るくすんだ牡牛を思わせる。

数多くの作家がスペインについて同じような意見を述べてきた。どこか孤立している、隔離されている、文字どおり「遠くにある」など。何日かでも住んでみれば、誰だってほかの世界が溶けていくように感じるだろう。新聞には国際面があるものの、いまだにあとから仕方なく付け足したように読める。どのみちあまり読まれることはなく、スペインは国民ひとりあたりの新聞購読率がヨーロッパ最低に近い。人々はそれぞれの生活をおくり、ほかの世界が何をしてもかまわないようだ。

ある意味では、子供のころに感じたよりも現実の国のほうがはるかにおかしい。何よりここは極端の国、パラドックスが山ほどある地だからだ。たとえば、多くの市民はいまだに服装も態度も型どおりで保守的だが、一方でははなはだ反権威主義的で、哀れな警察やサッカーの審判にとって悩みの種となる。新興の中産階級はジムに集って運動したあと、トラックスーツ姿のまま紫煙が立ちこめるバーでくつろぐ。男も女も、子供もおばさんも口が悪く、思いつくままありとあらゆるカトリック的感性の衣装をけがすのに、日曜の朝にはにせ貴族のように着飾って、主《しゅ》に罵りを聞かれなかったとばかり堂々と教会に歩いていく。罪悪感はグレイゾーン、つまりスペイン人にとっては立ち入り禁止区域なのだ。哀れにも部外者が疑いを差し挟もうものなら、怒鳴りつけられるのは必至だろう。普通のスペイン人にすれば、少なくとも表向きは黒と白しかなく、その中間にあるものはどれも軟弱で取るに足らない。

なかでもサッカーには最大のパラドックスがある。スペイン人はしきりに自信があるそぶりを見せるが、彼らの致命的な弱点は劣等感なのだ。なぜ引け目を覚えるのかははっきりしないものの、ひょっとしたら十六世紀の無敵艦隊に関係があるのかもしれない。スペイン史上もっとも偉大な作家であるセルバンテスは愉快な長篇のなかで、それは物事を直視したがらないから、ありのままに見ることを避けたがるからではないかと示唆し、三百年後にピカソもまったく同じことを述べている。スペイン人の心理に見られる、現実と願望のあいだにある致命的な溝こそ、歴史的にはこの国特有の機能不全の原因だったのではないだろうか。

サッカーは過去を忘れるチャンスを提供してくれた。遠く一八七〇年代前半には、アンダルシアのティント川《リオ・ティント》流域にある乾燥したセロ・コロラドの地、イングランド人が経営するウエルバ北部の銅山で働きはじめたスペイン人労働者たちが〝フットｰボール(foot-ball)〟で雇い主たちを負かしている。ここには衰弱を招く劣等感という病を振り払える何かがあった――シンプルな目的と急場しのぎの美しさを備えたゲームが。これによって八十年後の独裁者フランコは、長年にわたり荒野で苦しんできた国を国際社会に復帰させられると確信することとなる。そして当然のことながら、スペインが二十世紀有数の不況にあった時期にレアル・マドリードがめざましい活躍で国のイメージを変えたのであり、彼らがヨーロッパに君臨した時代は十六世紀以来のもうひとつの黄金時代として回顧される。もちろん、それは偽りなのだが、失望と国際的な孤立感を和らげてくれただけに、この考え方はいまも根強い。

ある意味ではスペイン・サッカーがすばらしいので、国を維持するためにほかのものはほとんど必要ないともいえる。偉大な芸術家や詩人はいなくなったかもしれないが、ここにはサッカーがある。ほかの面では分裂した国をこのゲームがひとつにし、熱狂のなかで対話をどんどん盛りたてていく。スペイン人は大の会話好きで、バーで見ず知らずの人にサッカー談義をもちかければ、男でも女でもかならず反応してくれるはずだ。男性優位《マチスモ》という言葉はもともとスペイン語なのに、ここでは女性もこのゲームの除け者にされてはいない。誰もが話題に通じていて、誰もが意見をもっている。サッカー専門の日刊タブロイド紙『マルカ』には、なんとも冗長でこまごましたゴシップが載っていて思考力が麻痺しそうになるが、これがスペインでは最大の販売部数を誇る新聞なのだ。皮肉などではなく、このタブロイド紙ではレアル・マドリードの選手の朝食メニューまで読むことができる。

もっとも、スペインのサッカーが単なるスポーツ上の現象であるかのような書き方をしたなら、本書は内容に乏しい不誠実なものとなっただろう。このスポーツの歴史について考えれば、サッカーと政治という二本の荒れた川の合流点に行き着くのは避けられない。スペイン人の書き手なら、水流が出会ったのはフランコの登場以降にすぎないと訴えるだろうが、私にはそもそもの初めから、マドリードとバルセロナがこのゲームを発見した瞬間からふたつの流れは出会っていたように思える。本書がその二チームと、ほかのクラブに関するものであるのはいうまでもない。完全記録とはいわないまでも、私が理解する範囲での、この国のゲームがもつ文化と政治の興味深い側面の調査報告ではある。

ヨーロッパ全体、とりわけ英国では、スペイン・リーグを構成するチームの多くが、純粋にサッカーの点から以前にもまして認知されつつある。二〇〇〇年の欧州チャンピオンズリーグ決勝レアル・マドリード－バレンシア戦や、かつては限られたチームで戦われていたヨーロッパの大会での新顔クラブの台頭によって、スペインのサッカーシーン全般がますます知られるようになってきている。バレンシアは英国でも名を知られていたが、それはひとえに一九八〇年のカップウィナーズカップ決勝のPK戦でアーセナルのグレアム・リクスがキックを失敗したおかげだし、ガリシアの荒野にあるセルタ・デ・ビーゴやデポルティボ・デ・ラ・コルーニャといったチームは、これまではなじみ深い名前ではなかった。

一九九八－九九年のUEFAカップでアストン・ヴィラとリヴァプールを撃破したセルタの躍進と、一九九九－二〇〇〇年に国内のリーグタイトルを獲得したデポルティボの見事な戦いぶりが現在の状況に大きく貢献している。一九九九年の夏にはレアル・マリョルカまでがヨーロッパに進出し、最後の開催となったカップウィナーズカップ決勝、ヴィラ・パークでのラツィオ戦で惜しくも散った。いまや人々は、エスパニョールというチームもバルセロナにあることや、ラーヨ・バリェカノもまたマドリードのクラブであることを知っているようだ。さらに、『ラフガイド』(*The Rough Guide to European Football*)のようにヨーロッパのメジャーなクラブの歴史と文化の両面に重きを置く本が存在するのは、研究熱心な新しいファンがいる証拠のような気がしてならない。

デポルティボのタイトルは、これと並行して全体のレベルアップが進んでいることを説明しているのではないか。以前のリーグはふたつのクラブによるレースと考えられていた。ことテレビ放映と一般メディアの話題に関しては、いまでもバルセロナとレアル・マドリードが牛耳っているが、いわせてもらうなら、すでに事態は否応なく変化している。近年、裕福な会長がキノコのようにつぎつぎに出現しているのは、上向きの経済がフランコ時代を過去に葬り、富がより広く分配されつつある証だろう。かつてはビッグ2だけが用意できた高額のオファーに張り合えるチームが、増えてきている。二大クラブの覇権という認識は残っているものの、平均的なファンはもはや、スペイン版サッカーくじのラ・キニエラで自動的にレアル・マドリードとバルセロナの勝利に賭けるのをためらうはずだ。

何よりも、スペイン・サッカーはヨーロッパのどのサッカーにもまして各地域の文化を色濃く反映している。スペインのサッカーは地域文化の表現と切り離せないといってもいい。それはまったく同じものなのだ。どの街も、どの地域も、独自のアイデンティティを熱烈に意識している以上、サッカーがこの現象の強力な触媒として盛んになったのも驚くにはあたらない。この地域主義に支えられてサッカーは繁栄していく。本書では便宜上、〝スペイン人〟とか〝スペイン〟といった単語を使うが、国民の多くがそうした名前で呼ばれるのに反発することは肝に銘じなくてはならない。

結局のところ、四十年にわたるフランコの中央集権主義は妥協を知らなかったために、従順だったムルシアやエストレマドゥラを含めたさまざまな土地に地域ナショナリズムをはぐくむこととなった。すべてがばらばらになれば、中央はもちこたえられない——体制がもちこたえると本気で予想した者がいたわけでもないのだが。それぞれの地域は誰が誰のために闘ったかを記憶し、忘れたことがない。分割された大地に発展したサッカー場も、忘れたことがない。

最後になるが、このささやかな旅をはじめるまえに私の母の言葉を引用しておきたい。サッカーの人気に対して母がずっと抱いていた不信感は、こんな不朽の名文句に集約された。「二十二人のばかな男たちが革の塊《かたまり》を蹴りまわすことにどうしてそんなに興奮するのか、わたしにはさっぱりわからない」サッカーの根本にある不合理——それが重要なものになっているということ——が、この詩作の十分の九を占めている。もしあなたにそれがわかるなら、きっとこの本を楽しんでいただけることだろう。

二〇〇〇年十一月、サン・セバスティアンにて

フィル・ボール

スペイン地図

主なサッカークラブのあるホームタウン
自治州
アストゥリアス
カンタブリア
バスク
ガリシア
ヒホン
ラ・コルーニャ
サンタンデール
サン・セバスティアン
フランス
オビエド
イルン
サンティアゴ・デ・コンポステラ
ビルバオ
パンプロナ
ビトリア
ビーゴ
ブルゴス
カスティーリャ・イ・レオン
ログロニョ
ナバラ
バリャドリード
カタルーニャ
ラ・リオハ
サラゴサ
バルセロナ
タラゴナ
アラゴン
サラマンカ
マドリード
マドリード
ポルトガル
バレンシア
ビリャレアル
トレド
パルマ
エストレマドゥラ
カスティーリャ・ラ・マンチャ
バレンシア
マリョルカ島
メリダ
バダホス
アルバセテ
アリカンテ
エルチェ
ムルシア
アンダルシア
ムルシア
ウエルバ
セビリア
マラガ
カディス
アルジェリア
モロッコ
カナリア諸島
サンタ・クルス
ラス・パルマス
テネリフェ島
グラン・カナリア島

1　モルボ

スペイン・サッカーのキーワード

「モルボ（morbo）」がキーワードだ、とスペインではいわれる。問題はこれがおいそれとは訳せない厄介な単語であることだ。いくらがんばっても、この言葉の意味をはっきり定めることはできないだろう。曖昧模糊《あいまいもこ》とした意味合いがいろいろあって、手ごろな英語の類義語が当てはまることはない。辞書を引いても、サッカーとは無関係の意味が載っているので、かえって混乱が増すのが落ちだ。たいていは名詞として扱われて「病気」などと訳されているが、それでは目下の文脈にふさわしくない。けれども、この言葉がなければ完全なスペイン・サッカー史とはいえないので、きちんと向き合う必要がある。せめて、「ムーチョ・モルボ」という言い回しがよく使われることくらいは、いまの段階で記しておいたほうがいいだろう。たしかに、この国には「たくさんのモルボ」があるのだから。

手はじめに、レアル・マドリードとバルセロナを取りあげてみよう——この概念、そしてスペイン・サッカー全般へのもっとも簡単な手引きだ。両チームのあいだにはモルボがはびこっていて、この現象を悪魔払いするには相当にタフな司祭を雇わなくてはならない。だが、モルボは退治される可能性もつねに想定している。部外者がショックを受けるほどの激しい敵意が両者のあいだにあるだけではない。対戦するたびに、そこには新たな成分がもたらされるのだ。これがモルボの真髄である。それはみずからを糧として成長をつづけ、やがて自律した不滅の有機体となる。まるでSFファンタジーの不気味な生物だが、この生物は新たな成分などなくても楽々と生きていける。そもそもいったんモルボが生じたら、死ぬことはありえない。

スペインという国には執念深いところがある。作家のジャン・モリスが言ったように、みずから傷を負う術《すべ》に余念がない国で、「同胞に対して残酷な行為をはたらく」ことが少なくない。内戦で戦った者も被害を受けた者も、フランコ政権をとことん憎んだ市民も愛した市民も依然として共存しているのだから、激辛スープのレシピは用意されたも同然だ。バルセロナとマドリードのあいだには、カタルーニャ側が頑なになるまえから犬と猫のような対立がたえず存在しており、それがモルボの根拠になっている。しかもスペイン人は炎を煽りたてるのがすこぶるうまい。

サッカー専門紙『マルカ』は新シーズンのスパイス調合にかけては無敵のエキスパートだ。バスク地方で創立されたにもかかわらず、マドリードに拠点を置き、地元のヒーローたちへの忠誠を隠そうとしないうえに、カタルーニャ人全般、とくにFCバルセロナには敵意をむき出しにする。二〇〇〇年七月にポルトガル人ミッドフィルダー、ルイス・フィーゴがバルセロナからレアル・マドリードへの移籍で世界最高額の選手となったとき、マルカ紙は文字どおり狂喜した。反響はリヒター・スケールを振り切り、この移籍をバルセロナ信者たちは彼らのイメージと魂に対する侮辱と受け取った。

前例は数少なかった。近年ではわずかにミカエル・ラウドルップとベルント・シュスターが同様の移籍を敢行したにすぎない。ラウドルップはフィーゴのようにサポーターに人気があったが、当時バルセロナの監督を務めていたヨハン・クライフとの確執が公になっていた。一九八八年のシュスターの移籍はカタルーニャの首都で物笑いの種となるばかりで、残念に思った者はほとんどいない。一方、バルサ信者たちを魅了し、名実ともに絶頂期を迎えていたフィーゴは、カタルーニャの大義からの転向者とみなされた。

二〇〇〇年十月二十二日、おそらくスペイン・サッカー史上もっとも悪名高い移籍から三カ月後、バルセロナのホーム、カンプ・ノウに戻ってきたフィーゴが受けたもてなしは、まさしく熱核爆弾並みだった。トラブルメーカーの評判を誇るマルカ紙は、フィーゴの耳のそっけない写真を掲載し、その下にこんな見出しをつけた。**フィーゴよ、耳が熱くなるぞ**。はたして顔のほてる思いをさせられ、安定感に定評のあるフィーゴは機能できなかった。勇敢にもコーナーフラッグに近づくたび、罵声や怒りのポーズやさまざまな物体のつるべ打ちに遭ったのだ。携帯電話三機と煉瓦《れんが》のかけら数個、自転車のチェーンにコインの雨など、審判の報告書には事細かく記されている。

試合に先立ち、数千人のサポーターが五千ペセタ札にフィーゴの顔を重ねてFigo, pesetero（フィーゴ、金の亡者）という文句をその上に記した無数のコピーの作成にいそしんだ。さまざまな点で、この移籍は一九五三年のディ・ステファノ事件（6章で概略にふれる）に劣らない過熱した反応をもたらした。どちらもモルボの典型例である。

その三年まえには、きわめて堅実で親しみやすいスペイン人選手、ルイス・エンリケがマドリードからバルセロナに移籍した。マルカ紙は——野次が足りない場合に備え——、まえもってスペイン国民に彼が裏切り者《トライドル》であると思い出させることにした。「裏切り者に何が起こるかはみなさんご存じのとおり」とまで書いたほどだ。フィーゴとはちがってルイス・エンリケは両チームの対戦で得点し、その後も着実に自身のモルボ指数を高めつづけている。古巣との試合で得点するたびにシャツのカタルーニャの紋章にキスをし（本人はカタルーニャ人ではないが、それはたいした問題ではない）、バルセロナのように活気のある開放的な街に住めて幸せだとプレスに語る――もちろん、マドリードは正反対といわんばかりに。

デンマーク人のミカエル・ラウドルップは一九九四年に逆方向の移籍をして、四連覇を遂げたバルセロナの〝ドリームチーム〟時代に終止符を打った。チリ人フォワード、イバン・サモラーノと絶妙なコンビを組み、移籍後最初のシーズンでマドリードのタイトル奪還に貢献している。ラウドルップほど奥ゆかしい男はそうそう見つからないが、そのシーズンのカンプ・ノウでの待遇はあまりに敵対的で、六年後のフィーゴ同様、彼は試合で力を発揮できなかった。たぶんラウドルップは、ドリームチームの美学を構築したことがレアル・マドリードへの移籍という厄介な状況のなかで情状酌量の効果をもつと思っていただろう。ところがその夜、白いシャツ姿の彼が現れただけで、この国が愛用するモルボの大量摂取は保証されたのだった。

試合まえ、国じゅうのバーでは男も女も子供たちも、それぞれの飲み物を手に言い合っていたことだろう。「やれやれ《ブエノ》……今夜のカンプ・ノウはモルボがいっぱいだ《ムーチョ・モルボ・エスタ・ノチエ・エン・エル・カンプ・ノウ》」哀れなラウドルップは翌シーズン、スペインでのゲームに対する意欲を失ってしまったように見えた。サーカスに倦《う》んだ彼はデンマークに帰国し、ワインへの興味を追い求めることとなる。子供のころに対処法をしつけられたことのない愚弄と非難から遠く離れて。

モルボはフィールドの外でも成長することができる。一九八〇年代前半、バルセロナの新しいマーケティング班は雇用主たちに新たな儲け話をもちかけることにした。カタルーニャ人はアイデア人間が多く、商売上手で何事にも勤勉な気風から国内では「スペインのユダヤ人」といわれている。ここでのアイデアは、当時すでに約九万人に達していたクラブ会員（ソシオ）は、名前と会員番号が刻まれた小さな煉瓦を購入することで愛するクラブとの絆をさらに固くできるというものだった。その煉瓦を、建設中の新スタンドの裏の壁にはめこむという寸法である。

このアイデアが認められると、料金が控えめだったせいか、数千人のサポーターが（名前だけでも）クラブと一体化したいと志願した。もちろん、クラブの経営陣は見落としていたのだが、このシステムは悪用もされやすい。不埒な行為をしでかしたのがどの会員なのかはいまだ未確認ながら、ひとりの裕福なレアル・サポーターが煉瓦の購入を目論んでひそかにバルサの年間会員となり、ある人物の名を彫らせた。サンティアゴ・ベルナベウ――レアル・マドリードの元会長、フランコの友、五〇、六〇年代にかけてのバルセロナのライバルクラブのゴッドファーザー。彼こそ、マドリード市街の中央に位置する現在のスタジアムに名前を与えた男である。

ベルナベウの名を記した煉瓦が実際にはめこまれたかどうかは怪しいが、マドリードのプレスはこの話に飛びつき、容赦なくカタルーニャ人をからかった。第三者にすれば理解しにくいかもしれないけれど、このようにカタルーニャ至上主義の文化的神殿を冒瀆するのは、敵の教会の洗礼盤に放尿するようなものだ。スペイン人にしても自分を笑い者にできることで有名というわけではないが、グラスゴーでレンジャーズやセルティックのファンが似たようないたずらを大目に見るのは考えにくい。ポール・ガスコインが対セルティック戦でゴールを祝してフルートを吹く真似をしたとき、その事件はスペインでも広く報じられ、モルボの典型的行為として解釈された（セルティックはカトリック教徒のクラブで、フルートはレンジャーズの支持層プロテスタントを象徴する）。たしかに、念のために説明するなら、セルティック対レンジャーズはこの概念の好例だし、どんな文化にも必然的にこの現象と似たものがあるはずだ。だが、スペインではそれがつねに国民とこのゲームとの関係を後押しする力となっている。

一九〇二年、FCバルセロナは創立三周年を、一方のマドリードFC（当時の名称）はそれより一年短い二周年を迎えた。サッカーは巣立ちはじめたばかりだったが、早くもそのパトロンになっていたアルフォンソ三世が同年に即位することが決まると、マドリードのカルロス・プラドス新会長は、首都で行われる戴冠式の関連行事と同時期にサッカーの大会を組織することを思いつく。五チームがこれに参加した。ビスカヤ（バスクの北西地域の名）、バルセロナ、マドリード、ニュー・フットボール・デ・マドリード、そしてバルセロナにあるもうひとつのチームで挑発的な名前をもつエスパニョール（Español）――このクラブがカタルーニャ語表記（Espanyol）に変更したのは、一九九〇年代なかばになってからである。

この大会でバルセロナとマドリードは最初の対戦を記録し、カタルーニャ人が3－1で勝利をおさめた。結局、決勝ではビスカヤがバルセロナを2－1で下したが、これ以降はバスク人が差を広げることになる。当時の新聞の切り抜きにあからさまなモルボは見当たらない。もっとも、大会は大いに関心を喚起し、誰に聞いても、首都の中央にある古い競技場は垂木にいたるまで満員で、決勝では入場時に十から二十五センタボの支払いを求められたという。後者など当時にしたらかなりの額だ。

モルボ・ウォッチャーにとっては、つぎのような些細な事実が興味深い。主催者たちは、決勝がカタルーニャ人とバスク人の対戦だったのが癪《しゃく》にさわったのか、即席の「慰安コンクール《コンクルソ・デ・コンソラシオン》」（いまでいう三位決定戦）を同じ日の午後にこしらえることを決定した。そこでマドリードが勝ったのはいうまでもない。新聞は、マドリードがその午後に手に入れたものをトロフィー《トロフェオ》という言葉で定義したが、これは誰かの銀細工コレクションから急いで調達したものにちがいない。すでにビスカヤが正式なトロフィーを授与されていたからである。そのカップは翌年、国王杯（コパ・デル・レイ）となり、以後、優勝チームに国王の手で贈呈されることになる。

全国規模のサッカー大会を開催する初の試みというにわかな盛りあがりのなかで、惨めな敗者というマドリードの評判はたちまち広まったのだろう。じつに、両チームがふたたび相まみえる機会が訪れたのは三年後、今度はバルセロナでのことだった。カタルーニャ人が5－2で連勝し、試合後、高級レストランの〈フランシア〉で、ホストが大切なゲストをもてなしたようだ。

……マドリードからの訪問者たちは、今回の対戦の反スポーツ性とやら、レフェリーの判定の不公平さ、一部の観客の無礼な言葉遣いについて遺憾で不適当な発言をし、このスポーツイベントの本質を貶《おとし》めた。

こうして一世紀にわたる反目ははじまった。

スペイン現代史の象徴

スペイン・サッカーの歴史を、この両雄以外のクラブの視点からに絞って書くのもおもしろいが、それでは拡大解釈のしすぎになるだろう。両クラブ間の反目はスポーツの点からいって興味深いだけでなく、この国の社会学と政治学にまで深く迷いこむ含みがある。一九〇五年以降の両クラブの対立と争いは、二十世紀のスペイン史を正確に映し出しているといっても過言ではない。ふたつの都市はつねに異なる方向に進んできた。互いの天の邪鬼《じゃく》のせいでもあるし、政治上の忠誠心のせいでもあるが、むしろ明白な文化の違いによるところが大きい。レアル・マドリードのサポーターはバルセロナのサポーターとはまったく別種の生物に映る。両者はおそらく別の言語でサッカーを語るが、文化の違いを言葉のせいばかりにはできない。

マドリードはブルジョワで華やか、初めて訪れた者にはけっこう息苦しいたぐいの街だ。空港のラウンジから見えるのは不毛な褐色の岩肌と陰気な丘陵地帯。周囲の田園は荒涼とし、マドリードに向かう車中のあなたを興味もなさそうに見送るだろう。それは日よけの下で涼む人々や、黒ずんだ堂々たる建物の下を足早に歩く市民のとげとげしさを暗示するかのようだ。ここは部外者を歓迎してくれる街ではない。タクシーの運転手は無愛想で、ウェイターは有能なもののよそよそしく、店は自意識過剰なほど流行に敏感だ。

マドリードは中央集権主義という考えのもとに建設され、維持されてきた。二十世紀にその実例となったのが地域ナショナリズムに対するフランコの弾圧で、彼はそのナショナリズムこそスペインの不幸な第二共和制が混乱に陥った大きな要因であるとみなしていた。マドリードが国の地理上の中央にあるのは象徴的だ。ここを首都に定めたのは十六世紀なかばの国王フェリペ二世だった。象徴としては上出来だが、都市計画としてはいただけない。港もなければ河川の合流点でもなく、夏はうだるようで冬は凍えるほど寒い。ただし、断崖の上にあるため周囲の平原を一望におさめられ、万一ムーア人が国土回復運動《レコンキスタ》のしっぺ返しを企てたとしても、備えはできている。

　私が初めてレアル・マドリードのファンを見たのは一九九四年、サン・セバスティアンで行われたレアル・ソシエダード－マドリード戦のことだった。悪名をはせるサポーター集団〈ウルトラス・スル〉は地元に残っていた。フランスへの途上でバスクを避けるマドリード市民は多い。ロンセスバリェスでシャルルマーニュ（カール大帝）の軍が受けた奇襲の再現が怖いのだろうか（そんな恐ろしい評判がバスク人にはある）。そこにいたマドリード人はふたりだけ、三十代前半で値のはる席に座り、ともに暗色のビジネススーツを着て、ともに洗練されたまぎれもない傲慢さを身にまとっていた。

　後ろになでつけた髪と袖を通したなめらかなアルマーニが乱れたのはたった一度、レアル・ソシエダードがインジュリータイムの二分めに同点にし、そのゴールが猛烈なバスクのモルボを不運なふたりに向けて解き放ったときのことだった。周囲から浴びせられる罵声をふたりは座ったままやりすごし、おびえたウサギの顔つきで何事もなかったようにはるか前方を見つめていた。野次を耐えぬく気高さには感銘を受けたが、どうして命がけで北の荒野に乗りこんできたのか不思議でもあった。ともあれ、そのふたりのイメージはいまも忘れない――なめらかで、険しい顔つきをして、尊大な、ユーモアを解する必要を感じない街から来た男たち。

　マドリード－バルセロナ間のモルボで肝心な点は、後者が別の惑星にあるかのように見えることだ。

マドリードにはプラド美術館も政府の中枢もあり、王族も暮らしているが、ジョン・フーパーの『新しいスペイン人たち』によると、スペインの現代史を形成してきた理念——共和主義、連邦主義、無政府主義、サンディカリスム、共産主義——はどれもカタルーニャ経由でスペインに浸透したらしい。服飾にしろ、哲学にしろ、芸術にしろ、流行はより開放的なバルセロナの土壌に根づいてから数年後にマドリードで認められる傾向にある。街じゅうが何かに取り組んでいて、街そのものを好いているように見えるが、それは自己愛というより、自信に満ちた陽気な流儀で、そこには街に対する安心感がある。もちろん万人の性に合うわけではないし、この本でもあとでFCバルセロナの衣をかぶったカタルーニャのナショナリズムを批判的に検討してみたい。それでもサッカー界最大ともいえるモルボの背景説明という点で、このコントラストは多くを物語っている。

　バルセロナ・ファンがいじらしくも無邪気な思いこみで語るには、レアル・マドリードとエスパニョールのファンを除く世界じゅうの誰もが、バルセロナこそ地上最大にしてサッカーの宇宙全体で最高のクラブだと認めてくれるそうだ。初めてカンプ・ノウに足を踏み入れて席に着くと、その主張もあながちまちがいではないと思えてくる。そこにはたしかに驚異的な光景がある。見たところスタジアム全体がクラブの社会文化上の重要性に夢中で、その確信しきった様子には舌を巻くしかない。そして九十分間、その確信にのみこまれたまま、場内を覆いつくす勝利主義のなかに座る羽目になる。マドリード人《マドリレーニョ》たちに憎まれるのも不思議ではない。

　ベルナベウ・スタジアムはもっと敵意のある場所で、カンプ・ノウに比べると美しさこそ劣らないものの、どこか陰鬱でとげとげしく、すさんでいる。〝嫌われたってかまわない〟といった眼差しが感じられるのだ。バルサ・ファンは、人を見ればどこから来たのか、このチームをどう思うか、街をどう思うか、どこを応援しているのかなどと訊いてくる。滑稽な〈ボイショス・ノイス〉の連中を別にすれば、サポーターが訪問先の街でトラブルを起こすことはめったにない。モルボ的対戦は、マドリード戦とエスパニョール戦が二試合ずつの計四試合で、アトレティコ・マドリードとの関係も険悪になりがちだが、それ以外はこの国に敵がいるとは思えないようだ。

もちろん、改めていっておくと、スペインの二十世紀史がふたつの都市を引き裂く役割を果たしてきたのはたしかだ。フランコは公共の場でのカタルーニャ語の使用を全面的に禁止した。電話ボックス内に通達を掲げ、回線がつながったらカスティーリャ語で、つまり政府のいう「キリスト教徒の言葉」で話すよう奨励したほどだ。バスク人の場合、この法律は控えめにいっても不人気だったが、フランコがのちに実現した残忍な警察国家が奏功したのか、表面的には政策が機能していた。

フランコが第二次世界大戦で形式上の中立を保つという決断を下したために、サッカーは存続できることになった。もちろん、ある程度まで政治的な操作や干渉の対象となったのはいうまでもない。全般的にいってフランコ時代の初期は、反対派が君子危うきに近寄らずと判断し、国外に逃亡するか鳴りを潜めるかしていた。このためバルセロナとレアル・マドリードの対戦は、いくぶん沈静化されたかたちで続行されたのだが、従来のモルボが遠くに追いやられたわけでもなかった。

一九三九年には国王杯がフランコをたたえて総統杯と改称された。四二年にバルセロナは蛮勇をふるってカップを勝ち取ったが、リーグでは苦戦つづきだった。この失態の原因を偏ったレフェリングが蔓延していたせいだと言いきる者もいる。おそらく、パンのどちら側にバターが塗ってあるのか審判たちはわかった気でいたのだろう。一部の審判が特別な指示（と報酬）を受けてカタルーニャのクラブに不利な判定を下していたのは本当かもしれない。だが、たぶんフランコはもっと如才なかったはずだ。両クラブの対戦から一気にモルボを奪ってしまうのは、彼の目的にかなうことではなかったのではないか。

かりにバルセロナにもときどき勝たせたのだとしたら、そうすることでレアル・マドリードの優位とそれがフランコ政権に投げかける象徴的な光は、一段と本物らしくなり、危険なまでに説得力をもったはずだ。とはいえ陰謀論者たちにすれば、一九四三年の両チームによるカップ戦準決勝をどう解釈するかはじつに興味をそそる問題にちがいない。もしバルサに二年連続の決勝進出を許したら、唯一の公認政党であったファランヘ党の立場からすると、モルボがいささか度を越えたのではないかと思われる。とくに当時その国家主義政党の計画は微妙な段階にあった。はたして準決勝の二試合は、その後の両チームの試合が例外なくモルボの炎で燃えあがることを決定づける結果となる。

第一戦はバルセロナの旧スタジアム、レス・コルツで行われ、3－0でカタルーニャ人の勝利に終わった。ただし、この勝利には大きな犠牲がともない、四〇年代前半のバルサのスター、ホセ・エスコラが前半に担架で運び出されている。その腹部にはホセ・マリア・ケレヘタのスタッドの跡がついていた。観客の一部がマドリードの選手たちと甘すぎる主審に罵声を浴びせると、マドリードの地元プレスという牡牛はこれを赤い布と受け取った。彼らは必要に応じてフランコの命令に従う連中だった。日刊紙『ヤ（現在）』はこう報じている。乱れ飛ぶ非紳士的な口笛とブーイング――「非愛国的な」と記者は記すべきだった――これは「スペインを代表する人間を攻撃する明白な意図」の前兆である、と。それだけ書けば充分だろう。マドリードの旧グラウンド、チャマルティンを会場とするリターンマッチで、バルセロナは11－1で敗れた。雑学家たちが二チームの対戦データを年度順にひけらかすとき、このスコアはバルサの統計史上の汚点として読める。ハーフタイムのまえにカタルーニャの選手がひとり退場になったが、おそらくそれだけではこの大敗の説明はつかない。むしろ、試合まえに治安警備隊の指揮官がバルサの控え室を訪れたことが関係しているのだろう。伝えられるところによると、その指揮官は集まった人々にこう語ったそうだ。このうち何人かが――〝愛国心〟がないにもかかわらず――出場できるのは、寛大な現政権が国内にとどまることを許可しているからにほかならない、と。

いずれにしても、レアル・マドリードが第一レグで喫した三点の後れをひっくり返すのは決まっていたと思われる。フランコの伝記作者ポール・プレストンによれば、総統はラ・キニエラに賭けるのを楽しんでいたらしい。たぶん誰かが調査プロジェクトに乗り出すべきだろう。スペインのブックメーカーが特定の試合のオッズの設定に関して内密の情報を与えられていた可能性はないか。国家に雇われた悪人が控え室にまぎれこみ、情け深い政権のためにゲームを犠牲にしろと命令した試合について。

もちろん、バルセロナとマドリードのほかにも、さまざまなモルボがある。しかもそれは、同じ街のクラブ間に対等の敵意とともに生じるような、単なる地域的対抗心の一機能ではない。リヴァプール・ファンとエヴァートン・ファンも多少はいがみ合うだろうが、スペインでそれに相当する例、たとえばセビーリャとベティスなどを見た場合、モルボによる両者の溝はグランドキャニオン並みだ。

ほとんどの人が同意することだが、セビリア（混同をさけるため、都市名をセビリア クラブ名をセビーリャと記している）の二クラブ間に存在する驚くべき反目は社会階級によるところが大きい。ベティスは昔から街のなかでも貧困なワーキングクラス側を、セビーリャは富裕なブルジョワ側を代表しているのだ。両者が顔を合わせるのは闘牛場だけといわれる。ただし裕福なほうの観客たちが舌打ちしながら語るには、その闘牛場にレプリカシャツ姿で現れるほど趣味が悪いのはベティス・ファンだけとのことだ。

この両チーム間の歯をむくほどの怒りは興味深い現象だ。たしかに労働者階級と中流階級は仲よく浮かれ騒いだりしないのが普通だとしても、スペインの二クラブ間の深い溝はイングランドに見られる隔たりと同じものではない。たぶんスペインでは階級意識を発散させる道具としてサッカーのようなものが必要なのだろう。普段の生活の場では一般的に階級意識は正しいこととみなされないからだ。バルセロナとエスパニョール、オビエドとスポルティング・ヒホン、レアル・マドリードとアトレティコなどのきわどい共存にも同じことがいえる。もっとも、マドリードの場合、本当のワーキングクラスのチームはもっと地味なラーヨ・バリェカノではあるのだが、いずれにしてもセビリアほど激しい長年の反目がある土地はない。

一九四〇年代後半、ベティスの監督だったフランシスコ・アントゥネスが禁断を犯してベティスからセビーリャに鞍替えしたとき、モスクワ放送はこう断じた。

資本家チームのセビーリャはフランコの独裁政権から与えられた権力を悪用し、同じ街の気高いプロレタリアのクラブであるベティスを踏みつけにした。

マドリードとバルセロナの場合と同じように、セビリアのモルボは二十世紀前半から着実に高まりつづけ、いまでは壮大な規模に達している。一九九八―九九年シーズンの終盤、セビーリャが二部リーグのプレイオフ進出をめざしていたころ、セビーリャを忌み嫌うたきあげのベティス会長マヌエル・ルイス・デ・ロペラが訴えられた。アルバセテの選手たちにセビーリャ戦で好結果を残すよう報奨金《プリマ》を渡したというのだ――なるほど、試合は1‐1の引き分けに終わっている。これでセビーリャのプレイオフ進出が危ぶまれると（結局は昇格したが）、二クラブは公然と罵り合い、ついにはロペラに匿名のセビーリャ・サポーターから死の脅迫状が届くという事態に発展した。

ロペラはもちろんその告発を全面否定し、義憤に泡も飛ばさんばかりだったが、それでもこう言わずにはいられなかった。かりにセビーリャの対戦相手に報奨金を渡したとしても、何が問題になるのかわからない。「私にはやりたいことをやる権利がある」と彼は報道陣に語った。この声明が例の手紙の作者である匿名サポーターを刺激したのはまちがいないし、スペイン・サッカーのモラルの現状を端的に言い表してもいる。

ロペラの使者が結果を得るために本当にアルバセテに心付けを渡したのだとしたら――チームのなかには受け取ったとプレスに漏らした選手もいる――、この薄汚い事件の背後にあるシナリオには恐れ入るしかない。たとえば、ベティスは当時一部リーグにいたのだから、一シーズン二試合のモルボに満ちたダービーという売れ筋の見世物を自粛すれば、みすみす財政上の利益を逃すことになったはずだ。ところが隣町のクラブに対する反感から、ライバルを倒してもらうために別のクラブに賄賂《わいろ》を用意したとされているのだ。

何にしても、ベティス・ファンのなかにこの習慣に問題があると考える者は見当たらない。数十年ものあいだセビーリャの陰になっていたせいか、現状維持と上位リーグにとどまることしか望んでいないかのようだ。セビーリャほどではないにしても、ベティスもいまでは裕福になり、一九九八年には騒がれすぎのブラジル人、デニウソンを二千二百万ポンドで獲得して、それを公に示してみせた。ロペラは心のバランスを欠く短気な人物で、同じ街の敵に向かって私は富と境遇に恵まれた男だと言い放ったが、懐の温かいセビーリャのファンはこうした成金的な行動を陰で笑うばかりだった。

けれども、一九九九―二〇〇〇年シーズンの終わりには、もう笑う者はいなかった。どちらのチームも降格したからである。すでに降格が決まっていたセビーリャはホームでオビエドと対戦し、ハーフタイムまでに3－0でリードを奪われた。奇しくもオビエドは、ベティスとのあいだで第三の降格チームとなるのを食い止めるべく、残留争いをくり広げている相手だった。セビーリャは念には念を入れてチームのベストプレイヤーであるノルウェー人ゴールキーパー、フロデ・オルセンをハーフタイムに引っ込めた。どうやら指示を勘違いして、勇敢にも失点を抑えようとしていたかららしい。後半、セビーリャは形ばかりの巻き返しを見せて3－2で試合を終えたが、ベティスを降格させるには充分の結果だった。この事態に新聞各紙は熱を帯び、スペイン・サッカー連盟は調査に乗り出す構えを見せたものの、結局それは行われていない。

プエブロがすべて

セビリアでは階級が概念上の決定的な要因になっているものの、モルボが根をおろす舞台としては、土地に対するスペイン独特の意識のほうが一般的だ。スペイン人の大多数は出身地によって人を判断する。村落だろうと大都市圏だろうと、彼らはそれを地元の町《プエブロ》と呼ぶ。実際、サッカーの選手と監督はバダホスから来た男《エル・デ・バダホス》とか、エル・デ・オルディシアなど、出身地の名前で呼ばれることが多い。スペイン人にとっては出自がすべてなのだ。人を判断する際、相手の生まれ育った町（とその延長としての地域）を知らないうちは、自分の勘の確かな裏づけがないとして完全には納得できないのかもしれない。たいていの場合、生まれと育ちはまったく同じである。これはカタルーニャやバスクへの大規模な流入を経た人々がいう〝移民〟の時代がほぼ終わりつつあるためだ。

仕事上の出世のために、あるいは単に新しい経験を求めてプエブロを移るという発想を毛嫌いするスペイン人は少なくない。スペインのサッカー選手がおおむね、自分は貧しい旅人か、やむにやまれぬ流れ者であると証明してきたのには意味がある。スペイン・リーグは外国人選手を雇う利点をいち早く認識していたが、国外輸出が盛んだったことはなく、一九六〇年代にルイス・スアレスがイタリアで成功したのは例外といっていい。地方根性もしくは郷土主義《プエブレリニスモ》をスペイン人は悪びれることもなくあからさまに示す。ボスマン判決後の現在でさえ、イングランドのプレミアシップはスペイン人選手をたいして惹きつけていない。一九九八年にチェルシーのアルベルト・フェレールのインタヴューを掲載したエル・パイス紙によれば、この元バルセロナのフルバックはロンドンに満足しており、家族ともどもロンドンはとてもおもしろい街で、「することがたくさん」あると、殊勝にも考えているそうだ。このインタヴューからは、フェレールや新聞の読者には新たに学ぶところがあるかのような印象を受けた。たぶんバルセロナは本当に宇宙の中心なのだろうが、いまや少なくとも元住民のひとりはほかの都市もおもしろいと知っているのだ。

モルボはこうした郷土愛を利用し、それをかき集めてスペイン・サッカーの熱狂のなかに放りこむ。イタリアにも似たような話はあるかもしれない。たくさんのモルボが長年にわたって上陸しつつあるからだが、地中海を挟んだ隣国と比べてもやはりスペインのほうがプエブロに基盤をもつ国という気がする。スペインでいちばん人気のあるサッカー番組は『その翌日《エル・ディア・デスプエス》』で、放映は月曜の夜、司会者は元ブライトンの、そして何より元オサスナのマイケル・ロビンソン（元アイルランド代表のフォワード）だ。ロビンソンはこの番組を企画したことで、きわめて順調な生活をスペインでおくっている。内容はサッカーそのものというより、サッカーをめぐってスペインじゅうで増殖するさまざまな文化や儀式、小さな町の話題など。そうした地方色のごった煮を外国人が紹介することで、かえって魅力が増している。コメントを述べるのが有名なうえに、これはぜひとも言わなくてはならないが、とびきりひょうきんな部外者というのが愉快だからだろうか。

ロビンソンは試合当日、ゲームの前後に人々が何をするかに焦点を当てる形式を思いつき、それが地方文化の枠組みに収まるよう確実を期した。こんなスペインを見せつけられてはフランコも浮かばれまい。地方の祝祭《フィエスタ》、言語、めずらしい儀式、極端なルーツ意識などが入り乱れた集合体として、地元のサッカーチームへの永遠の愛に包まれて表現されるのだから。これに比べればイングランドのサッカー放送も見劣りする。最近では奇抜な演出形態が増えているにしても、たぶんイングランドはここまで極端な地域主義には走れないせいだろう。

どこよりも極端、いや独特なのがバスク地方だ。けんか腰でチェーンスモーカーの小柄なバスク人、一九九九年前半のキプロスでの屈辱的な敗戦後に代表監督の座を追われたハビエル・クレメンテは、報道陣とのいさかいが絶えなかった。代表チームに相当数の「同国人」（本人の言葉）を含める傾向があったためだ。民族主義組織であるバスク祖国と自由（ETA）のお尋ね者と妹が結婚したことも、徹底してマドリード中心のマルカ紙にすれば、とてもクレメンテの得点とはみなされなかった。クレメンテと同紙とのいざこざはもはや伝説であり、モルボに油を注ぎたがるその性格は隠しようもない。

一九九八年のワールドカップで、レアル・マドリードのホセ・カニサレスではなく高齢のゴールキーパー、アンドニ・スビサレータを使いつづける理由を同紙から追及されたとき、クレメンテは、それは自宅での夕食に人を招待するようなものだ、と穏やかに説明した。「いっしょにいて居心地が悪い人はよばないだろう。それと同じで単純なことだ。スビは私の友人でね。以上」友人であるバスクの同胞が硬い膝のために平凡なシュートの処理を誤り、ナイジェリアとの初戦を3‐2で落としてから、このせりふがクレメンテにつきまとうことになる。

マドリードのプレスはたえずクレメンテの血を求めつづけた。一九九二年の着任早々〝禿鷹の部隊《キンタ・デル・ブイトレ》〟（中心選手ブトラゲーニョは禿鷹の愛称で知られた）を解体したのが許せなかったのだ。二十世紀後半のモルボに対するクレメンテの貢献度を見くびってはならない。代表の職を解かれて一年後にも、この分野で注目の人物となっている。一九九八―九九年シーズンにレアル・ベティスで監督のポストに就いたのだが、その陰気なアプローチのせいでセビリアではほとんど味方ができなかった。ここのサポーターは攻撃的なスペクタクルを求め、たいがいそれを手に入れてきたのである。就任に際して、クラブ側の歓迎ぶりは腰の引けたものだった。クレメンテは露骨な不快感で応じることになる。故郷のビルバオからはあまりにも遠かった。チームがぶざまな0‐0の引き分けをくり返し、スタジアムの通路でホームのサポーターから唾を吐きかけられると、クレメンテは試合後この一件についてプレスに語った。「この手のことはここでは当たり前だ。残念ながら、私はよその国から来たんでね」アンダルシア地方はセビリア以北のあらゆる土地から中傷を浴びつづけているが、それを侮辱したのが北部出身者で、バスクの民族運動のシンパであることを公言し、刺激に満ちたチームを消極的なうすのろ集団に変えた張本人とあって、事態は悪化するばかりだった。**よその国！**と地元の新聞は書き立て、餌に食いついて怒りに紙面を真っ赤に染めた。自身、頑固な地元出身者であるクラブの会長はクレメンテをビルバオの失業者の列に戻す格好の口実を得た。

新チームがどこになろうと、クレメンテが復帰するのをモルボ・ウォッチャーは待ちきれない。サッカーの神々はたいてい目当てのものを届けてくれるものだ。翌シーズンにクレメンテを雇った最初のクラブはレアル・ソシエダードだった。初采配は、いわずと知れたベニート・ビリャマリン・スタジアムでのベティス戦。試合前夜、私はセビリアのあるバーテンダーに唾吐き事件はやりすぎだったと思うか訊いてみた。「いいや。あした通路から出てきたら、おれが真っ先に唾をかけてやるよ」1‐0でのホームチームの勝利にバーテンダーは満足して帰宅したことだろう。もっとも、唾が空中に舞ったとの報道はなく、罵声が飛び交っただけではあったが。

バスク人と〝中央〟をめぐるモルボは新しい現象というわけではない。さかのぼること一九二〇年、スペインのナショナルチームが初の国外遠征でアントワープ・オリンピックに出場した際にも、新聞は不満を申し立てた。(三等客車で)遠征した二十一人の選手のうち十四人がバスク人で、四人はバルセロナ出身、残る三人はガリシア人だったからだ。ガリシアの荒野で分離独立運動が大きな問題になったことはないし、そこはフランコその人の生誕地でもあった。だがこの地域にも独自の言語があって、住民は自分のことをまずガリシア人と称し、そのつぎにスペイン人を名乗る。当時早くもマドリードの新聞が心配したのは、国境を越える初の公式遠征に国を代表する中心地の選手がひとりもいないことだった。

チームに十四人のバスク人がいたことは、揺籃《ようらん》期のスペイン・サッカーにおけるこの地域の圧倒的な影響力を正確に反映したものだった。イングランド北東部には、スカウトたちがひざまずいて地面の穴に向かって叫ぶと、怪物じみたディフェンダーや堅守のゴールキーパー、非凡な点取り屋が現れるという伝説があるが、これと似たような話がこの国にもある。スペイン版の話では、石切り場《カンテラ》から若い才能が現れる、それも特定の地域の岩場から切り出されるとされている。バスク人には昔からどこよりもカンテラの哲学をたたえる理由があって、当人たちの主張によると、二十世紀初頭からバスクのチームでは地元の選手しか使ってこなかったらしい。アスレティック・ビルバオではいまだにこの方針が採用されていて、一部で物議をかもしている。こうしたアプローチはきまってバスクの純血主義や外国人嫌いという色合いを帯びるためだ——この習慣を支持する人々は当然のように強く否定するけれども。

バスクはスペインの立ち後れていた産業革命で中心的役割を果たし、二十世紀前半に急激に発展した地域だ。ビルバオはスペインでいち早く現代都市の不幸を味わった街のひとつだが、農村の貧困にあえぐ多くのスペイン人にとっては、機会の土地だった。その後の北への移民が新興階級をもたらし、この地域の石切り場からは頑健な少年が幾千となく発掘されるとの評判を得るのにひと役買っている。その証拠に、アスレティック・ビルバオは一九二〇年のオリンピックに代表を送りこんだ唯一のバスクのチームではない。東端の町イルンのレアル・ウニオン、ビルバオ郊外の富裕な地域からはアレナス・デ・ゲチョ、スペイン王室が毎年の避暑地に選んだことで注目されたギプスコア県東部の都市、サン・セバスティアンのレアル・ソシエダード。どのクラブもオリンピックに選手を送り出している。

アレナスとイルンはオリンピックに先立つ二シーズンに国王杯を勝ち取ったが、それにしてもレアル・マドリードの選手がひとりも選ばれなかったのは少々おかしい。バスク人がいようといまいと、首都のチームはとうてい弱小勢力ではなかったと思われる。なにしろ、一九〇三年から一九二〇年にかけて五回国王杯を制しているのだ。どうやらベルギーに遠征する選手の選考をめぐる状況そのものが、スペイン特有の社会文化的ゲームの対象になったようだ。そのでたらめな規則が、さらに八十年にわたるモルボを保証することになったのだろう。

オリンピックをめぐる論争はその後の展開の軽い前兆となったが、過熱するモルボの典型例では、そこに関係した人物を抜きに問題を語ることはできない。この場合それはカタルーニャ人のパコ・ブルだった。クレメンテやそれ以前のヨハン・クライフのように、人間が頑固だったり型破りだったりすると、それだけ議論はふくれあがる。パコ・ブルがスペイン・サッカーにおける最初の〝個性〟のひとりなのはまちがいない。一八八五年生まれで、二十世紀の最初の十年間はバルセロナで選手生活をおくり、その後エスパニョールに移って一九一七年に現役を退いた。引退後は審判になることを決意し、伝えられるところでは担当する初めての試合のまえ、更衣室にはいると肩にかけた布袋からコルト銃を取り出したらしい。そして無言のまま銃を部屋の中央のテーブルに放り投げ、審判のシャツを身につけはじめた。着替えが終わり、銃を取りあげてパンツに差すと、怖いもの知らずの選手に理由を訊かれて、「笛を吹くのは初めてだから、平和な試合になるよう」願っているだけだと答えたという。

スペイン・サッカー連盟がオリンピックへの代表の派遣を決めると――この国のサッカーは公式にはまだアマチュアだった――、三人の選手選考委員が指名された。賢明にも委員は選手の大半を輩出する三地域から選ばれている。北からはホセ・ベラオンド、〝中央〟(マドリード)からはフリアン・ルエテ、カタルーニャからはブル。そして、ここが選考委員会をつくっておいて完全に無視するというスペイン独特の慣習をよく物語るのだが、連盟は初合宿の地である雨がちなガリシアのビーゴに寄せ集めの代表候補を送りこんだ。選考委員のなかにこの初練習にどの選手を参加させるか打診を受けた者はいなかったが、それはたいした問題ではない。ベラオンドもルエテも「家庭の事情を」理由に姿を見せなかったからだ。ビーゴにひとり残されたブルは、「まったくのくず」とのちに評する約三十人の選手を見て、連盟がバスク人をひとりも派遣していないことに気づいた。フリアン・ルエテと連盟理事の陰謀を嗅ぎとった彼は合宿を取りやめ、自分の推薦する選手を認めるよう連盟に主張した。

ブルは我を押し通し、スペインは銀メダルを持ち帰った。ただし、それは才能の賜物というより、さまざまな珍事が重なったおかげといえる。モルボの点についていえば、監督と新たなスターとなったゴールキーパーのリカルド・サモラがカタルーニャ人で、選手の大半がバスク人で占められているのが問題だった。大会中、連盟はスペインが最後まで勝ち進むのではないかと思い、ひとりのマドリレーニョを〝使節〟としてブルのもとに送りこんだ。その人物の素性はわからなかったが、ブルはばかではない。この即席の役職は代表団をより〝スペインらしく〟する企みにほかならないと感じ、新来の助手を無視して仕事を全うした。ところがスペインに凱旋してみると、国民議会は不在だったふたりの選考委員、ルエテとベラオンドに黄金勲章の授与を決定していた。ブルには何も用意されなかったが、やがてカタルーニャの新聞が大騒ぎしたため、彼に褒美を与えざるをえなくなった。

一九二〇年代以降、バスク地方は惜しみなくモルボに貢献する力を示してきた。政治史の博士号がなくても彼の地にモルボがはびこる理由はわかるだろう。フランコによるバスク語の禁止はカタルーニャ語の場合に劣らず厳しかったし、カタルーニャの抵抗運動《レジステンシア》年代記には得意げな話が書き連ねられているとはいえ、フランコに本当の痛手を負わせたのはバスク人なのだ。ETAの実力行使はつねに潜在的恐怖をもたらし、ときにそれは華々しく表舞台に躍り出た。フランコが死ぬ二年まえには、このバスクの分離独立主義者たちがカレーロ・ブランコ首相を殺害し、独裁者の遺産を受け継ぐと目された男を葬ると同時に、体制が長らくほしいままにしてきた無敵というイメージに致死の一撃を見舞った。

一九七三年、大量のダイナマイトが詰まった爆弾がマドリードの脇道で炸裂すると、ブランコの車は文字どおり吹き飛び、そびえたつ建物の屋根に落下した。この出来事はある歌によっていまもバスクのナショナリストたちのあいだでたたえられている。「あいつは飛んだ、あいつは飛んだ……」ではじまるその歌は、七〇年代後半にレアル・マドリードがレアル・ソシエダードやアスレティック・ビルバオのホームを訪れるたびに歌われた。この時代は現在「トランシシオン」と正式に命名されている——民主主義と選挙によるフェリペ・ゴンサレスの社会主義政権発足（八二年）までの移行期という意味だ。当時若かったバスク人の大半はその歌を憶えているし、耳に心地よい曲なのでいまでも子守歌にしている父親がいるかもしれない——とくに宿敵との対戦前夜には。

バスク人はたしかに独特の民族だ。スペイン人（など他民族）のことを「ほかの言語を話す者」といい、スペイン人移住労働者の家族のことは、二世であれ三世であれ、「移民」と呼ぶ。バスクには一風変わった雰囲気があるが、それは非常に複雑な言語のせいばかりではない。バスク語はカタルーニャ語とちがって、スペイン語とは何の共通点もない。それどころか、地球上に現存するいかなる言語ともまったく共通点がなく、この謎は言語学者が探究する聖杯となっている。モルボに相当する言葉がバスク語にあるかどうかわからないが、それが意味するところがバスクの霧深い山中にいまも棲んでいるのはまちがいない。

カタルーニャ人の場合と同じく、フランコ時代に唯一合法とされたバスクの政治文化の表現はサッカーによるものだった。バスク人は総統の死後一年がすぎるのを待ってから〝表に出る〟ことにしたが、試合日程が許せばその時期は早まっていただろう。一九七六年十二月、レアル・ソシエダードとアスレティック・ビルバオの両キャプテンがサン・セバスティアンにあるアトーチャ・スタジアムのピッチに歩み出て、運んできたバスクの旗「イクリニャ」をセンターサークルで広げる儀式を行った。つづいてＥＴＡの祝歌《エウスコ・グダリアク（バスクの兵士たち）》がタンノイのスピーカーから流れ出す――この政治的な種まき行為をバスク人はみんな憶えている。

ふたりの主将、イグナシオ・コルタバリアとホセ・アンヘル・イリバルは引退後に地元の政治に巻きこまれた。この地域では昔からサッカーと政治が公然と結びついている――一九二〇年代のビルバオの選手、ホセ・アントニオ・アギーレは内戦まえの共和国時代にバスク自治政府の大統領を務めた。試合が全国放送されただけに、旗の儀式はモルボの豊かな鉱脈を刺激したにちがいない。事実、テヘロという中佐とその軍人仲間がマドリードのカフェでそれを見て、「何か手を打たねば」というつぶやきをいち早く漏らすことになったといわれている。

彼らの計画が迅速に運ばなかったのは、テヘロが民主的表現という〝災い〟に策を講じるまでほぼ四年かかったことが物語っている。一九八一年、ついに彼はクーデターを決行し、マドリードの国会に乱入して垂木に発砲しながら、「伏せろ、畜生ども！」と叫んだ。もちろん議員たちは言われたとおりにした。さいわい、彼の軍事政権樹立要求にまともに取り合う者はなく、結局テヘロは獄中の人となる。動機を詳しく訊ねる者もいなかったが、もし訊かれていたらこう答えていただろう。「サッカーの試合でナショナリストの旗が振られるのをやめさせるためだ」

四カ月後、刑務所のテレビでレアル・ソシエダードが初のリーグタイトルに輝くのを観るのは、テヘロと仲間たちにとってつらい経験だったにちがいない。ヒホンでの試合の終了間際、最後のひと蹴りでレアル・マドリードを出し抜いたのだ。レアル・ソシエダードのサポーターにとって、苦難に耐えたフランコ時代から日も浅い時期のリーグ制覇が何を意味したのか、言葉で表すのはむずかしい。ただ、ソシエダードは一九八二年に二連覇を達成したが、いまも街が拠り所としているのは初優勝だ。

サン・セバスティアンの石を敷きつめた旧市街に並ぶバーの半数に、一枚の白黒写真が飾られている。そこではレアル・ソシエダードの伝説的な口髭のストライカー、ヘスス・サモラが右足を後ろに引いてボールに目を据え、チームに悲願の初タイトルをもたらすゴールを叩きこもうとしている。

その前年はシーズンを通じて負け知らずだったが、不覚にもセビリアで試合を落とし、土壇場で首都の敵に栄冠を奪われていた。ヒホンの試合をめぐるモルボは、ひとつにはその敗北に、ひとつには長年にわたってスポーツでも政治でも味わってきた鼻を泥に押しつけられるような屈辱に由来している。バルセロナにはいつでも強力なチームがあって、フランコ時代に共同体精神全体が受けた打撃の影響を弱めていたが、バスク地方はそうではなかった。一九八〇年代を迎えるまではつねにバスク一のチームであったアスレティック・ビルバオは、一九二八年から内戦が勃発した一九三六年までの八シーズンに四回優勝している。つぎの四十年は二回だけという事実は、控えめにいっても見過ごせるものではない。

いまとなってはバスクの上位二チームのあいだにほとんど愛情はないが、ビルバオもライバルによる一九八一年のリーグタイトル奪還は祝福した。サモラのゴールが決まったのはスポルティング・ヒホン戦の終了十二秒まえ、サン・セバスティアンの西方三百キロにあるアストゥリアス地方の鉱山で栄えた陰鬱な街の雨降る午後のことだった。写真を見ると、サモラの背後でサポーターの人壁にたくさんの傘が開き、スポルティングのグラウンド、エル・モリノンの急な斜面で土砂降りの雨を受けている。レアル・マドリードは予想どおり試合を優勢に進めていたため、ソシエダードは勝ち点1が必要だった。サモラ本人は、スポルティングに2－1でリードを奪われ、ふと憂鬱の波に襲われたと述懐する。

まわりを見た。バケツをひっくり返したような雨だった。凍えそうだった。はるばるやってきたサポーターたちを見て思った――ここでまたふいにするわけにはいかない。ディフェンダーのひとりが最後にもう一度放りこんできたが、私は疲れていて追いかけることができなかった。ビシオ［・ゴリス］が攻撃に参加していて、そいつを力まかせに蹴った。ミスキックがまっすぐ飛んできて、私は無心になった。思いきり蹴った。それがはいった……

そのゴールが解き放った感情は、ほくそ笑むフランコのもと、四十年まえにナチス空軍がゲルニカで爆発させた負のエネルギーの総量よりも大きい。バーの壁に貼られたゴールの写真はどれもこう言っている。「見てるか、マドリード？」

現在のバスク地方はもはや、マドリード政府の中央支配から自由になりたいと切望するナショナリストの統一戦線とはいいがたい。従来、人民連合（ＨＢ）と呼ばれてきたナショナリスト左派政党の支持率は、一九七九年の三十四パーセントから十七パーセント近くまで下がっている。この地域のサッカーチームにしても、モルボを免れるほど友好的な関係にあるわけではない。とくにレアル・ソシエダードは長年にわたり、アスレティック・ビルバオが地域のトップチームでバスクのナショナリスト的感情の旗艦であると自負するのを腹立たしく思ってきた。アスレティックと、同時期に設立された右派のバスク民族主義党（ＰＮＶ）とのつながりは、栄冠に彩られたクラブの歴史とカンテラの方針とともに、ビルバオの主張に信憑性を与えている。どれもモルボにとってはいい餌だ。あとの章で見るように、その主張が現実にそぐわないとしても。

こうした複雑な事情は外側から見えるとはかぎらない。一九九二年、ＢＢＣはイアン・ギブソンのシリーズ番組『ファイヤー・イン・ザ・ブラッド』を撮影する際、問題の単純化という罠に陥った。これはスペインに関するギブソンの著書を映像化したドキュメンタリーだった。在マドリード歴の長いギブソンは、マドリード－バスク間のモルボはビルバオで見つかるはずだとの思いこみに目がくらんだのだろう。だが実際には、アスレティックのサポーターの大半はバスク語を話すことすらできない。

さらに、番組はビルバオのサン・マメス・スタジアムで行われたアスレティックとアトレティコ・マドリードの試合に焦点を当てることにした。穏当な言い方をするとしても、不思議なほどの選択ミスだ。世紀の変わり目にアトレティコを創設したのはビルバオ出身の学生たちで、設立後最初の数年間はバスクのクラブの支部であったたし、現在でも、そろいの赤と白のストライプを誇らしげに身につけている。

実際はこの二クラブよりもアトレティコとレアル・マドリード間の対抗意識やモルボのほうが激しいのに、ギブソンは架空のものを創作する決意でいた。「どうしてそんなにこのチームを嫌うんだね？」番組のなかで彼が訊ねると、若いサポーターの一団は案の定、こう答えた。「だって、やつらはスペイン人だろ？　こっちはバスク人だからさ」これだけでは物足りないのか、さらに質問がぶつけられる。「スタジアムでスペイン国旗が振られたら、どうする？」これに対する陽気な予想どおりの返答は、「焼いてやる！」

ビルバオとレアル・ソシエダードの反目に焦点を当てれば、よほど興味深い現象を映像化できただろう。一九九六年、若きヨセバ・エチェベリアがレアル・ソシエダードからアスレティックに電撃移籍すると、バスクでは内戦が起きそうになり、両クラブはほぼ二年のあいだ公式の交流を絶つことになった。

エチェベリアはいまやスペイン代表のなかでもきわめて前途有望で才能に恵まれた若手のひとりであり、一九九五年に十七歳で迎えたヒホンでのデビュー戦でレアル・ソシエダードに二点をもたらした瞬間からまぎれもないスターだった。その夏、彼の父親が飛び交うペセタをつかもうとして息子の公式代理人になると、ビルバオが三百万ポンド相当を用意して接近してきた。十代の選手としてはスペイン・サッカー界の新記録であり、この移籍によってジュニアの選手を引き抜かないという二クラブ間の紳士協定は破られた。

翌シーズン、スペイン・サッカーの新星エチェベリアは、なぜかサン・セバスティアンで出場を果たせなかった。クラブによれば、不可解な背中の痛みのせいであったらしい。どうやら試合に向けたモルボの高まりに哀れな若者は苦しみ、告発者たちの前に姿を見せることができなくなったようだ。もてなしの楽しみ方はいろいろあるが、レアル・ソシエダードのサポーターはまる一週間をかけて巨大なペセタ札の図案作成に励んだ。フィーゴの場合と同じく、エチェベリアを金の亡者《ペセテロ》と非難するものだ。この移籍によって来るべき数多くのダービーに適量のモルボの注入は保証された。二〇〇一年一月、エチェベリアはサン・セバスティアンで二得点を挙げてライバルのホームにおけるビルバオの十三年ぶりの勝利を決定づけ、鳴りやまない「ろくでなし《イホ・デ・プータ》」の合唱とボトルの雨を頂戴し、レアル・ソシエダードに十万ペセタの罰金を払わせた。

　さしあたって、翻訳不可能なものについてはこれで充分だろう。以上の例でスペイン・サッカーの特徴が解き明かされたとしたら、このあとの章の骨組みという目的を達したことになる。とはいえ、どんなトピックを検討するにしても、けっして見当違いにはならないはずだ。スペイン・サッカー連盟はこの競技の運命を左右しているつもりだろうが、真の運営組織は明らかにモルボなのだから。

2　勇猛果敢――スペイン・サッカー発祥の地ウエルバ

フットｰボール事始め

ロンダから南西に三十キロ、ガウシンという眠気をいざなうアンダルシアの町にはいり、本道をそれて丸石を敷きつめた細い路地を行くと一軒の宿がある。ほとんどの観光ガイドで一見の価値ありと紹介されているけれど、推薦文から受ける印象ではえり好みできそうにない。ガウシンは娯楽や名所であふれているとはいえないからだ。

教会は平凡でバーは狭くてみすぼらしく、店はないに等しい。周囲の丘陵では裕福な外国からの居住者たちがひっそりと暮らしている――人気のある人物をふたりだけ挙げると、英国保守党の政治家、セシル・パーキンソンと俳優のマイケル・ダグラスがいる。一方、英国のおしゃべり階級は、暑い海岸にいる見苦しいミラー紙の読者から遠く離れ、ブーゲンビリアと農場《フィンカ》の静寂のなかで月刊誌『ホームズ・アンド・ガーデンズ』を落ち着いて読めることをはるか昔に発見した。

宿の入口は紫がかったビーズの暖簾《のれん》で覆われていて、それを軽い音とともに押し分けて小さな扉を開けると、暗い室内に通じている。この宿はウエルバとマラガのあいだに設置された英国の駐屯地の士官たちに利用されていた。一八七〇年代のカルリスタ戦争終息後、一帯の警備に協力するために残った部隊である。食事はいまでもおいしいが、こぎれいにしてもよさそうなのにオーナーたちがあえて現在の荒れた状態を放置しているのは、本物らしさを残すためか、町議会の命令か、それとも単に資金がないからなのか定かでない。

黄ばんだ壁と冷たい白黒のタイルを見まわしても、百二十五年の歳月をさかのぼり、百四十キロほど西方からの行軍後にそこがどれだけ快適で心温まる場所に思えたかを実感するのはむずかしい。だが、この界隈が南欧のどこよりも容赦ない暑さになる夏の数カ月間、ひんやりと暗い食堂はありがたい慰安の場だったはずだ。いまでは大型の宿帳数冊がこの宿のデザート後のメインアトラクションになっている。一八五〇年代から現在までの原本が置かれているが、こちらが希望を言わないかぎり、当然、最古の宿帳を見たいのだと思われる。

宿帳を見せてくれとの要望に年配のオーナーたちは丁重にうなずく。こちらがツーリストガイドで読んでいることも、そこには食事が最大の呼び物とは書かれていないことも承知しているからだ。閲覧用にダイニングテーブルに置かれた二冊の宿帳はとても大きく、どっしりした表紙は茶色で、ページはやけに白いものの、隅は黄ばんでいる。項目の大半は万年筆で丁寧に記されていて、見事な筆記体がまるでいまは亡き祖父母からのバースデイカードのようだ。記入者は全員、士官で、たいてい当たりさわりのない似通った意見を書き残している。たとえば、「また来れてよかった。ここ数日は退屈だったが、食事ももてなしも相変わらずすばらしく、なにより日陰がありがたい!」あるいは、「昨日の朝カディスを発ち、長い行軍の末、当地にたどり着く。明日の明け方に出発するが、主人の歓待に改めて感謝したい」ところが、W・F・アダムズという大尉はこう記している。部下を連れて「水曜にウエルバから行軍。一時間ほど鉄道員たちとフットーボールに興ず。われわれにとって唯一の気晴らし」

その日付は一八七四年九月、鉄道員とはウエルバの港と北方六十キロのリオ・ティント銅山間に線路を敷設していた地元住民のことにちがいない。その一帯はガウシンの北西百三十キロのところにあり、線路は一八七三年から一八七五年にかけて建設されたが、実際の作業は地元の人たちだけで行われたようだ。財政面を別にすると、どの史料も外国の関与にはふれていない。

さらに北の荒涼としたセロ・コロラドの地では、イングランドの技師や測量士、作業員がインフラの設置に取り組んでいた。英国の第二次産業革命で生じた銅の需要を満たすためで、この需要を受けてスペインは、第二次カルリスタ戦争後に疲弊して資金難だったこともあって貴い資産を売りに出し、ロンドンから名乗り出た最初の粘り強い入札者に安値で手放した。六十年後、内戦中にイングランドの銅山主たちは生産物の半分をフランコ側に明け渡すことになる。筆頭株主のオークランド・ゲッデスは国民勤労大臣などを歴任した英国の政治家で、共和制の支持者だったにもかかわらず――後援者への恩返しとしては気になるやり方だ。重役たちはパンのどちら側にバターが塗ってあるか知っていたのかもしれない。

その日、アダムズ大尉とその小隊が出くわした地元労働者の一団は、スペインで最初に「フットーボール」をプレイしていた人々の仲間だったにちがいない。バスク人は反論したがるだろうが、その日付はまちがいなく、千三百キロ北方のビルバオを流れるネルビオン川の土手で行われたボール蹴りよりも早かったことを公式に示すものだ。イングランドのサッカー協会（FA）設立から十一年、アダムズは依然として古風な「フット・ボール」という複合語を使っており、この競技がその母国でもまだ備えていたはずの無邪気な彩りを添えている。

おそらく、地元の労働者たちは英国人労働者からゲームを教わったのだろう。鉱山の初期のころ、その英国人たちは馬車で銅山まで北上するまえにウエルバ港に滞在していたものと思われる。結果がわかったらよかったのだが、いかにアダムズたちがうまかろうと、九月のウエルバの暑さは地元労働者に味方したにちがいない。彼らは知るよしもなかったが、百五年後、街は即席のピッチを越えて周囲に広がり、まさかの一部リーグ昇格を祝して浮かれ騒ぐこととなる。そんな社会文化的現象の証となるリーグが存在しようとは、どれだけ想像を飛躍させても思いつかなかったことだろう。

鉱山関係者のクラブ

今日のウエルバはハネムーン先に選ばれるような土地ではない。国の南西部に押しこめられ、観光客を歓迎も期待もしないかのようだ。あたりは寂しく乾燥しており、みずみずしく楽しいポルトガルの海岸まで西に進むよう合図をよこす。市のはずれの工業団地は名高いアンダルシアのロマンスからは程遠い——フラメンコ、ロルカ、闘牛、扇をあおぐ黒髪の美女。環状道路で市の裏手にまわれば、建物がいきなり途絶えて荒れ放題の野原が平らな地平線に向かって広がり、ときおり工場の煙突が立っているだけだ。辺境の集合住宅は打ち捨てられたかのようで、どの窓からも洗濯物が悲しげに垂れている。ウエルバがかつて鉱業で栄えたとしても、どうやら時は清算をやり直したようだ。

私はスペインを北東部から南西部に飛び、レクレアティボ・デ・ウエルバとビリャレアルの対戦を見るという怪しげな名誉のためにスペイン・サッカー発祥の地にしばし滞在した。ガイドブックは、この土地にふれるとしても勧めることはない。『ラフガイド』は「アンダルシアでもっともつまらない街」と呼び、なるべく急いで移動するよう勧告している——もちろん、サッカーの試合を観にきたのなら話は別だが。バレンシア自治州北部のカステリョン近郊から乗りこんできたビリャレアルとの試合は、イングランドのディヴィジョン1（プレミアリーグの下の一部リーグ）に相当するセグンダA（二部リーグA）に属している。ビリャレアルは前シーズンをトップリーグですごしたが、私がここに来たのは彼らが〝呼び物〟だからではない。レクレアティボのホームゲームがある週末で都合がつくのはこの週だけだからだ。私はタクシーの運転手にこの街を訪れた理由を話す。気さくな口調はスペイン人が天気の話に代わる挨拶と認めるものだ。

「そいつはすばらしい」運転手はぼろぼろの歯の隙間から歓声をあげる。「みんなこの街のことを忘れてるが、そんなの公平じゃあない。おれたちがあれをはじめたんだから」それは承知していると私は安心させ、誤解を正すために来たのだと言う。「どこよりも何年も早かったんだ」と運転手はつづけ、広い通りに車を走らせていく。ここが中心街のようだが、あたりはスペインにしては思いのほか静かだ。

真昼で晴天と、晩秋の街のバーめぐりには絶好の組み合わせだが、そこにあるはずの雰囲気は週末のフィエスタのせいで相当抑えられており、人通りもない。運転手がカサ・コロン（コロンブス邸）を街で唯一の名所に着いたとばかりに指し示すので、降ろしてもらうことにする。支払いの際に運転手が言うには、ここは一八七〇年代にイングランド人が銅山の最初の儲けで建てたもので、建物のわきの庭園がある場所にはウエルバ初のサッカーチームがプレイをしたピッチがあったらしい。

運転手は人影のない道の先を示し、向こうにウエルバの最初のスタジアム、ベロドロモの跡地とイングランド人街《バリオ・イングレス》があると言う。そこは鉱山会社の重役や技師、医者などが暮らすためにつくられた街だった。彼らは多少なりとも現場に常駐し、しかも職業上、蒸気船でイングランドへ輸送される貴重な銅を運ぶ列車に乗って毎晩ウエルバへ帰宅する贅沢ができる地位にあった。のちに試合会場で出会ったジャーナリストによると、この界隈にはいまでもペドロ・スミスとかアルバレス・マッケイといった奇妙な名前の人たちが住んでいるという。永住することを選んだパイオニアたちの末裔だ。

話し好きのタクシー運転手を見て思い出すのは、出発まえに調べたマウリシオという人物が運営するウェブサイトだ。マウリシオによる読者へのページ紹介には、「ソイ・マウリシオ――デル・レクレ、デカノ・デル・フットボル・エスパニョール（私はマウリシオ、レクレアティボのファン、スペイン・サッカーの長老）」とある。「デカノ（長老）」という言葉はウエルバでの短い滞在中に何度も浮上してくるが、これはウエルバが最古であることが忘れられないよう、その点を強調するために使われるようだ――年長者を敬え、ルーツを憶えておけ、という明快な呼びかけとでもいおうか。一八八九年に公式に創設されて以来、レクレアティボがたいした実績を残していないだけに、伝統を重んじる子孫たちにとってはとりわけ、この事実が重要なのだろう。

バリオ・イングレスから約百ヤード、ベロドロモの跡地（現在はテニスコート）のすぐ隣りという好立地のホテルにチェックインしてから盛り場とおぼしきあたりをぶらつき、カサ・コロンを通りすぎて十月下旬の日陰の通りを進みながら昼食をとる店を探す。ビリャレアルの選手たちが同じホテルに宿泊していて、食堂が貸し切られているため、ほかで食料を調達しなくてはならない。

私はカサ・コロンを写真におさめる。目を引く朱色の建物で、ネオコロニアル様式の装飾が施されているが、現在は文化会館に改装されている。ほどほどに大きいスペインの街ならどこにでもあるたぐいの目立たないアートセンターだ。一八八九年十二月二十三日の寒い夜、ここでウエルバ・レクリエーション・クラブは設立された。ひと月まえにその会合を発案したのはイングランド系ドイツ人のウィリアム・サンドハイム。リオ・ティント鉱山を買収した際の中心人物のひとりで、ロンドン銀行の重役ジェイムズ・マシソンに話をもちかけ、イングランド人がこの事業に投資すべきだと説得した張本人である。

サンドハイムがクラブの歴史家たちから「クラブの父」として挙げられるのは、ウエルバ周辺ですごした時期が一八七〇年から世紀の変わり目だったという理由が大きい。彼はたしかに十九世紀後半のウエルバで息づきはじめたスポーツと産業の最先端にいたけれども、クラブの創設にひとはだ脱いだのは、国外で暮らすアッパーミドルクラスの英国人の伝統の一環としてであったようだ。ところが、プラシド・ロルデンがクラブに関する著書で書いているように、ウエルバの歴史家たちはそれを「愛した土地」への利他的な行為と誤解した。そう考えたくなるのもわかるが、一八八九年十二月の会合の議事録を読むと、むしろクラブの創設は外国人コミュニティを本国らしくする手段にすぎなかったと思えてくる。

十年後に発足するビルバオとバルセロナ、あるいは三年まえに発足していたタラゴナと同じく、クラブはスポーツ全般を旨として設立されたようだ。アスレティック・ビルバオを結成したのは流行りのジムに出入りしていた学生たちであり、バルセロナのスイス人創設者も、サッカーをプレイしたい気持ちがあったとはいえ、当初はさほどこだわっていなかった。大方の説明によれば、健康のための運動やともに汗を流せる友人《ボナミ》を求めていたらしい。クルブ・ジムナスティコ・タラゴナは一八八六年にバルセロナの南方で設立されており、一部の人々（とくにタラゴナ出身者）はこのクラブこそデカノであってウエルバではないと主張する。この主張の難点は、タラゴナが一九一四年までボールを蹴らなかったのに対し、ウエルバ・レクリエーション・クラブはまちがいなく蹴っていたことだ。

もっとも、E・W・ポーリンという名の書記による会合の議事録には七つの動議が記されており、英国人が大半を占める出席者によってどれも満場一致で決議されたものの、そのなかにフット‐ボールにふれたものはひとつもない。テニスが目につくのは、もともとカサ・コロンのわきの土地にコートが三面あったからだが、議題のなかでは陸上競技も目立ち、一八九〇年の二月に「競技会」が予定されている。

会合の一週間後、新年を迎える直前にコートの横の土地——現在は舗道になっていて、フェンス越しに美しく整備された庭園を見物できる（テニスコートは一面残っている）——がきれいに片づけられ、クラブの選抜メンバーと港に停泊中の船の乗組員が試合を行った。唯一のスペイン人は「ボカル」（委員会のメンバー）であるホセ・ムニョスという人物だった。クラブが3‐1で勝ったが、考えてみれば意外な結果だ。船員たちはきっと大男ぞろいで、何日にもわたる航海のあとではりきって試合に臨んだはずだが、対するクラブの会員たちの平均年齢は、控えめに見積もっても三十代なかばに近かったのはまちがいないのだから。

サッカーが二の次だった印象があるのも驚くにはあたらない。当時のサッカーには、異国での生活の安定に欠かせない和気あいあいとしたネットワークづくりなど無理だったろう。形式も文化的な特徴もまだ定まってなかったためだが、一方のテニスと陸上競技はファミリー全体の親睦を深められる明確な枠組みを提供した。たとえば、キュウリのサンドウィッチやたっぷりのジンジャーエールなど。安定した社交生活の維持と発展を重視する姿勢が――ウエルバのような土地には天然の魅力がないだけに――、その夜の議題の筆頭項目の文中にはっきり認められる。そこでは、一月の初めに「カサ・コロンで大舞踏会を開催する」ことが提案されているのだ。

さらに、一カ月まえに企画されたこの会合には、「豪華な夕食」付きという条件があったらしく、それは「未明」までつづくこととなった。サッカークラブの創設といってもその程度のものだ。ただ参加者にはすべてを書面に残し、委員を選んで後世のために記録を保管するという先見の明があった。のちに地元の人々は何もかもウエルバへの愛のためだったと誤解するが、これはイングランドに対する、そして仕事とサッカーをこの地にもたらした人々に対する愛情を彼らが強くもちつづけていることを示している。

ウエルバの創立日とサッカーが初めてスペインに上陸した日付の確定に関しては、じつはいまだ決着がついていない。それは創立の日付を事実と信念のどちらと解釈するかという問題になる。ビルバオの人々はわが街のクラブが一八九八年に創立されたと主張するが、裏づけとなる文書は残っていない。その年に会合があったのはたしかだとしても、その日付を記録に残しているのはバルセロナを一年出し抜く企みではないかと勘ぐりたくなる——後者が一八九九年に設立されたのはまちがいない。

そんなふうに統計で一歩先んじることがスペインでは重視される。どこの出身なのか、それがどんな意味をもつのかという、プエブロの考え方に重大な影響をもたらすことになるからだ。イングランドでのなまりと同じで、スペインでは好むと好まざるとにかかわらず、人は出自によって、故郷《ティエラ》によって判断される。一八九八年と一八九九年の差は多くのものをさまざまに変え、色づけすることが可能だ。『スペイン・サッカーの歴史』（一九九四年）はウエルバが一八八〇年に創設されたとまで断言しているが、その根拠は明らかにしていない。たしかに、一八八〇年以前にもリオ・ティント鉱山のイングランド人労働者と西のタルシス鉱山のスコットランド人労働者のあいだで試合は行われていただろう。しかし、だからといってウエルバの創立日を九年早めるのは無理がある。こうした試合には地元の人たちも参加していたはずだが、その日付は進取の気性を示しこそすれ、ゴム印として認めることはできない。

カサ・コロンから百ヤードほど行くと、四方に本の露店が並ぶ小さな広場がある。フェリア・デ・リブロス、町議会の後援による日曜の古本市だ。ところが、ここにはまったく人気がない。私はある露店に寄り、本の山の奥にいる男にレクレアティボ・デ・ウエルバについて書かれた本はないか訊ねてみる。男は首を振り、向かいの店の眼鏡をかけた男なら持っているかもしれないなどとつぶやく。私は礼を言って閑散とした広場を歩いていくと、眼鏡の男は店を閉めて昼食に出かけるところらしく、私はさっそく質問を投げかける。すると男は返事もせずに、小さな本の山から『レアル・クラブ・レクレアティボ・ウエルバ——イストリア・デ・ウン・アセンソ（ある昇格の物語）』なる一冊を引っぱり出す。著者はプラシド・ロルデンで刊行は一九七九年、レクレアティボがトップリーグに昇格した名高いシーズンの翌年だ。題名は本来、『イストリア・デ・ウン・アセンソ・イ・デセンソ』とすべきだった。またすぐに降格したからだが、著者はきっと物語の幸せな部分を書くことにしたのだろう。

値段を訊ねると、店主は肩をすくめる。「どうしてこれを?」と、買いたがる人間がいることに驚きを隠さない。ましてやこちらは外国人だ。「いやまあ、掘り出し物でしょう。いまスペイン・サッカーの本を書いていて、ウエルバのことにもふれたいので」と答えると、店主はぱっと顔を輝かせる。「それなら四百ペセタ(一・七〇ポンド)でいい。こいつは何年も売れなくてね。四冊しか残ってないが、全部うちが持ってる。出版社の知り合いが何冊かよこして、そのすぐあとに死んじまった――癌だった」店主は知っておいたほうがいいとばかりに言い足し、それから奥さんを呼び寄せる。「こちらはイングランドのお方で、レクレアティボの歴史を書いてるそうだ」早くも細部が変わっている。「あら、できあがったら送ってちょうだい」奥さんが私に名刺を握らせる。「英語の本ですが」と言っても、「だったら、なおさらいいわ。うちの店も国際的にしたいし」夫妻は地元のクラブがふたたび話題になることを心から喜んでいる様子で、大げさな握手に送られて私はその場をあとにする。

郷愁のスタジアム

その本の1章で著者が書いているが、レクレアティボの現グラウンド、エスタディオ・コロンビノは一九五六―五七年シーズンに落成し、と同時に旧ベロドロモは解体されてスポーツ複合施設に道を譲ったという。午後遅くに到着すると、西の空に浮かぶ白い秋の太陽がスタンドの屋根をかすめ、ピッチに暗い影を投げかけている。陽射しに目を細めて眼下の選手を見れば、むらのある芝の上でウォーミングアップの最中だ。何歩か離れたところで肥満体の若者が古びた木のテーブルにつき、コカ・コーラを売っている。周囲の立見席にはほかに誰もいないので、チームのスターは誰か訊いてみると、若者は煙草にむせ返る。

「スター？ 冗談だろ。そんなやつはいない。スターは雲の上だ。レクレには落ちてこない」

「今年は調子がよくないのかい？」と私。実をいえば、チームはセグンダAで二十二チーム中の十八位、降格ゾーンまで勝ち点2の余裕しかない。「ああ」若者の顔は立ちのぼる煙にまぎれている。「やつらはクズさ。ずっとそうだったし、これからだってそうだ」この件はもう話したくないのか、若者は背中を向けて商品を木箱に詰めはじめる。私はグラウンドを囲む高いフェンスまで歩き、手振りで職員を呼び寄せる。通行証は広報担当者から受け取っていた。こちらにはクラブについて記録をさかのぼって書くという明確な理由がある。それも今度は英語でだ。広報担当は言っていた。「コタン・ピントに会うといい。必要な情報を話してくれるでしょう」コタン・ピントとははるか昔からレクレについて書いてきた名物記者で、私の調査に喜んで協力してくれるはずだという。

職員がうなずいて門のボルトを開け、西スタンドを身振りで示す。陸上用トラックを歩いていくと、集まりはじめた観客のなごやかなざわめきを引き裂くように、しわがれた女の声が歌う民謡のセビリャーナスが、トラックの端に据えられた金属製の大型スピーカーから流れてくる。頭が割れそうなボリュームだ。そういえば『ラフガイド』には、ウエルバが「フラメンコの南都」を自称していると書いてあった。その主張を書き手はむげに否定していたが、少なくとも、この騒音のおかげであたりは活気づく。

　歩いて西スタンドにまわると、そこはまだ日陰になっている。中央の古い木造部分には標準的な座席がついているが、北と南の広々とした立見席は前ヒルズボロ時代に属するものだ。中央スタンドは埋まりつつあり、私は人目を意識しはじめる。建物の高さに威圧され、無防備に視線を浴びて気づくと、観客の数は思っていたより多い。

　係員に背の高いゲートを開けてもらい、スタンドの中央通路を見上げると、上のほうに記者の一団が見える。座席のあいだをのぼっていけば、試合まえのざわめきが心地よく、漂う葉巻の煙が香ばしい。グラウンドを見てふと思い出すのは少年時代のチーム、グリムズビー・タウンと、二週間おきにクラブへのオマージュを捧げた古い木造のバレッツ・スタンドだ。ほかのグラウンドを理解するにはいつもしばらくかかる。そこにも歴史と個性があって社会と文化の重荷を背負っているのに、人はそれを完全には理解できない。その大きな理由は、特定のモデルを確かな規範として育ってきたからだ。

　それも致し方のないことだが、年をとるにつれて、心の準備はできるようになる。少なくとも、ほかのチームにもわが心のチームに劣らず起伏に富んだ歴史があるかもしれない、自分の特定の規範にはなかった興味深いことがあるのかもしれない、と。ところが、ここレクレで最初に感じるのは仲間意識だ。四部リーグのイングランド・サッカーばかり観たことで養われた本能なのか、スタンドをのぼる私には敗北の気配が漂うのも、それが観客の顔に刻まれているのもわかる。背中を曲げて観念したような人々の座り方は見逃せない。心ならずもやってきたといった風情だ。一九七八年の昇格がもたらした幸福感はもはや遠い記憶なのだろう。

係員に手招きされてパルコ（ボックス席）にはいる。これは特権が与えられたことを意味するスペイン・サッカー界の伝説と化した言葉だ——貴賓か役員かジャーナリストか、いずれにしてもスタンド最上部の特等席に陣取って眺めを楽しむことができ、ピーナッツの殻や煙草の吸いさしを浴びるおそれはない。それは哀れな土間客の連中に特有の現象なのだ。特権階級の最下層に位置するジャーナリストは、最上部の三方を囲む崩れかけたコンクリートの壁のあいだに寄り集まっている。なかには一般客との境となる壁から身を乗り出す者もいて、まるで厩舎の扉越しにうなずく馬のようだ。

奥にはいっていくと、伝説のコタン・ピントに紹介される。伯父さんのように優しげな五十代後半で、耳にボールペンをかけて型どおりに立ちあがり、やや胡散臭そうにこちらを見る。私は安心させようとする。「どうぞ、おかまいなく。お仕事の邪魔をするつもりはありません」するとピントは拍子抜けするほどの率直さで答える。「そいつはけっこう。ではハーフタイムに話そう」私の右側にいた同業者から、わざわざ確保してくれたらしい椅子を勧められ、私はノートを取り出す——まわりに溶けこみ、それらしく見えるように。

その同業者はウエルバ・インフォルマシオン紙の記者だと自己紹介する。「じいさんのことは気にしなくていい。年寄りだから一度にひとつのことにしか集中できないんだ。なあ、コタン？」これを受けて嘲笑された当人は、私の右隣りにいる男のカリカチュアを器用に描きはじめる。スカート姿で頭に角が生えている。スペインの文化では寝取られ男の印だ。「へっ、魚とやってろ！」と寝取られ男が笑い飛ばす。おもしろい九十分になりそうだ。

ビリャレアルが得点するのに長くはかからない。狙いのない散発的なホームの攻撃から生まれるほのかな楽観論は、ばかげたゴールによってすぐに砕け散る。いかにも運と自信が足りないチームらしい。金髪を伸ばしたミッドフィルダーがホテルで一時間ほど恋人《アモール》と携帯電話で話していたが、ハーフタイムにはもっと中身のある話を彼女にしてやれるだろう。レクレのゴールキーパーはコーナーに逃れようとするも、両手でフィスティングしたボールはアンダルシアの宙に舞い、本人は味方ディフェンダーの上にぶざまに倒れこむ。どうにか立ちあがるものの、ビリャレアルのロサリオが約五ヤードの距離から爪先でつつくと、ボールは削れた芝生にバウンドを変え、あわてて止めようとするレクレのディフェンス陣をすり抜けてゴールへ転がっていく。そして混戦のなかネットを揺らし、ブロンドの色男は髪をなびかせてダグアウトに突進する。ワールドカップの決勝でサドンデス(ゴールデンゴール)を決めたかのように。

スタンドは死んだように静まり返り、喜ぶビリャレアルの選手たちが葬式ではしゃぐ子供のように見える。記者たちは得点の経緯を確認せずに、監督に対する悪態の合唱に突入し(監督はビルバオ出身で、それがすべての言い訳になる)、私に向かって大声で責任を負うべき人物を挙げていく――まともなユース制度を設けない会長、ばか正直《ウン・イノセンテ》な監督など。私は肩をすくめるが、いわせてもらえば嘆くのはまだ早い。試合は前後半ある。

パルコからグラウンドを見渡すかぎり、眼下の光景と百年まえの出来事を結びつけるのはむずかしい。レクレはいまでも同じ色を身にまとっている。青と白の縦縞に白のパンツ。だが、自信ありげな黄色のトップを見せつけるビリャレアルの選手たちに比べて、なぜか栄養不良で小柄に映る。ロルデンの著書に一九二七年のレクレの集合写真が載っている。アンダルシア・リーグ二部に属し、一部昇格をめざしていたころのものだ。選手たちは申しわけなさそうに立ち、両腕をわきに垂らしている。今日の集合写真から連想される自信に満ちた腕組みのポーズをとる選手はひとりしかいない。

当時の選手たちも小柄か痩せこけているか、その両方かで、昔の祖母の言葉を借りるなら、「ちゃんと食事をとればしっかりしそう」だ。同じ時期の獣のようなビルバオのチーム写真とは著しい差があるが、これには社会学的な意味がある。カメラをにらむたくましいセコイアの大木たちは、豆と魚とステーキ――威圧的なチャンピオンたちの食料――を食べ、敵を蹴り殺したくてうずうずしている。対するレクレの選手たちはパンくずでも食べていたにちがいない。

社会経済の面では、アンダルシアも劇的に改善されつつあるが、それでもスペイン北部ほどではない。スペインではマドリードについで物価の高い都市、サン・セバスティアンからやってくると、その差は歴然としている。サン・セバスティアンの場合、サッカーの試合でめかしこんでいない人など見当たらない。だがここにいるおよそ七千の人たちは、服のラベルにはそれほど執着しないようだ。予算の優先順位はもっと基本的なものにあるのだろうか。

試合が中断した折に、レクレの黒人ストライカー、ボディポは地元出身なのかコタンに訊いてみる。マッチプログラムに掲載された彼のインタヴューを、私はビリャレアルの選手が治療を受ける間に読んでいた。それに、ボディポはなかなかの選手に見える。「いいや。セビリアの出だ」とコタンは答える。「ほとんどの選手がそうだ。もうまともな小僧は出てこないし、出てきたとしてもベティスかセビーリャに行く。ここに来るのはそっちで失敗した連中だ。とするとわれわれはどこへ行く?」地面を指す彼のしぐさから、セグンダB（二部リーグBで地域別のブロックに分かれている）と私は解釈する。

ボディポはプログラムのなかでさまざまな質問に答えている。最初の質問がビールとワインのどちらが好みかを問うものとはおもしろい。「ワイン、ラ・リオハ産のね」というのが彼の返事だ。イングランドの選手なら「ミネラルウォーター」と答えたことだろう。好きな女性は「奥ゆかしくて誠実な」人で、好物はパエーリャだそうだ。つぎのページにはクラブの歴史に関する五問のクイズが載っていて、ロルデンの本を一時間ほど拾い読みした私には全問わかる。回答を〈アフィシオン・デカナ〉(サポーターズクラブ)に送れば、正解者先着十名にコロンビノ・スタジアムのカラーポスターをくれるらしい。

その誘いは辞退することにしよう。どのみち、広報担当からクラブの記念ポスターをもらっていたし、記者たちも当初は冷ややかだったものの、私が試合を観にきたことをひそかに喜んでいるのはまちがいない。努めて仕事に専念し、こちらにはなるべく注意を向けまいとしているが、パスが三本つながるなど、レクレがまずまずのプレイをするたびに振り返って私の反応をうかがおうとする。彼らのチームを気に入って、その信条に共鳴してもらいたがっているのがはっきりとわかる。

ハーフタイムにカナル・スルのコメンテーターがパルコの裏から飛びこんできて、マイクを私の鼻先に突きつける。この全国ラジオネットワークは、ハーフタイムに二部リーグの途中経過をひととおり放送しているが、今回はいつもと趣向を変え、担当記者は外国人の意見を取材することにしたらしい。するとわれながら恐ろしくも驚いたことに、決まり文句が不思議とよどみなく口をついて出てくる。まるで舌がずっとこの瞬間を待ちつづけていたかのようだ。私は礼儀として答える。不運な失点をするまでレクレのプレイはよかったし、後半も汗と気力を惜しまなければ、最悪でも引き分けにもちこめるだろう、と。圧力を感じて、2－1の結果まで保証してしまう。まわりの売文屋たちが感謝をこめてうなずく。

終了の時間が近づき、ビリャレアルが4－0にしたときには、もはや彼らに感謝している様子はない。クッションがピッチに投げこまれ、ルーマニア代表のクライオヴェアヌがレフトバックに起用された惨めな若者を翻弄している。このルーマニア人がボールをもつたびにビリャレアルは得点しそうに見える。口笛とブーイングがはじまるころ、私は失礼して席を立ち、中央の通路をピッチのそばまで下っていく。係員がこちらに気づいて、陸上トラックに降ろしてくれる。南のほうに見える奇妙な横断幕が気になっていた私は、その写真を撮っておきたかった。高い柵にかけられたその幕には「ペーニャ・マッケイ」（マッケイ・サポーターズクラブ）と書いてある。ロルデンの本によると、ドクター・マッケイ（サポーターたちはMckayをMackayとまちがって綴っている）こそ、クラブの真の父であり、彼にはサンドハイムもおよばないそうだ。

試合は白色光の照明を浴びて私の左手でつづいている。クライオヴェアヌがタッチライン沿いを突進し、すぐそばを歩く私をひやりとさせて、クロスをあげる。白いボールがうなりとともに夜気を切り裂き、選手たちの荒い息遣いと罵り言葉が聞こえてくる。観衆のざわめきはもはや弱々しい不満のつぶやきでしかない。大きな白い横断幕の写真を撮ると、ペーニャ・マッケイのメンバーたちが柵の後ろでこちらに気づき、おどけたポーズをとりはじめる。彼らの関心を引くものはほかにないといっていい。チームがタオルを投げ入れられたのは明らかだからだ。

忘れられた偉人たち

マッケイは一九〇三年から一九〇九年にかけてクラブの会長を務めた人物で、一八七〇年代前半にサンドハイムやドイツ人のデーチュと親交を結んだ。サンドハイムがロンドン銀行にプロジェクトへの投資を納得させたあとのことだ。マッケイは現地医師として一八七三年にセロ・コロラドで開業したが、労働者の〝住居〟が百五十二軒あったとはいえ、鉱山の生産施設の土台が最初に築かれた一八七三年八月当時の状況は厳しいものだったにちがいない。二年後、マッケイはウエルバに居を定め、カサ・コロンに程近いバリオ・イングレスの裕福な従業員たちを診るようになる。

自身、ちょっとしたスポーツマンでもあったので、リオ・ティント鉱山のイングランド人を主体とする労働者たちとタルシス鉱山のスコットランド人労働者との初試合を企画したのはマッケイだと思われる。小規模で生産力の劣るタルシスの銅山は、創業時期こそリオ・ティントの施設より早かったものの、原料の産出量はさほどではなく、リオ・ティントの工場を支えるために設置されたようなインフラも整わなかった。一方、リオ・ティントの複合施設は世紀の変わり目までに世界最大の銅の精錬所となる。サンドハイムとその仲間たちは抜け目がなかったわけだ。

初期の彼らにとって、そして、その指示を受ける労働者たちにとって最大の問題は、部品の発注から到着までにかかる時間だった。ファクスもなければ、インターネットも携帯電話もない。ただし布はあり、糸があった。この魔法の材料を組み合わせて原始的なサッカーボールがつくられ、ふたつの鉱山の従業員たちが何度も対戦した。試合の記録はひとつも残っていないが、マッケイが四十代前半にもかかわらず、なかなかのプレイヤーだったことは知られている。

どの資料を読んでもマッケイはイングランド人とされているが、その姓はむしろ境界線の北側を思わせる。マッケイがふたつの鉱山のスポーツ交流を実現させたのは、スコットランドの同胞と接触できるからにほかならず、おそらく社交の輪がいくらか広がるからだと結論づけてみたい気がする。とすればリオ・ティントの荒野と沼のなかでもスコットランドの国民詩人バーンズの生誕夜を盛大に祝えたことだろう。サンドハイムが出場したかどうか立証するのは不可能だが、どうやらドイツ人の同僚はプレイしたようだ。

そうしたゲームがスペインの地で行われた最初の試合だったのだろう。アダムズ大尉が東への行軍に出発し、途中で地元の労働者たちと試合をする一年まえのことだった。この労働者たちは港に停泊中の英国船の乗組員たちからゲームのこつを教わったと思われる。ただし、いずれにしてもセロ・コロラドにいる彼らの同僚はウエルバの地元住民であったし、ゲームは良性のウィルスのように広がっていったにちがいない。残る疑問はひとつ、一八七三年八月が本当にスペインの大気にボールが飛んだ最初の日付なのか。それともプラシド・ロルデンが著書で推理するように、それ以前にも試合はあったのか。それもタルシス鉱山の労働者たちが内輪で行っていただけでなく、リオ・ティント流域の丘陵でも一八六三年から一八七〇年にかけて行われたのか。当時、ジョゼフ・リー・トーマスというイングランド人土木技師が本国とのあいだを行き来し、スペイン政府の招待で鉱山が開発に値するか確認の調査をしている。リー・トーマスはひとりで出張したのではなく、きっと仲間の技師や測量士も同行していただろう。名前は残されていないが、彼らこそアンダルシアの暖かな大気に布製のボールを蹴った最初の人たちなのかもしれない。時は、退却するムーア人のしんがりが最後のため息をつき、コロンブスが新世界への航海に乗り出してから約四百年後のことである。

だがすでにご存じのように、ウエルバ・レクリエーション・クラブが設立されたのはリオ・ティント鉱山の創業から十六年後のことだった。そのころにはかなりのインフラが整備され、事業のパイオニアたちは裕福になり、大勢の外国人がウエルバ界隈に移り住んで、収益の一部を使ってパーティを企画したり、健康を保つ努力をしたりしていたようだ。地元住民との関係はいまだ不明で、イングランド人に土地を搾取されて憤りを感じたとしても無理はないが、その事実は表面化していない。そうした感情はどのスペインの年代記にも見られず、侵略者たちに対する郷愁と尊敬ばかりが認められる。

それどころか、ウエルバの人たちは一八九〇年三月に行われたスペイン初の〝公式〟戦を国家的な出来事として語る。試合が行われるセビリアに集合した二十一人の選手のうち(セビリア側は十人しか集まらなかった)、スペイン人はふたりだけだった。もっとも、それが実情なのだし、笑いの種にするのはまちがいというものだろう。ともにウエルバのチームにいたドゥクロス(息子はのちにセビリアのチームに所属)とコトこそ、嚆矢《こうし》なのであり、最初に代表として選ばれた者たちなのだ――そしてクラブに所属していたために記録が後世に伝えられた。

三月八日午前五時、二十二人の男たちが列車でウエルバからセビリアに向かった。十一人の選手、ふたりの審判(どちらもイングランド人でクラブの委員)、そして九人のクラブ会員が応援団もしくはオレンジの皮むき係として帯同した。九人が同行した理由はどうあれ、「遠征隊」のメンバーはそれぞれ旅費を自己負担したと記録されている。彼らを招待したのは、下水システムの近代化を請け負うセビリア水道設備という会社の英国人在住者のグループであって、『ラフガイド』がまちがって記しているような「リオ・ティント鉱山の英国人従業員」ではない。試合は十一時ちょうどにタブラダ競技場で開始される予定になっていた。ロス・スポルツ紙は多数の（数字は明記されていない）見物人がいたと報じている。

Foot-ball — es un juego de pelota muy distraído y a la vez higiénico por el mucho que requiere. La particularidad de este juego consiste en que, en vez de botar la pelota con las manos y con las paletas, se bota con los pies, y, en casos apurados, con los hombros o con la cabeza.

これはスペイン語の原文で再現する価値のある一節だ。スペインの地における、ふたつの地域を代表する二チームの対抗戦について書かれた最初のふたつの文に、敬意を表したい。翻訳すると、名もない記者はこう書いている。

サッカーはたいへん楽しい球技であり、相当な体力を求められるので健康にもよい。この競技の特殊性は、ボールを手や棒で打つのではなく、足で、極端な場合には肩や頭で打つところにある。

二チームのラインアップも載っているが、これ以前にウエルバで行われた船員たちとの試合でウェイクリンがゴールを守ったのはわかっているので、オルコックの名がリストの先頭にあるのは彼がゴールキーパーだという意味ではないだろう。見てわかるとおり、記者はキャプテンを最初に挙げることにしたらしい。ほかの名前の順番はどうやら任意のものだが、九人の選手とひとりの控えしか書かれていないのは不可解だ。ともあれ、チームはつぎのように記録されている。

コロニア・イングレサ・セビリャーナ
マコール（主将《カピタン》）
ローガン
ストロウグラー
リクソン
アノダル
マンディ
ホワイト
ウェルトン
クレイグ
　控え
ダドリー

ウエルバ・レクリエーション・クラブ
オルコック（カピタン）
イェーツ
ウェイクリン
ドゥクロス
コト
カーク
ダニエルズ
カーティス
ギボン

スミス

偉人たち。長い時が流れるあいだに、オルコックやギボンたちはどこに行ってしまったのか？　2

1—0というセビリアの「イングランド人居住区」にとって幸先のいい結果に終わったことを考えると、市内で最初のチームが公式に結成されるまでさらに十七年を要したのは興味深い。ついに設立されたとき、チームは裕福な地主階級のスペイン人だけで構成されていた。〈水道設備〉の外国人居住者たちとセビリア市民の関係は、もっと小さな街であるウエルバで築かれたものより事務的でよそよそしかったにちがいない。その日のセビリアの選手たちは、社交やスポーツを通じて地元の人々と出会えるような状況になかったのだろう。ウエルバの場合、クラブ内のスペイン人の存在は圧倒的でなかったにしても、在籍していたのはたしかだし、それはけっして名ばかりのものではなかった。もしそうなら、サッカーがウエルバで発展することはなかったはずだ。

ウエルバが大きな影響力をもつことはなかったし、一九〇二年には各地のチームを招待して開催された初の全国大会にも参加しなかった。セビリアが先にサッカーどころとなったのだと主張するのはもっともかもしれないが、これは単純に人口の点からいって驚くような話ではない。だが一八九〇年三月八日の時点に戻ると、ウエルバ・レクリエーション・クラブは大事な遠征に出かけて十人の相手に敗れはしたものの、スペインでのゲームの普及にささやかな貢献をしたといえる。

かりにウエルバで起きなかったとしても、どこかほかの場所で起きたことに議論の余地はないが、だからといってスペイン・サッカーのデカノというレクレの地位を貶めてはならない。それよりも興味を引くのは、最初に設立されたふたつのクラブ、レクレアティボとパラモス（一八九八年）が強豪の仲間入りを果たせなかったことだ。同じことはイングランドのサッカーにも当てはまるが、スポーツの精神の原点に近い見方をするなら、クラブの創設者たちは単に世界制覇を追求するのではなく、ほかのことに心をくだいていたのではないか。もちろん、もっと現実的な見方をするなら、パラモス（カタルーニャ）もレクレアティボも、母港を離れて漂流をはじめたはいいが、競争に欠かせない財力がなかったということになる。空港もなければ、幹線道路も高速列車もなかったころ、ウエルバはどこからも遠かった。バルセロナ、レアル・マドリード、アスレティック・ビルバオにはつねに資金が、少なくともそれを調達する力があった。

この三チームはいずれも一九〇二年の戴冠記念大会（コロネーションカップ）に選出されたが、ウエルバは一九〇六年になってようやく、マドリードで毎年開かれる全国規模のカップ戦に出場を果たす。そして準決勝まで進んだところで、のちに優勝するマドリードFCに3－0で引導を渡された。どの資料にあたっても、ウエルバは健闘したとあるが、前線の選手がやや軽量だったらしい。ただ、ストライカー不足を別にしても、レクレアティボのようなクラブとバルセロナなどとのあいだには明白な違いがあった。ウエルバには、前進をつづけてコミュニティの代表と認められる団体を形成する政治的な理由がなかったのだ。あらゆるサッカークラブはある程度この役割を担っているが、スペインの三大クラブのように、モルボを発生させてそれを糧とする必要があるとはかぎらない。バルセロナとレアル・マドリードのあいだの緊張は内戦後に初めて表面化したとか、バスクのナショナリズムの表出はフランコ以前は存在しなかったなどと書く者は、そうしたクラブ間の険悪な関係を始めから見直したほうがいい。

こうした特別なサラブレッドたちは、馬小屋にいるときから口許に泡を浮かべていて、いったん解き放たれるやトラックを疾走していく。もちろん、けっしてフィニッシュラインに到達することはないが、途中で、確実に利益を生むスポーツ施設をつくってきた。すると人々はこぞって地域ナショナリズムの表現に投資する（あるいはレアル・マドリードのケースのように言外に否定する）。こうした海獣たちもヘレニズム的な意味での普遍的なスポーツの気風を表現するクラブから発生したわけだが、だからといってそれが露骨に政治的なものにたちまち変身したことを見落としてはならない。

ウエルバはこうした後ろ盾とは無縁だった。一九〇七年の大会にも参加したが、稼いだ勝ち点はわずかに1、相手は新顔のサラマンカで、翌年は入場料を当てこんだマドリードの主催者たちが参加チームに遠征費の補助を申し出たにもかかわらず、撤退している。ウエルバの一九〇六年の陣容は、十一人のうち六人がスペイン人だった。チーム内に英国人がいたことはやはり見逃せないけれども、外国人居住者のクラブというルーツが薄れはじめたのは明らかで、一九〇九年にはアルフォンソ十三世の名誉会長就任をたたえて、レアル（王家の）・クルブ・レクレアティボ・デ・ウエルバと公式に改称されている（国王は五年おきに観戦するだけでよかった）。フィトネスと社交のセンターとしてのクラブの歴代会長は英国人だった――一八八九年から一九〇二年がチャールズ・アダムズで一九〇三年から一九〇六年がアレックス・マッケイ――が、以後、舵を握るのはつねにスペイン人となる。

レクレ賛歌

話を試合に戻そう。ペーニャ・マッケイの撮影から引き返すと、主審がレクレの選手たちを目に余る悲惨さから救い出す直前に、またひとりディクタフォンで武装した記者が近づいてきて私に質問をはじめる。観戦に訪れたのはなぜか、このリーグはイングランドと比べてどうか、どうしてレクレアティボのことを知ったのか。その小柄な男の禿げかかった頭の背後で試合が終わり、私は如才なく、レクレはイングランドのディヴィジョン1でもいい線をいくだろうと答えるが、試合を観たかぎり、この連中が相手ならグリムズビーにも勝ち目はあるとひそかに思う。どこに泊まっているのか、翌朝に詳しくインタヴューできないかと男に訊かれて、私は承諾する。

ホテルへ戻る途中でベロドロモの跡地に立ち寄る。建設されたのは一八九二年、全費用がイングランド人たちの資金でまかなわれたが、土地はもともとリオ・ティント社のものだった。場所はイングランド人街《バリオ・イングレス》のはじまりを記す通りの突き当たりから約二十ヤードで、その通りは港と鉱山を結ぶ古い線路と並行に走っている。クラブの委員会はスタジアムの竣工をコロンブスの〝新大陸〟上陸四百周年に合わせたかったため、計画立案からこけら落としまで、プロジェクト全体にかけた時間はわずか十四カ月だった。

周囲には自転車用トラックがあって（競輪場《ベロドロモ》という名称の所以《ゆえん》）、テニスコートとローラースケート場、体育館も併設されていた。サッカーはここで行われるスポーツのひとつだったにすぎない。いまは少年たちがほのかな黄色い照明の下でファイヴアサイド（フットサル）をやっていて、三人の若者がマリファナを紙に巻きながら上のほうの壁越しに見物している。サッカー用のエリアとテニスコートには椰子《やし》の木陰が趣を添えており、私はロルデンの本に載っていたセピア色の写真から昔のピッチの光景を想い描く。そのグラウンドは一九五六年までレクレのものだったが、同年に町議会が現在のエスタディオ・コロンビノを建設し、クラブに貸し出したのだった。

翌朝、禿げかかった愛想のいい小柄な男は九時三十分きっかりにロビーで待っている。ホテルの朝食用バーから出てきた私は地元紙を何部か手にしていて、男が熱心に語るには、そのひとつに彼のリポートと私に関する短い記事が載っているらしい。私は各紙の試合リポートの厳しい論調にふれる。まるで早くも失敗と決めつけたような書き方だ、まだシーズンの序盤だというのに、と。ウエルバ・インフォルマシオン紙の**レクレ、はるかに勝るビリャレアルの前に撃沈**という見出しを示すと、新しい友人は感激した様子で、自分が考えたんだと見出しを指でつつく。私は記事の末尾に署名を探す——フアン・バウティスタ・モハロ・ガルシア。

「レクレはじつにひどかった」記者はそうつづけて、頭を振りながら人気のないラウンジのソファにもたれかかる。「真実を報道しなくてはなりません。さもないと、もっと悪くなる」そこで紙袋から本を数冊取り出し、私たちのあいだにあるコーヒーテーブルの上に重ねる。「作家もやっていましてね。これを受け取っていただきたい」と、三冊の小説をにこやかに差し出すとは何とも気前がいい。「この本こそ、本当に読んでもらいたいものです」と言いつつ、男は念を押すように『沈黙と孤独』の表紙を開き、「友情をこめて《コン・アミスタド》」とスペイン南部ならではの率直さで記す。私が住む街の冷たくよそよそしい人たちとは大違いだ。男が私について書いた短い記事《ブレベ》を見せてくれると、それは南部特有の美文調で、私の訪問が大きな歴史的意義をもつかのように書かれている——「イングランドの歴史家フィリップ・ボールは昨日、レクレアティボの名をふたたび輝かせるべくパルコから観戦した……」

　哀れなレクレ、地理上のめぐり合わせゆえにこれからの日々も後ろを向いてすごす運命にあるのだろうか。シーズンが幕を閉じたとき、ビリャレアルが一部リーグの仲間入りを果たしたのに対し、彼らは下から二番めに終わったが、当面はセグンダBという荒地への降格を免れた。メリダとログロニェスが連盟の設定した財政基準を満たせなかったためだ。レクレアティボのクラブソングは、過ぎ去っていった一世紀の風に向かって叫ばれる。訳文の詩的自由はお許し願うとして、肝心なのはこの一篇の快活さだ。

イムノ・デル・レクレ（レクレ賛歌）

白と青の旗を掲げ
海を行くウエルバ
スペインの地で初めてゲームをした！
百年、百年、百年はわれらのもの
レクレの色は王冠の名に

レクレ、レクレ、レクレ
長く生きるレクレ
長く生きるチーム、古きわがスポーツクラブ！
レクレ、レクレ、レクレ
長く生きるレクレ
長く生きるレクレアティボ、勇猛果敢！

オレ！　闘うウエルバ
最初に輝いたわれらのサッカー
テラス席からわれらは叫び、胸を叩く！
レクレが見たいから
そうとも、レクレが見たいから
スペインの地で最強の敵としのぎを削れ！

レクレ、レクレ、レクレ
長く生きるレクレ……

この歌は一九八九年にクラブの百周年を記念して書かれたものだが、これ以前に別の歌が存在したのはまちがいない。スペインのどのクラブにも「イムノ」があって、彼らはそれを信念とともに歌い、歴史と文化における存在理由《レーゾン・デートル》を表明する。ウエルバの場合——最後の行のおめでたい鬨《とき》の声は別として——、この歌詞は言外に不名誉な過去をたたえている。実績といえるのは長い歴史と国王の庇護、そしてもちろん、創始者としての地位しかないことを、お忘れなく。

それでも、彼らの十五分間の名声を妬んではいけない。たとえば私は、精神の死を迎えた企業的なプレミアリーグ体験をじっと耐えるよりも、レクレアティボのようなグラウンドで七千人の魂をもつ観衆のなかにいるほうがはるかに好みだ。ウエルバの歴史上何より残念なのは、トップリーグですごす唯一の年を一九七八年でなく百周年の年に迎える運命にあったら、もっと幸福なショックとなったはず、ということだ。とはいえ、一度でもそこにたどり着いたことは、それだけで祝福の理由になる。ウエルバは温かい小さなクラブで、フィールド上は意に沿わない展開となったにもかかわらず、私の訪問をその日いちばんの出来事として感動的なまでに遇してくれた。部外者がホームのような居心地を感じることはサッカー界の日常ではない。

さいわい、新世紀を迎えてクラブの運気は劇的な上昇を見せている。二〇〇〇年の終わりには、目をみはるほど堅いディフェンスでセグンダAの四位につけており、シーズン前半の十八試合で喫した失点はわずかに六、一部リーグへの再挑戦も夢ではない。それだけに、あの思いを分かち合いたい気持ちはつのる。長く生きるレクレ、長く生きるレクレアティボ、勇猛果敢！

3　石切り工——アスレティック・ビルバオとバスク地方の政治

唯一無二のクラブ

スペイン人は熱心なアマチュア歴史家で、たいがい自分たちの歴史の重要な出来事についてよく知っている。英国人より自国の歴史に詳しいのはまちがいない。道行く普通の男女でも、たいていこの国や地域の歴史についていつまでもしゃべりつづけることができる。彼らは雑学の大家でもあって、特定のタイプの男たちだけでなく、少年少女やそのおばあさんまでもがこちらの期待を裏切らない。

　スペインに滞在して最初の年、私はレストランで隣りのテーブルについていた身なりのいい年配のご婦人方五人組の会話を小耳にはさんで驚いた。スペイン一部リーグやその選手たち、代表監督ハビエル・クレメンテの慎重すぎる戦術について活発に話し合っているではないか。こちらの微笑みに気づいたひとりが、どうかしたのかと訊ねてきた。〝政治的な正しさ《ポリティカル・コレクト》〟を根拠にとがめられる心配はなかったので（この言葉は最近スペイン語に加わったばかりだ）、私は肩をすくめて正直に答えた。サッカーの話をしているのを聞いて驚いたのだ、と。彼女は私のコメントを却下するように手を振って、「何を話してろっていうの？　夫のことでも？」と甲高い声で笑い、つづいてスウィーパー・システムの是非について語りだした。

もちろん男たちだって負けてはいない。インターネット上には一九二八年から現在までの「スペイン一部リーグ総合順位表」があり、統計を知りたい欲求を満足させることができる。どのみち、ほとんどのスペイン人はそこに載っている五十三チームのうち、上位二十チームの名前を言えるだろうし、上位五チームなら順位ごとにそらんじることができるだろう。つまり、

一　レアル・マドリード
二　ＦＣバルセロナ
三　アトレティコ・デ・マドリード
四　アスレティック・ビルバオ
五　バレンシア

唯一の驚きは、アトレティコが三位、アスレティック・ビルバオが四位であることだろうか。もっとも、アトレティコは一九九九—二〇〇〇年シーズン後に降格し、その評価システムによれば二千四百三十八ポイントにとどまっているのに対して、ビルバオは二千四百二十五ポイントなので、じきにバスクのチームが追い抜くのはまちがいない。この表の数字をざっと眺めていくと、たとえば五十三位のクルトゥラル・レオネサは二〇〇〇年までの合計が十四ポイントだが、二十一世紀には、五十二位にしがみつくアトレティコ・テトゥアン（すでに消滅）を上まわると思われる。テトゥアンの獲得

ポイントは十九で、われらがレクレアティボ・ウエルバより二ポイント少ない。

こんなふうに事実に基づいた情報が国じゅうに流布していても、ある大きな歴史的神話は払拭されず、どうやら現在までもちこたえている。アスレティック・ビルバオがスペインで公式に設立された最初のクラブだと考えられているのだ。じつは二番めでさえないのだが、この神話が広まったのもわからないではない。一九二八年のリーグ設立以前から傑出した存在だったたし、うぬぼれ《チュレリア》で有名なビルバオの人々には、アスレティックがスペイン初の公式チームであるとの考えを広める傾向がある。『ラフガイド』でさえ、スペインについての章はおおむね正確なのに、スペイン・サッカーはバスクではじまったという神話にだまされ、一九九八年版で著者はつぎのような誤った記述をしている。「サッカーはバスク地方の英国人鉱山労働者たちを通じてスペインに伝わり、そこからマドリード、バルセロナ、バレンシアに広がっていった」バレンシア？　彼らは一九三一年まで一部リーグにはいってさえいなかった。とてもゲームの普及に貢献したとは思えない。

実のところ、ビルバオはわずかな差で三大チームの一番手だったのであり――残る二チームはレアル・マドリードとバルセロナ――、この三チームが世紀の変わり目に出現したことで、それぞれの地域にほかのチームが結成されて成長していったというのが真相である。この時代を語りながら突出したチームにしかふれないのは、歴史的にちょっとした罪に相当するだろう。それでは同じ地域のほかのチームが何も貢献していないというようなものだ。一九二八年に初のプロリーグが発足するころには、カタルーニャにはエスパニョールとクルブ・デポルティボ・エウロパもあったし、カスティーリャではアトレティコ・マドリードが、バスクではレアル・ソシエダードとアレナス、レアル・ウニオンも設立されていた。先駆者となった十チームのうち、〝三大〟地域以外からリーグに参加したのはカンタブリアのラシン・サンタンデールだけだった――彼らは最下位で最初のシーズンを終えている。

一九九四年にアスレティック・ビルバオの会長に選ばれたワイン商人、ホセ・マリア・アラテは、クラブの百周年を記念した本の序文にこう記した。

アスレティック・ビルバオはサッカークラブという以上に、ひとつの感情である。そのため、運営の仕方を合理的に分析できないことが少なくない。われわれはサッカー界で唯一無二の存在と自負しており、それがわれわれのアイデンティティを決定づけている。ほかのチームより優れている、あるいは劣っているということではなく、単にちがっているということだ。われわれはただ、われわれの土地の若者がクラブを代表してくれることを願い、それによってビジネスコンセプトではなく、スポーツ集団としてぬきんでることを願っている。選手たちを単なるフットボーラーではなく、一人前の男に育てることを願っており、カンテラ出身の選手がデビューするたび、創設者や父祖たちの理念に合致した目標を実現したと感じるのである。

感動的な内容だが、名門クラブなら嘲笑の的になるのを恐れて、こんな感情を表現することはできないだろう。ところが、アスレティックが嘲笑されることはめったにない。ひとつには、彼らの歴史が物語っている――一部リーグから脱落したことがない――からで、ひとつには、彼らがつねに最後まで闘う気迫を見せるチームであるからだ。手ごわい、粘り強い、不屈の……といった形容詞はすべてこのクラブに当てはまるといって差し支えない。ニューカッスルと同じで、この街はサッカーのにおいがする。目隠しをされたまま連れてこられたとしても、それをはずして周囲を見まわせば、そこが二軍チームでも一万人以上の観客が集まる街だとわかるだろう。そう感じる証拠は特定しにくいかもしれないが（サイズの合わないレプリカシャツ姿の中年男たちは除く）、街の雰囲気、人や交通の往来する様子、週末が来るのを人々がそわそわと待つ感じから察しはつく。

いまでこそ異彩を放つグッゲンハイム美術館を誇るが、ビルバオは長いあいだ都市計画立案者や建築家がかかわりをもちたがらない場所だった。根無し草的な灰色のコンクリートが悪夢のように延々と広がる市街地、交通渋滞の激しい道路、魚の姿をしたものが見当たらなくなって久しい川。こうなった背景にはもちろん産業がある。二十世紀初頭まではビルバオ産の鉄がスペイン経済を動かし、国じゅうから〝移民〟労働者を引き寄せていた。

その結果、十九世紀後半にはビスケー湾に面してほどよく位置するこの街に外国人も大挙してやってきた。ほとんどが英国人で、彼らはスペインの産業革命でさまざまな役割を果たすこととなる。一方、知識階級のバスク人の子息たちは土木工学や商業を修めるために英国諸島行きの船に乗りこんだが、それはちょうどイングランド・サッカーの黎明期と重なる時期だった。

とはいえ、ウエルバの場合と同様、物事を初めに動かしたのは労働者たちだったようだ。そのなかにはイングランド北東部から短期契約でやってきた鉱山労働者や、発展中のビルバオの造船業に貢献するためにサウサンプトンやポーツマスから派遣された造船工たちがいた。当初、青と白の縦縞だったアスレティックのチームカラーが、やがて赤と白に落ち着いたのは、サンダーランドとサウサンプトンに対する敬意を示してのことだろう。もっとも、その仮説には異論もあるのだが（7章参照）。

ともあれビルバオ人《ビルバイノ》たちの話では、一八九四年まで地元の人々はネルビオン川の北岸に行っては英国人労働者がサッカーに興じるのをじろじろ眺めているだけだったらしい。それがもの珍しい競技のせいなのか、夏になるとシャツを脱いでプレイするからなのかは、当時の新聞の切り抜きを見てもはっきりしない。保守的なバスクの見物人にとって、シャツを脱ぐことは言語に絶するいかがわしい行為だったが、一方で彼らはプレイヤーが膝上丈の半ズボンを穿いていることに興味をそそられたようだ。神よ、われらを許したまえ。

そんな見苦しい振る舞いも、ケンブリッジから戻ったばかりの学生のチームと契約労働者の選抜チームとの最初の試合が一八九四年五月三日に行われるのを妨げはしなかった。学生たちは〈サマコイス〉という地元のジムに集まる仲間だった。一八九四年当時、英語を話し、裕福な父親をもつ若者にとってそこは見栄えのする場所だったにちがいない。エル・ネルビオン紙によると、「フットボール」の試合は午前十時にラミアコと呼ばれる場所でキックオフされ、「外国人」が五点差で勝ったという。なぜか実際のスコアは記録されておらず、まるで「差」だけが重要だといわんばかりだ。三週間後、当然のように雪辱戦が行われた。今回、ピッチはロープで囲われ、相当な数の観客が試合の行方を見守ったが、またも地元チームが五ゴール差で敗れた。ただし、じつは六点差だったと試合後に言った者がいたらしい。

最初の試合を計画したと見られる学生は、ファニート・アストルキアという若者で、マンチェスターに留学していた中流階級の商人の息子だった。サマコイス・ジムの常連だった彼は「偉大な七人」の愛称で呼ばれる委員会の長を務め、バルセロナより一年早い一八九八年にクラブを創立した。だが、チームの名称はビルバオ・フットボール・クラブであって、アスレティック・ビルバオではない。またチーム設立に関して法的な承認を示すものはないため、一九九八年のアスレティックの百年祭も、厳密に史実に基づいた見方をすれば胡散臭く見えてくる。

心情的には議論の余地などないのだろうが、アスレティックの歴史家の大半はさほどナショナリスト的ではなく、実際の創立年を一九〇一年としている。その年の六月十一日、ルイス・マルケスなる人物がクラブのさまざまな役職の選挙が行われたことを承認するために筆を執った。そしてすべては正式な会議らしい堅実な枠組み――議題や議事録など――のなかで決議された。こうしたものはいわゆる一八九八年の創立に関しては存在しない。加えて、アスレティック・ビルバオというあえて英語風にした名前が登場するのが一九〇一年以降であることを考えると、スペイン初の重要なチームというビルバオの主張がバルセロナからその栄誉を奪うための企てだったのは明白だと思われる。

一九〇一年にカフェ・ガルシアで開かれた会議の日付がアスレティックの真の誕生日であるのはたしかなようだ。だが、ビルバオの街でそれを言うなら危険を覚悟したほうがいい。それに結局のところ、創立日を決める基準を形式上の行為にしたいのか、それとも、ほかにうまい表現が見つからないのだが、自然発生的な出来事にしたいのかということに尽きるのだ。この問題は重大で、プエブロのアイデンティティそのものに対して、そして国内のほかの地域との関係上、大きな意味をもってくる。創立日に関する申し立ては外部の人間に問題視されたとしても、よもや地域内で異議が唱えられることはない。

また、アスレティックには代々バスク人しか在籍していないという広く喧伝された幻想に反論する者もいない。だが、この主張は一九〇一年に副キャプテンに選ばれたアルフレド・ミルズという男の存在と折り合いをつけるのがむずかしい。クラブの公式編年史では、ミルズは「地元人のような《コモ・デ・カサ》」というかなり苦しい表現で評されている。都合のいい言い方ではあるだろう。当時の新聞記事によれば、ミルズは誰が見ても好選手だったが、二十年以上もこの国に住んでいるのに「スペイン語はまったく」話さなかったのだから。なるほど——バスク語は流暢だったのかもしれない。

一九〇一年のカフェ・ガルシア会議後、モルボの最初の徴候が現れるのは、ビルバオのもうひとつのチーム、依然として六人の英国人を擁するビルバオFCとアスレティックが対戦したときのことだった。結果は1－1の引き分けだったが、一九〇二年一月十九日のリターンマッチでは、アスレティックが3－2のスコアでついに初勝利を公式に記録する。試合後、さまざまな見物人のグループがロープを飛び越え、方々で「フット－ボール」のゲームをはじめた。記者のひとり、J・ウガルデは、このピッチへの侵入をつぎのような預言者めいた調子で伝えている。

> 名手たちが更衣室でレモネードを飲む間、午後の寒さで身体がかじかんだ多くの観客が、見事な公開試合を終えた選手たちを真似てゲームをはじめた。あるいは近い将来、この街の誰もがこの競技に興ずるようになるかもしれない。この競技は人々をひとつにする力をもっているようだ。しかも並々ならぬ好奇心を喚起するようだ。

サッカーがふたつのビルバオのクラブをひとつにしたのはたしかだ。両チームはビスカヤ（ビスケー）として一時的に融合し、知られているかぎりではスペインのチームとして初めて外国に遠征して、ボルドーでブルディガラを2－0で下している。一九〇二年三月の第二戦では三千人が地元ラミアコに詰めかけ、バスク側がフランス側に7－0で圧勝するのを目撃した。これは当時としては驚異的な観客数で、ピッチを囲むゆるんだロープだけではとても制止できなかったという。すでに述べたとおり、同じ年の五月、ビスカヤはマドリードで開催されたコロネーションカップに優勝し、凱旋時には沿道に集まった地元の人々に歓声で迎えられた。屋根なしのバスはまだ登場しなかったが、盛りあがりは増していくばかりだった。当然のことながら、その勢いが政治的に重要な意味をもつ日は遠くなかった。舞台の袖に隠れていても、時がくればいつでも舞台中央に躍り出る準備が整っていた。

われわれは真剣に相手にされるのを待っている政治的共同体だ、というバスク人の自己認識が並行して発展しつつあった。一八九四年、サビーノ・デ・アラナによってバスク民族主義党（ＰＮＶ）が創立される。彼の父親はカルリスタへの共鳴のためにフランスへ追放されていたが、アラナは〝バスク人の集合〟を意味する「エウスカディ」という言葉をつくって名をあげた。バスク人コミュニティは太古の昔から存在していたが、そうした名称をみずからに与える機会は見出せずにいたのだ。

自意識を強めるバスク人のナショナリズムは、憂えるマドリードの中央政府が一八九五年にアラナを一時的に投獄するほどだったが、馬はすでに厩《うまや》から出発していた。そうなった理由には、「マケトたち」の問題がからんでいたものと思われる。これはやむなく受け入れ側となったバスク人がつけた呼び名で、数千人単位で北に移動してきたスペイン人移住労働者のことだが、このマケトたちが伝統的なバスク人社会の存続に対する脅威とみなされはじめたのだ。ナバラ、アラバ、ギプスコアのバスク三地域には、産業に従事する中産階級が存在しなかったが、沿岸地域、とくにビスカヤでは過去も現在もこの階級がPNVの大きな支持勢力となっている。

アスレティックの誕生とPNVの影響力の増大が二十世紀初頭に時期を同じくして起きたことを軽視してはならない。以来、ふたつの団体は手に手を取って歩んできた。全国規模のプロリーグができるまでの二十七年間にアスレティック・ビルバオが飛び抜けた活躍を見せたことで、保守的なバスク民族主義は地域を代表するスポーツの実績を支えとして政治的な勢いを着実に増していった。同じことが一九五〇年代のカタルーニャでくり返される。最強を誇るレアル・マドリードの支配に対するバルセロナの不屈の闘いが、カタルーニャ自治政府の現首相ジョルディ・プジョール率いるCiU党（集中と統一、あるいはカタルーニャ同盟）の発展を促進させたのだ。

アスレティック・ビルバオのすばらしいグラウンド、「ラ・カテドラル」の愛称で知られるサン・マメスは一九一三年に建造された。国王杯がはじまってからの八年間にクラブが四回の優勝を遂げたのちのことだ。たった七カ月で完成したとはいえ、大がかりな建設事業だったのはまちがいない。カフェ・ガルシアでの会議からわずか十二年後、スペイン初の大規模な専用スタジアムとして建築され、ピッチには英国産の芝生が植えられた。さらに、ロンドンのアマチュアチーム、シェパーズ・ブッシュを迎えての第二の公式戦には国王アルフォンソ十三世夫妻が出席するという栄誉も与えられた。

また、スタジアムの建設はある重要な経営方針を象徴していた。その方針は現在でもソシオ（会員）が事実上のクラブ経営を行う国だからこそ可能となるものだ。スペイン・サッカーを動かしているのは個人の事業参加であって、企業ではない。二十世紀後半になると自治体の資金でつくられるグラウンドも現れるが、もちろんひも付きである。このあとの章で検証するバルセロナとマドリードのケースからもわかるように、クラブの財政を決定するのは大勢の会員の出資である（数人の裕福な理事ではない）という考えは、もともとスペインで発案されている。そしてこれによって、クラブが文字どおり地域社会のものであることは保証された。

一九〇四年、会費を納めたアスレティックのソシオはわずか三十四人だったが、一九一三年には数百人に膨れあがった。これだけいれば、サン・マメスの建設費用を負担するのに不足はない。各会員の寄付でまかなわれた当初の見積もり費用は五万ペセタ——当時にすれば天文学的な額だ。最終的には八万九千ペセタに達したが、たいして心配する者はいなかったらしい。そのころにはすでにクラブに対する個人の掛け金が将来的に大きくなるのは明らかだったし、純粋な見返り投資の対象であるスタジアムが一夜にして価値を失うことはありそうもなかったからだ。偶然ながら、一九一三年はスペイン・サッカー連盟が法人化された年でもある。

サン・マメスのこけら落としは国王が訪れる二週間まえに、バスク地方の東の国境沿いにある活気のない街イルンのレアル・ウニオンを迎えて行われた。レアル・ウニオンは有力チームとして頭角を現しつつあり、その証拠に同年の国王杯を制していた。この優勝はバスクにおけるアスレティックの覇権を脅かしたが、そのプロセスがはじまったのは一九〇九年の同大会でクルブ・シクリスタ・デ・サン・セバスティアン（のちのレアル・ソシエダード）が優勝したときだといえるかもしれない。ともあれ、レアル・ウニオンが大舞台に招かれ、スペイン史上きわめて重要なゴールを許すという不名誉を授かった。それがサン・マメスでの初ゴールであり、決めたのはラファエル・モレノ・アランサディ、通称〝ピチチ〟だった。

ピチチはどんな闘牛士よりもその名を轟かせた。一九二〇年代に闘牛場で命を落としたイグナシオ・サンチェス・メヒアスに詩人フェデリコ・ガルシア・ロルカが捧げた哀歌『午後五時《ラス・シンコ・デ・ラ・タルデ》』は、いまでもスペインでもっとも有名な詩だが、バスク人アーティスト、アウレリオ・アルテタによるピチチの肖像画もスポーツが芸術に貢献した例として上出来といっていい。労働者階級の〝移民〟の父とバスク人の母のあいだに生まれたモレノはやや挑発的に、やや心配そうに昔のホラセタ競技場の白いフェンスにもたれ、白鳥のように長い首を彼の欲望の対象である未来の妻のほうに傾けている。その女性の長くほっそりした背中は曲線を描き、性的に張りつめた感じで、目は画家から控えめにそらされている。まるでそのフットボーラーの振る舞いが当時の作法から少しはずれていて、密会などすべきではないといいたげだ。ましてやハーフタイムには。

一九九八年のワールドカップをまえに、スペイン代表にしてアスレティックのミッドフィルダーであり、スペインのほとんどの家庭で憧れの的となっているユレン・ゲレーロが、ガールフレンドとともに似たようなポーズで撮影された。この写真はアレタの絵を故意に真似たものだが、今回はカップルの背景にグッゲンハイム美術館が写っている。ゲレーロの見るからにぎこちない様子は、オリジナル作品の輝きを際立たせるだけだ。

一九二二年、急性のチフスに冒されたピチチ・モレノが二十九歳の若さで他界すると、その死はルドルフ・ヴァレンティノが夭折したときと同じくらい盛大に悼まれた。四年後にはこの伝説的ストライカーの胸像の除幕式がサン・マメスで行われ、いまでも対戦チームの選手たちは敬意を表して台座に花束を置いていく。一九五三年、スペイン・サッカー連盟は一部リーグと二部リーグそれぞれの得点王にトロフィーを贈ることを決定し、ピチチ杯《エル・トロフェオ・ピチチ》と名づけた。伝統は定着し、その単語の使用頻度の高さからスペインじゅうの記者席で外国人ジャーナリストが地元記者に説明を求める声——「ピチチって誰?」——がしばしば聞かれる。これはイングランドで同様のトロフィーを〝ザ・ディクシー〟と呼ぶようなものだ（ディクシー・ディーンはイングランド・リーグでシーズン最多の六十ゴールを記録した）。

ピチチのプレイ映像が残っていないため、事実と伝説を区別するのは困難だが、彼が記録したゴール数はじつに驚異的だ。ピチチにはじまる得点力のあるセンターフォワードというビルバオの伝統は、イングランド式《ラ・マネラ・イングレサ》に対するクラブの忠誠の賜物である（らしい）。これはつぎつぎに呼び寄せられた英国人監督に仕込まれたもので、〝昔ながらの1―2―3〟という困った呼ばれ方をする。ゴールキーパーからセンターフォワードまで三回のタッチでつなぐからだが、そのあとはもちろん、センターフォワードが容赦なく確実に革の球をネットに突き刺すわけだ。

イングランドとビルバオの関係はさまざまな意味で重要だが、その最たる理由は一九三六年に内戦が勃発するまでのスペインのベストチームがラ・カンテラの哲学を選手にのみ当てはめたことにある。一九一一年には、カンテラという言葉が地元のサッカー記者たちによって普通に使われるようになっていた。だが、バスク生まれの男だけが赤白のストライプを着ることができるとの考えは、監督職までおよんでいたわけではない。クラブはイングランドをサッカーの母《ラ・マドレ・デル・フットボル》とみなし、一九一〇年に初の外国人監督としてシェパード氏という人物と契約を交わした（敬意を表してか、彼らを洗礼名で呼ぶことはけっしてなかった）。シェパードは山高帽をかぶっていたことで地元の人々に気に入られたが、ホームシックのためか、わずか二カ月で要職を辞している。

それでも彼が足跡を残したのは、地面に打ちつけた短い棒の列を使ったドリブルの練習方法を導入したからだと思われる。「エル・ドリブリング」という言葉がスペイン語に取り入れられたのはこのころのようで、当時は一般的に、イングランド人のほうがスペイン人よりもドリブルがうまく、イングランド人監督を招くことが必然的にスペインでのこの魔法の発展につながると考えられていた。こうした英国崇拝の最後の名残がつい最近、ビルバオ《ビルバイーノ》出身のハビエル・クレメンテが一九九八年末に代表監督を辞任するとともに消えたとは何という皮肉だろう。

クレメンテはアスレティックの選手としてある程度の実績を残したのち、一九八〇年代前半には監督としてチームをリーグ二連覇に導いて名を博した。彼のチームは世に聞こえた「ブロケ」の有能にして頑固な実践者とみなされ、ブロケはいまやバスクの各チームと結びつけられるにいたっている。このフォーメーションは、ふたりの守備的ミッドフィルダーがセンターバックふたりとスウィーパーの盾となるもので、クレメンテはこれをラ・マネラ・イングレサと考え、その熱心な信奉者をもって自任していた。イングランドのどのチームからこのシステムを採用したのかは不明だが、クレメンテが〝母なる〟システムに忠誠を欠いたことは一度もない。それがいっそう明白に示されたのは、代表チームを任されていたころのことだった。才能に対する不信感、創造性を欠く堅実な労働者タイプを大量に起用したこと、そしてマルカ紙のフリアン・ルイスが巧みに要約したように「たった数試合ま

とも な」プレイをしたアスレティックの選手をチームに加える傾向のために、彼は悪評を買ったのだ。

クレメンテは自分のことを長い伝統の一部とみなしたのかもしれない。アスレティックはなおも異国の影響を受けることに関心を示し、一九一三年の終わりにはフェレンツヴァロスを親善試合に招待している。四十年後のイングランド代表と同じく、ハンガリー人たちに喫した5-2の惨敗は、バスク人の傲慢さを一段と強固にしただけのようだ。ハンガリー人のならず者めいた戦術に激怒したらしい地元ファンがピッチに乱入したおかげで、試合は終了十五分まえに放棄される結果となった。ビジターたちの多くが憎悪に満ちた「パラグアソ待遇」(傘で頭を強打される)の餌食となったが、試合後に主催者が準備した交歓夕食会ですべては水に流された。もっとも、エル・ネルビオン紙によれば、主犯格のハンガリー人はホテルにこもっていたそうだが。

ショートパスを教えた英国人

一九一四年になると、スペイン・サッカー連盟は国王杯への自由参加システムの廃止を決定し、地区大会の勝者が全国規模のカップ戦に進む方式を開始した。ここで初めてスペイン選手権と銘打たれ、アスレティックは最初の三年間、つぎのイングランド人監督のもとで大会を連続制覇する。訓練を積んだマッサー(マッサージ師)だったバーンズ氏は、山高帽の愛好者というほどではなかったが、より攻撃的なスタイルを導入した。だが、その戦術の詳細は時間の靄《もや》のなかに失われてしまったようだ。あるいは、われらが友ピチチに頼りきっていたのかもしれない。バーンズは一九一六年にいったんチームを離れ、一九二〇年に復帰するが、つづいて一九二三年にはイングランド人監督のなかでもっとも名高いペントランド氏が任命される。

二十世紀最初の十年間にブラックバーン・ローヴァーズ（ほか）でプレイしたフレッド・ペントランドの到着とともに、スペイン・サッカー界にプロ意識の明確な徴候が初めて現れてくる。ペントランドは第一次世界大戦中ずっとドイツに抑留されており、どうやらドイツ人将校たちの健康とテクニックを保つための訓練に時間の大半を費やしていたらしい。一九二〇年のアントワープ・オリンピックではフランス代表監督を務め、つぎの一年間をラシン・サンタンデールのトレーナーとしてすごした。そのカンタブリアのクラブからアスレティックは月給千ペセタでペントランドを買い取っている——現在の為替レートでは五ポンド程度だが、当時としてはまずまずの額だ。一九二〇年のオリンピックでの活躍から、スペイン代表が当然のように国際試合を重ねていくのにともない、成功へのモルボがクラブの財布の紐をゆるめさせつつあった。

クラブ史上、〝フレディ〟・ペントランドはピチチに劣らず崇められているが、それが見事な監督術によるものなのか、エキセントリックな英国紳士の概念を完璧に体現していたからなのか、判断するのはむずかしい。ずばり山高帽《ボンビン》と呼ばれていたペントランドは、当時撮影された数枚の写真を見るかぎり、エキセントリックというよりも狂気の人だったと思われる。アスレティックでの初練習で彼が選手たちに教えたのは靴紐の正しい結び方だった。「簡単なことがきちんとできれば、あとはおのずとついてくる」というのが彼のモットーだったようだ。ペントランドは練習中も太い葉巻を口にくわえて山高帽をかぶっていたが、スペイン・サッカーへの貢献度はけっしてばかにできない。彼は何より、〝昔ながらの1―2―3〟とは対照的なショートパス主体のゲームの擁護者として記憶されている。
一九二八―二九年の第一回リーグなかば、バルセロナがペントランド流《ロ・デ・ペントランド》の採用を決め、その結果タイトルを勝ち取った。すると必然的に、一九二八年以降のバルセロナの成長ぶりに感化されたほかのチームがつぎつぎと〝ボールをつなぐ〟アプローチをとるようになった。このシステムがイングランド人と関連しているのは、いささか皮肉めいている。実をいえば、ペントランドが母国を離れたのは上から押しつけられたプレイをするのが嫌だったためだと思われるからだ。一九二三年、アスレティックはボール支配率の高いサッカーでカップを制したが、その後の二年間を無冠で終えると、どのシステムを採用すべきか論争が巻き起こった。ペントランドは問題を感じ取ったのか、オビエドへ移っている。

一九二九年にアスレティックに戻ると、ペントランドが貫いてきたポゼッションゲームは見事に成果をあげ、バスクのチームは一九二九―三〇年の第二回、そして一九三〇―三一年の第三回スペイン・リーグを連覇した。第三回シーズンでは、サン・マメスでバルセロナを12-1の驚異的なスコアで打ちのめしている。これは現在でもカタルーニャのチーム史上最悪の敗北だ。ペントランドがビルバオを去る直前の一九三二―三三年シーズン、アスレティックはレアル・マドリードに次ぐ二位に終わったが、現代のスペイン・サッカーの特徴である、ボールをつなぐゲームこそ進むべき道だという考え方をチームはたしかに身につけていた。

妙な話だが、手本として尊ばれているにもかかわらず、二十世紀の終わりになっても英国人はパス主体のサッカーを本当に修得してはいない。ペントランドは明らかに一匹狼で、英国サッカー界に快く受け入れられるタイプの人物ではなかった。ペントランド流《ロ・デ・ペントランド》がイングランド流《ロ・デ・イングラテーラ》でないのはまちがいないが、スペイン人がふたつを同一と考えていたのはけっこうなことだ。一九九〇年代前半にクライフ率いるバルセロナのドリームチームが示した崇高な美学を思い出せる者は、それがペントランドを元祖とする伝統のおかげでもあることを忘れてはならない。ところが、戦後のアスレティックはこの伝統を避けて例のブロケを選ぶようになる。クレメンテの成績はよくても魅力に欠ける一九八〇年代のチームで全盛を極めたブロケだが、その原型が当の監督の勝手な解釈によるイングランド流だったとは何という矛盾だろう。

　ペントランドの独特なスペイン語と奇矯な行動からは幾千もの逸話が生まれ、その多くはいまだに語り継がれている。いまの世代に伝わる彼のせりふでもっとも有名なのは、あの伝説的な「もう残りわずかだぞ《ケ・ポコ・テ・ケダ》、山高帽《ボンビン》。あと三分だ《ソロ・トレス・ミヌト》!」だ。この言葉が初めてダグアウトから叫ばれたのは、一九二三年にアスレティックが制した伝説のカップ戦決勝終了三分まえ、相手はカタルーニャのクラブ、エウロパで、場所はバルセロナの旧スタジアム、レス・コルツだった。当時すでに、選手たちがペントランドの頭から帽子をはたき落として使い物にならないくらい踏みつけるという勝利後の伝統儀式がはじまっていた。ペントランドはqueda（残る）という動詞形をマスターできなかったようで、代わりに自己流の誤った動詞形queraを使っていた。このまちがいをバスクの選手たちが親愛の情をこめて真似したことから、この言い回しは伝説化したのだろう。ペントランドはロンドンの高級帽子屋といつでもつけで買い物ができる間柄で、山高帽を年に二十個ほど気軽に注文していた。

　一九五九年、クラブはペントランドをイングランドから招いて記念試合を開催した。サン・マメスは屋根まで満杯になり、白髪まじりの年老いたペントランドがアスレティック‐チェルシー戦のキックオフをするまえに、当時の会長ハビエル・プラドの手で塵ひとつないオーバーコートにクラブの功労章が留められた。一九六二年にペントランドがドーセットで亡くなったときにも、サン・マメスで式典が催され、小さな記念碑の前でアウレスク（ハイキック・ダンス）が披露された。これは厳粛な儀式で、文化上、多大な貢献をしたとされる選ばれた人々のためにしか行われない。ここで演説者が「もう残りわずか」と、例の山高帽の叫びの前半を読みあげ、ペントランドの死を詩的に表現した。

バスク純血主義の神話

こうした細かな事実によって、クラブが「ひとつの感情」を体現し、「ほかのチーム」と「ちがっている」のだというアラテ会長の主張は裏書きされる。私が初めてサン・マメスで試合を観たのは一九九四年、UEFAカップ対ニューカッスル・ユナイテッド戦のことだった。あのような雰囲気は後にも先にも体験したことがない。クラブに関するほかの重要事項が結局はあやふやな根拠に基づいているとしても、アスレティックが特別であることに議論の余地はない。その夜、友好的で善意にあふれた行為をグラウンドの外で何度も目撃した。どんなに頑固な皮肉屋のサッカーファンでも、感激で胸がいっぱいになったことだろう。

フランス経由でやってきたニューカッスル・ファンは、すっかり困惑したようだ。例によって地元の人たちに殴られるか、よくても罵倒されることを予想していたのに、逆に驚くほど親切にされたと語る者が何人かいた。ある自動車修理工場のオーナーは、彼らがイングランド人だという理由だけで排気パイプの交換修理代を受け取ることを拒み、おまけに街にくり出して何杯もおごってくれたという。「とにかく払わせてくれないんだ！」と誰もが首を振りながら、うれしいけれど信じられないといった調子で口をそろえた。一九八二年ワールドカップのイングランド代表を追ってビルバオを訪れたイングランド人ジャーナリストたちも、同じような体験談を語っていた。サン紙の記者がビルバオは「敵意《ヘイト》の街」であるという記事を本国に送ると、ほかの新聞の記者たちは一致団結してその記者をつまはじきにし、ビルバオはじつは「ヘイクの街」だと指摘する手紙をサン紙に書き送った。ヘイクとは、ビスカヤの名物料理であるヘイクのグリーンソース煮《メルルーサ・エン・サルサ・ベルデ》の材料となるタラに似た魚である。

タイン川沿岸から乗りこんできたニューカッスル・ファンは、地元の人々の英国びいきとクラブ初期の歴史などもちろん知らなかった。その歴史はイングランドと分かちがたく結びついており、モルボの形跡はどこにも見当たらない。街にやってきたのがレアル・マドリードだったら当然、話は別だったろうが、熱狂的とはいえ若いアスレティック・ファンが暴力的との評判を頂戴したことは一度もない。見た目はスマートながら、アスレティックのグラウンドに来ると、サッカーがもっと楽しかったセピア色の時代に逆戻りした感じがする。ピッチの端から急勾配の立見席がのび、選手たちの四方を吠える集団が取り囲むのだ。

座席――伝統を重んじる者はこれを頑なに拒む――に着いても、鳴り物や鳥打ち帽、湯気の立つ紅茶のマグ、泥、雨、厳しいが目の肥えたワーキングクラスの観客などに象徴される時代に連れ戻されたような気がする。一九九七年にバルセロナに追い抜かれるまで、アスレティックはカップ戦にめっぽう強く、国王杯で二十二回もの優勝を遂げていた。ここに一九八四年を最後とする八度のリーグ制覇を加えれば、堂々たる経歴ができあがる。

アスレティックは昔から偉大なセンターフォワードを育てることで定評がある。一九四一年にデビューしたテルモ・サラオナインディアは、つづく十三シーズンのあいだにリーグとカップで通算二百九十四ゴールを決め、スペイン代表としても二十試合で二十得点を挙げた。なるほど、そのとてつもなく言いにくい姓のためにサラと呼ばれた彼は、一九五〇—五一年シーズンに三十八ゴールを決めている。一九八九—九〇年シーズンにメキシコ人のウーゴ・サンチェスに並ばれたものの、この記録はいまだ破られていない。同じ得点数に達するのにサンチェスは八試合多くかかったので、サラは依然として歴代得点王の首位の座にとどまっている。ピチチのころよりも大幅に洗練された時代に活躍したサラは、いまなおスペインが生んだ史上最高のフォワードと考えられているが、栄冠はかならずしも最高の点取り屋だけに与えられるわけではない。この国ではスタイルが重視されるが、ゴールを決める際のサラはむしろ機械を思わせたのではないか。得点のお膳立てをしたのはミッドフィルダーのホセ・ルイス・ロペス・パニーソで、パニーソもまた偉大な選手とみなされている。

アスレティックを「ちがう」チームとしているいちばんの理由はいうまでもなく、選手はバスク人のみという厄介な考え、ラ・カンテラである。一九八〇年代の終わりごろ、私はレアル・ソシエダードの事務局長ハビエル・エスポシトにインタヴューし、当時の彼らが外国人選手の獲得に意欲的になったことについて話を聞いた。ソシエダードはリヴァプールのジョン・オルドリッジと契約を交わしたばかりで、バスク人以外の選手が加入したのはそれが初めてのことだった。私は方針を変えた理由を訊ねた。エスポシトはクラブ内の人望も厚く、数年後に定年を控えていたが、三十五年にわたってクラブのためにさまざまな職務を果たしてきた人物だった。彼は疑わしげな視線を向けた。

「どの方針のことかね?」エスポシトは眉をひそめた。「外国人選手を雇わないという方針です」と私は用心深く言った。「われわれはカンテラの方針を信じている」と彼はみずから持ち出し、こうつづけた。「排他的な方針をとったことは一度もない」ここで私は口ごもり、ひと息ついてからできるだけ礼儀正しい口調で質問した。なぜスペイン・リーグの選手の獲得を検討しないまま、オルドリッジと契約したのでしょうか。質問の意図が伝わらなかったはずはない――スペインの血統は受け入れられなくても、オルドリッジは認めるのか――が、エスポシトは餌に飛びついてこなかった。「われわれとしてはカンテラを発展させるほうが望ましい」と彼はくり返した。そして、ゲームは終わりだとばかりに、こう言い添えた。「なぜいまになって外国人選手と契約するのか知りたければ、向こうの連中に訊いたらいい」彼は頭でオフィスの壁越しに西の方角を示した。アスレティック・ビルバオを指しているのは明らかだった。

アスレティックがその主義を依然として守っているのはいうまでもない。限られた人口(三百万人)のなかから一定水準の選手を集めなければならないことを考えると、これはなかなか勇気のいる方針だ。アスレティック同様、ナショナリスト的な感情が歴史を支えるバルセロナは、発掘対象となる住民の数がもっと多いにもかかわらず、このような方針をとったことがない。それを思えば、一九九八年にアスレティックがバルセロナに次ぐリーグ二位となってチャンピオンズリーグの出場権を得たとき、ビルバオの街が沸き返ったのも意外なことではないだろう。英国でも高級紙がいくつかこのことを記事にし、ヨーロッパじゅうのチームが外国人傭兵を貪欲に獲得するなかで地元育ちの選手にあくまでこだわるアスレティックの姿勢を称賛した。

サンデー・テレグラフ紙は、アスレティックがはるかに資金豊富なレアル・マドリードより上の二位に終わったことを褒めたたえ、「未来の浄化された」サッカーのモデルではないかと示唆した——草の根への回帰、ユースの育成方針、地元への帰属意識、等々。突如としてアスレティックは反フェデラリストのお気に入りのチームとなった。テレグラフ紙などの新聞は、ひとつの幸福なヨーロッパ、ひとつの通貨、ひとつの中央官僚制という思想をかねてより疑わしく思っている。ビルバオの成功は別の考え方、より伝統的で保守的な考え方を擁護したようだった。

スペイン国外の者には、ロマンティックでばら色に見えるかもしれない。だが、おとぎ話のように美しい庭でも、地中にはかならずたくさんの虫が潜んでいるものだ。何より、アラテ会長がその聖書風の散文でクラブの挑戦的な姿勢を正当化するために引き合いに出す「父祖」とは、右翼ナショナリスト政党であるPNVの最前線で活動中の政治的リーダーたちと同類だったと思われる。

一九九〇年代を通じてリーダーであったシャビエル・アルツァユスは、一九九六年の悪名高き演説で「バスク人らしさ」には二段階あると主張した。仕事を求めてスペインからやってきた両親をもつ移民二世は「真の」バスク人とは区別された。これはひどく複雑なバスク語を使いこなせることに加えて、頭蓋の後ろにもうひとつ骨があること——純血種の民族的特殊性の人類学的な証拠——によって見分けがつくらしい。

政治的には、現状に対してアルツァユスのような人々にできることはほとんどない。だがアラテ会長の信条書からは、クラブのバスク純血主義の真意を言外に読み取ることができるだろう。まるで政治にできないことでもサッカーにはできるとばかりに、排除したい者をあっさり排除する。移住労働者がいなければ産業革命を成し遂げられなかったにもかかわらず、「父祖」たちは当たり前のように彼らの存在に憤りを覚えた。移民がやってくる以前の、近所の人みんながもうひとつの骨をもっていた古き佳き時代をたたえるにはどうしたらいいか？　簡単だ。新しくできたサッカークラブをナショナリストの夢の舞台に変えればいい。

もちろん、アスレティックがマケト——〝移民〟の子孫——を戦列から排除することに努めてきたといえば誤解を招くことになるだろう。この百年間に赤と白の縦縞を身にまとった選手たちの名前を一瞥するだけで、最初の移民の子孫たちがどの時代にもクラブでプレイできたことがわかる。あのピチチもマケトだった。少ない人口のなかで遺伝子供給源をさらに限定することは、サッカーに関していえばまったく意味をなさなかったはずだ。純粋にバスクの血統を受け継ぐ選手しか雇わないという偏向が歴史上の事実なら、その方針の犠牲者たちが抗議しただろう。知られているかぎり、そんな行動に出た者はいない。もっとも、移民の子孫を含むことが強硬なナショナリストにすんなり受け入れられたかどうかは、議論の余地を残すところではある。クラブがしてきたこととクラブの一部の人たちがしたかったことは、一致しないのかもしれない。

アスレティックはＰＮＶとの関係が非常に親密で、初の合法的なバスク自治政府（一九三六年発足）の初代大統領が選手として所属していたことを自慢できるほどだ。その不運な政府を率いたホセ・アントニオ・アギーレは、一九二〇年代前半にアスレティックの選手としてまずまずの活躍を見せた。彼はバスク民族主義の歴史上、党の創始者であるアラナよりも数々の点で著名である。ゲルニカの爆撃（一九三七年四月）によって任期が突然終わってしまったのはアギーレ政権だからだ。アギーレが過去にアスレティックの選手だったことは、アスレティック伝説の政治的原動力に油を注ぎつづけている。

アスレティックの明白な問題点は、バスク地方一裕福なチームであるために、地域内の優れた選手は全員アスレティックにはいるべきだというぬぼれに目がくらんでいることだ。〝石切り場〟の解釈を拡大しすぎているきらいがある。チャンピオンズリーグに出場したメンバーのうち、六人はビルバオの東にあるギプスコア県の出身だった。ビルバオはビスカヤという別の県の中心都市だが、バスクのほかのチームから優秀な選手を引き抜く際はこの違いを無視することを選ぶ。若きヨセバ・エチェベリアのレアル・ソシエダードからの移籍が論争を呼んだことは、すでに述べたとおりである。一九九九年にナイジェリアで開催されたワールドユース選手権でスペインが優勝したときにも、アスレティックはパンプロナのアトレティコ・オサスナと契約していたパブロ・オルバイスの獲得にすかさず乗り出した。これはアスレティックによるよその〝土地の息子〟の密猟の典型例で、この手の移籍はバスク地方の他クラブの怒りを買っている。

バスクの首都ビトリアのアラベスは一九九七年にトップリーグに復帰したが、資金は乏しく、オサスナやレアル・ソシエダードと同様の憂き目にあっている。ソシエダードはやや恵まれたクラブになってきたので、アスレティックと同じ理念を実践したいところだが、従兄弟分に自前のカンテラから引き抜かれてばかりではそれもできない。一九八九年にエスポシトがオフィスで西の方角を頭で示したのは、そういうわけだ。現在、レアル・ソシエダードが外国人と契約しながら、スペイン人選手を蚊帳《かや》の外に置くのは、それ自体、外国人嫌いを表すように思える。だが、その状況をもたらした原因はアスレティックの行動にあるので、アスレティックのほうが罪深いと結論せざるをえない。

いずれにしても、バスクの二大チームの民族構成を注意深く調べていくと、何もかもばかばかしく思えてくる。一九九六年にレアル・ソシエダードは二部リーグのバダホスにいたオスカル・デ・パウラと契約したが、それを正当化した理由は、南のエストレマドゥラ育ちながら、ビルバオで生まれて一カ月ほど住んでいたからというものだった。アスレティックによるバスク人の定義はこれに輪をかけておかしい。一九九九年の所属選手のうち三人はラ・リオハ生まれだったが、このワインの産地はバスク地方の南方にあり、どう考えても〝スペイン〟だ。また、代表のセンターフォワードでもあるイスマエル・ウルサイスはナバラ県南部の出で、この地方をバスクと考えてくれる人はまずいない。

有名なサイクリストのミゲル・インデュラインも同地方の出身だが、バスク人の仲間にされることは何度も拒んできた。実のところ、過去百年間にビルバオの地でプレイしたアスレティックの一軍選手のうち、何人が本当に地元のカンテラ育ちなのか冷静に検証すると、アスレティックの民族復興運動の気高い鐘の音がまったく調子はずれなものに聞こえてくる。もちろんこれは、地元の選手だけでチームを編成するという発想が悪いということではない。問題はアスレティックの訴える理想がかならずしも誠実なものではないことだ。

とはいえ、これだけ興味深いクラブについて否定的な調子で話を終えるのは無粋というものだろう。二週間おきに「ラ・カテドラル」で忠誠を誓う若いサポーターたちは、おそらくPNVの政策のことなどほとんど知らないし、関心もない。スペイン・サッカーの真のスピリットを表現できるのはアスレティック・ビルバオだけだという主張に影響されているのはたしかだが、サン・マメスでの九十分を体験すれば、彼らの言うとおりだとつい納得させられそうになるだろう。

二強以外の勢力

アスレティックとレアル・ソシエダードはいまもスペイン・サッカー界の強豪に数えられるが、アラベスとパンプロナのオサスナも輝かしい時代をすごしている。一九九九―二〇〇〇年シーズンの結果、オサスナがトップリーグにふたたび昇格し、史上初めて四チームがそろってエリートの仲間入りを果たした。残る二チーム、サッカーどころというバスクの評判にひと役買ってきたレアル・ウニオンとアレナス・デ・ゲチョは、現在、地域別のセグンダBと全国区のセグンダAへの登竜門であるレヒオナル・プレフェレンテ（地域リーグ）所属の地味なチームとなっている（二〇〇一年、レアル・ウニオンはセグンダBに昇格した）。イングランドのコンファレンス（プレミアリーグと二つのディヴィジョンからなるリーグの下のリーグ）の上位チームが相手でも、苦戦は免れないだろう。観客動員数は少なく、選手の大半は同じ地域のビッグチームをお払い箱になった連中だ。

それでもレアル・ウニオンとアレナスはスペイン・サッカーの歴史に消すことのできない刻印を残している。それはプロリーグが発足する前年の一九二七年のことだった。イルンのレアル・ウニオンがビルバオ郊外のアレナスに辛勝したのだが、国内大会の決勝でバスクの二チームが対戦したのはいまだにこの一試合しかない。宿敵どうしのアスレティックとレアル・ソシエダードでさえ、無名の二チームが一九二七年にサラゴサで成し遂げたことを実現できずにいる。この事実は当時でも万事がアスレティックの思いどおりではなかったことに気づかせてくれる。プロサッカーの発展は、彼らのようなクラブに負う部分も大きい。

国境の街のご多分に漏れず、イルンはとりたてて魅力的な場所ではない。だが、フランスへ行く際の通過点という有利さから、この街にはつねに仕事があった。少なくとも、EUの法律制定によってさまざまな障壁がなくなり、労働人口の三分の一が失業手当をもらうようになるまでは。二十世紀初めにスペイン人〝移民〟労働者とフランス系バスク人、そして土着の人々が合わさった結果、街は雑多なコミュニティとして膨れあがり、ふたつのサッカーチームをもつにいたった。それがイルン・スポルティング・クルブとラシン・クルブ・デ・イルンで、両チームは八年間、あまり熱のこもらない競争を地元でくり広げたのち、一九一五年に合併してレアル・ウニオンとなった。

ラシン・クルブは一九一三年のカップ戦決勝で再試合の末にアスレティックを1－0で破り、優勝を果たしていた。もっともこれは、同年に巣立ったばかりの全国組織に一時的な亀裂がはいったためにすぎない。その原因となったのは、ラ・ウニオン・デ・クルベス（クラブ連合）と呼ばれる組織をつくろうとするクラブ群と、ラシンやアスレティックのようにラ・フェデラシオン（連盟）への忠誠を守ったクラブ群との対立だった。対抗勢力側の決勝はレアル・ソシエダードとバルセロナのあいだで戦われたが（勝ったのは後者）、翌年、抗争中の派閥を（首尾よく）再結合させる目的から連盟の改編が行われた。

一九一八年、レアル・ウニオンはレアル・マドリードを2－0で下し、初めて優勝杯を手中におさめた。この偉業は一九二四年にもくり返され、サン・セバスティアンにやってきた首都の伊達男たちを1－0で破ることとなる。すでに述べたとおり、この国境の街のクラブは一九二八年発足の第一回全国リーグに参加した十チームのひとつに選ばれていた。そして、スペイン・リーグ史上初のゴール――五分にエスパニョールのフォワード、〝ピトゥス〟・プラトが記録――を許したクラブという芳しからぬ栄誉を授かった。現在のウニオン・サポーターの大半がこの残念な事実を知っている。

レアル・ウニオンは一九三二年に降格し、以来、一度もトップリーグに復帰していない。アレナス・デ・ゲチョは同年のシーズンを五位で終えたものの、一九三四年に降格し、やはり昇格を果たせずにいる。それでも、世間に注目される一部リーグから消えたこの二チームに代わってアラベス（本拠地ビトリア）とオサスナが同時に浮上し、一九三四年にはクラブ数が十二まで拡張されたリーグでバスク勢力を補強した。地元でアスレティックに対抗するとの狙いから一九〇九年にアレナス・クルブとして設立されたゲチョは、ビルバオの北東にある中流階級が多い地域のチームだった。当時は独立した町だったが、現在では都市化が進むグレーター・ビルバオ内の高級住宅地となっている。

一九一四年、ブルとアルカンタラを擁するバルセロナが親善試合のために訪れたときは、カタルーニャ側の三戦三敗に終わった。二年後、アレナスはバスクの全チームが参加した地域の大会、北部選手権で優勝する。その結果、全国規模のスペイン・カップへの出場権を初めて獲得し、いきなりバルセロナでの決勝まで進むという快進撃を見せたが、延長の末、レアル・マドリードに2－1で敗れた。一九一九年の大会では、またも延長にもつれこんだ決勝で強敵バルセロナをなんと5－2のスコアで退け、優勝を飾っている。

念のためにいえば、アレナスがチーム設立後たちまち全国区の地位を築いたことも、バスク人が地元の豊かな土壌から優れたサッカー選手を収穫する並はずれた能力をもつ証拠にほかならない。一九二五年にはサミティエルとプラトコ時代のバルセロナにセビリアでの決勝で雪辱を果たされたが、アレナスが二十世紀最後の勇姿とともに闇に葬られるきっかけとなったのは、一九二七年にレアル・ウニオン戦で惜しくも敗れたときのことだった。

この出来事には妙に詩的な感じがつきまとう。バスクどうしの決勝だったというだけでなく、翌年の全国リーグ発足をもって消滅するスペインのアマチュアリズムの最期の息を象徴するからだろうか。もちろん、アレナスもウニオンもリーグに招かれたのだが、逼迫する財政の影響もあって長つづきする見込みはなかった。それでもアレナスは一九二九―三〇年シーズンでは三位につけ、裕福な同胞ビルバオからどうにか身を守っていたが、一九三二年にスター選手のシラウレンがサン・マメスへの短くも避けがたい旅に出てから、クラブの勢力範囲をさらに限定する流れがはじまることとなる。

新世紀を迎えたいま、厄介なカンテラ問題をめぐる内輪もめやときおりの歯ぎしりは絶えないものの、バスクのサッカーはなおも繁栄の道を進んでいる。いうまでもなく、戸棚のトロフィーが増えるのに越したことはないが、当面はスペイン国内のビッグクラブも北への遠征を恐れつづけるだろう。それも当然のことではある。

4　光と影――バルセロナをめぐる曖昧な真実

カタルーニャ民族主義

著書『サッカーの敵』にサイモン・クーパーが忘れがたい一節を記している。「FCバルセロナのモットーは〝ただのクラブ以上のもの〟だ。彼らと並べたら、マンチェスター・ユナイテッドもロッチデールのような田舎のクラブに見える」クーパーによると、バルサ主催の美術コンペティションはダリが応募したほど格式があり、ローマ法王がクラブの会員ナンバー一〇八〇〇〇であるうえ、クラブの博物館は街いちばんの名所としてピカソ美術館より多くの観光客を引きつけるらしい。ロンドン郊外のシドカップからシドニーまで、いまやほとんどのサッカーファンがこうした事実を知っていて、バルサはカタルーニャ民族主義の〝旗艦〟だと言ってのける。それどころか、一九九二年の欧州チャンピオンズカップ（現在の欧州チャンピオンズリーグ）を制したドリームチームはサッカー史上のどのチームより夢のようで、カンプ・ノウはトイレでさえばらの香りがするとつけ加えるかもしれない。

ここ数年のバルセロナはやや傲慢になりすぎで、ときには自己崇拝が度を越すあまり、ついマドリレーニョたちに同情したくなる。彼らは芸術でも商業でもサッカーでも、革新的なものや興味深いものをつくれない劣等民族と見下されているのだ。ただ、いくらバルセロナによる立派な長所の連呼が耳障りでも、このような団体が地上に類を見ないのは否定できない。二十世紀スペインの紆余曲折する政治の道しるべとなる、波乱と魅力に富んだ歴史をもつクラブを、あまりばかにするのも野暮というものだろう。

バルセロナはカタルーニャで設立された初の公式チームではない。その冠をいただくのはパラモスCFで、ここは一八九八年の夏にパラモス・フットーボール・クルブとして地中海に面したコスタ・ブラバで創設された。大物の同胞が登場する前年のことである。このクラブの創設者も、例によって(イングランドに)留学経験のある紳士であり、帰国したときにはゲームに魅せられていた。ガスパール・マタスが集めたメンバーはクラブの正史で「地元の人間だけで構成されたチーム」と誇らしげに称されている――この言葉は一九〇〇年、もうひとつのクラブ、エスパニョールの設立時に、FCバルセロナの外国人創設者たちに対するあてつけとしてくり返される。

とてつもない人気のせいか、バルセロナについて書かれたことの多くは無批判なもので、文章によるご機嫌取りという何の役にも立たない不健全な風潮を生んできた。マドリードとRCDエスパニョールの砦の外では、バルセロナは異常な人気がある。政治色の強いバスクの街でも、子供たちがバルサのレプリカシャツ姿で歩いているし、彼らはそれで叱られる心配はないが、レアル・マドリードのレプリカシャツを着たら仲間はずれにされるのが関の山だと承知している。スペインの一部地域、とくに内戦中は国家主義者の軍隊に忠実だった北部のアストゥリアスやカスティーリャ・イ・レオンでは、いまもレアル・マドリードに対する愛着の名残が消えていない。だが、ほとんどの地域では、喧伝される成功や財力、耐えがたい物々しさに走る傾向にもかかわらず、バルセロナは驚くほど好かれている。たしかに幅広い人気という点で、マンチェスター・ユナイテッドとは大違いだ。

一九九二年のオリンピック以降、バルセロナの街は貪欲な九〇年代の象徴、ファッション、創造性、明るい労働観で賑わう都になったようだ。あふれんばかりの自信とうぬぼれに満ちた都市と地域。ヨーロッパの若者たちが大挙して押し寄せる様子は、かつて時代の思潮を求めてパリに集まった人々を思わせる。ダリ、ガウディ、ミロ……みんなカタルーニャ人だった。ピカソはマラガの出身だが、ここでは誰もがバルセロナの出だと考えている。イタリア生まれのクリストファー・コロンブスまで同郷だと主張する始末だ。

彼らには独自の言語があり、ほぼ全員がそれを話すが、バスク人が入り組んだ言語を使うときに比べると政治的な意識は乏しい。バルサのさまざまなウェブサイト（非公式）はたいていカタルーニャ語と英語のみで公開されている。これはスペイン語を軽視しているのではなく、彼らの生活にほとんど関係がないことを無意識のうちに反映したものだ。カタルーニャ人のテロ組織などというものはない。むしろカタルーニャの民族主義はマドリードをできるだけ譲歩させることを旨としており、スペインの国会に占める議席数によって、この国全体の勢力の均衡を決定している。

いまでは中央政府もあまり強引なことはできない。カタルーニャ人を怒らせたら、職を失うおそれがあるからだ。声高に独立を求めるのは、この地域の人々にとってそれほど賢明なことではない。おかげさまで充分な自治権を手にしているし、彼らはその活かし方をバスク人より知っている。それに、二十世紀最後の十年間には地元のサッカーチームが、彼らの〝旗艦〟がマドリードの鼻に泥を塗りつづけてくれた。一九九八—九九年のチャンピオンズリーグでバルサがグループリーグで敗退したとき、レアル・マドリードが胸をなでおろしたのも無理はない。かりに優勝していたら、バルサは百周年を迎える年に地元のスタジアムで大会制覇を成し遂げることになった——そんなロマンスと詩が出会ったら効果は絶大、少なくともつぎの千年紀のあいだ、世界王者を自負するマドリードの影は薄くなったにちがいない。

バルセロナはたしかに、比喩としても文字どおりの意味でも、単なるサッカークラブ以上のものだ。追随するスペインの他クラブと同様、本質はマルチスポーツ組織《ポリデポルティボ》であり、サッカーを基盤に、バスケットボール、ハンドボール、ホッケーといったスポーツにも手を広げ、コミュニティ全体を象徴的に取りこむことに成功している。バスケットボールとハンドボールは観るスポーツとしてスペインで盛んであるし、ホッケーの人気も上昇中だ。こうしたスポーツのチームはサッカー部門の援助を受けており、同じ色のウェアを着用する。

バルサがカンプ・ノウでチャンピオンズリーグ優勝を決めるという恐ろしい光景を、マドリードは見ずにすんだかもしれない。だが、カタルーニャからとめどなく発せられる自画自賛の声を耐え忍ばなくてはならなかった。百周年のシーズンの終わりに、四つのスポーツ部門がそれぞれ国内チャンピオンに輝いたのだ。この目をみはる偉業から、カタルーニャの報道機関は政治と文化の汁を徹底的に搾り取った。

これはもちろん予想されたことだったし、東の仇敵が古くからのモルボの規則どおりに行動しなかったら、マドリディスタ(レアル・マドリードのファン)たちは失望したともいえるだろう。それでも、癪にはさわったにちがいない。カタルーニャ人が本当にある種の支配者民族で、彼の地には自信と自己満足をみなぎらせた勝者がいることが経験的に立証されそうになったのだから。

当然のことながら、どんな巨人にも知られざる弱みはある。アンチ・バルサ派にとって救いとなるのは、サッカー、バスケットボール、ハンドボールの各チームにカタルーニャの血がほんの数滴しか混ざっていないことだろう。サッカーのフィールド上では、バルセロナはほとんどオランダ代表だった。しかも彼らがリラックスできるよう第二ユニフォームがオレンジ色に変更されたこともある。こうした事態はアスレティック・ビルバオのようなクラブでは考えられない。レアル・マドリードも、外国人を戦力から除外していることで名高いとはいえないが、さすがに自分たちの旗艦をあのような外国人部隊に変えるのは気が引けるだろう。地元のカンテラにとって害となるのは明らかだからだ。

ところが、これはバルセロナでは恥ずかしいことでも嘆かわしいことでもない。バルセロナのスポーツ憲章に明記されているわけではないが、カタルーニャ人は郷党心がないことやコスモポリタンの気風、外に目を向け、吸収した文化を折衷して独自の型に変えるという伝統を誇りにしている。クラブの百年祭の標語は〝みんなの百周年《エル・センテナリ・デ・トッツ》〟だった。これはよく練られた曖昧な表現で、その意味はカタルーニャのコミュニティ全体とも、カタルーニャ主義者のコミュニティ（つまり、より熱心なナショナリストの集団）とも、スペインとも、全世界とも受け取れる。いずれにしても、この標語はすべてを含むという微妙なメッセージを表し、と同時に外部の者に感嘆の眼差しで見てもらおうとするものだった。

何人ものサッカー選手が外国からやってきては、たちまち〝カタルーニャ化〟されてきた。言葉をおぼえるとはかぎらないが、きまってこの地域特有の在り方《タラナ》に魅力を感じ、同化していく。マーク・ヒューズ（ウェールズ代表のフォワード）は別としても、社会学の用語を借りれば、地元の人々の流儀や行動様式に難なく〝文化変容〟を起こし、やがて名誉カタルーニャ人となるのだ。

ヨハン・クライフ自身、カタルーニャ語はおぼえなかったが、一九七四年に息子にジョルディという洗礼名を（イングランドではセント・ジョージと呼ばれる地元の守護聖人にちなんで）つけたと宣言した。カタルーニャ語の名前がまだ憲法で禁止されていたころのことである。クライフは以来、名前の響きが気に入ったままでだと言いつづけているが、末期フランコ政権のもとで、公式には依然として口を封じられていた地元住民から、この洗礼名は過激で感謝のこもった行為と受け取られた。さらに、当初は住民登録を拒んだ当局を（ジョルディはオランダで生まれた）、断固たる主張で屈服させたことで、クライフは彼らの目になおさら偉大な英雄として映るようになった。今日でもクライフは大半のバルセロナ・ファンからまちがいを犯すはずはないと見られていて、名誉市民権を得ている。

とはいえ、クライフは単にこの系譜のなかでもっとも有名であるにすぎない。五〇年代のクラブのスター、ハンガリー人のラディスラオ・クバラもこの街に住んでいる。血の気の多いブルガリア人フォワードで、ドリームチームの中心だったフリスト・ストイチコフは、自称カタルーニャ人として引退後の定住を誓った。クラブの創設者にして父であるスイス人のハンス・カンパーは、ジョアン・ガンペールと改名したが、ジョアンはこの地域の代表的な男子名である。さらに、一九九八―九九年シーズン序盤のつまずきが問題になった事実上のオランダ人部隊も、バルセロナの自信と尊大さや心の広い信者たちの包容力に魅せられたのか、どうやら由緒ある流儀に忠実と思われる。

例外もあって、有名なところではディエゴ・マラドーナとロナウドがいる。だが、どちらも真の円熟に達していたわけではないし、その行動と態度からすると、ふたりとも滞在が一時的なものであると最初から知っていたようだ。代理人や取り巻きは、短くも華々しい訪問のほうが文化変容の長いプロセスよりも得だと計算していたのだろう。マラドーナはアルゼンチンですごした期間が、ロナウドはつぎの契約の相談にかけた時間が長すぎて、バルセロナの差し出すものを完全に理解するにはいたらなかった。どちらもいまではさほど愛されていない。

もっとも、カタルーニャ主義の歓待精神という解釈に異論を唱える者もいる。彼らにすれば、この教会は心が広すぎるし、その定義はFCバルセロナという特殊な団体と直結した部分があまりにも大きいのだろう。一九〇〇年十月、バルサの創立から一年とたたないうちに、正反対の性格をもつサッカークラブがもうひとつ設立される。やはり市の北部であるサリア地区に、エスパニョールが労働者階級の〝移民〟層を代表するという明確な意図をもって登場した。当初の名称はソシエダード・エスパニョーラ・デ・フットボールで、創設者はアンヘル・ロドリゲス、バルセロナ大学で工学を専攻する学生だった。彼はカンパーがイングランド人の友人たちとプレイするのを見て、地元の人間のみによるチームの結成を決意したらしい。当初それは、ロドリゲスの学友たちを意味していた。

ここからバルセロナの〝労働者階級〟を代表するというエスパニョールの理念の嘘は暴かれるように思う。当時の学生はほぼ中流階級で占められていたし、ロドリゲス自身、学長の息子だったからだ。それでもクラブ創立の辞はやはり興味深い。「われわれはFCバルセロナの外国人に対抗するためにこのクラブを設立する」もともとの名称にある〝スペインの《エスパニョール》〟という言葉は、当時の危うい政治情勢を考えると、相当に挑発的だったはずだ。一八九八年、スペインは米西戦争に敗れ、最後の重要な植民地であるキューバとフィリピンを失った。バルセロナでは、その影響からマドリードへの反感が強まり、とくに産業資本家は大きな収入源である植民地市場を明け渡した中央政府を非難した。一九〇一年、保守的なカタルーニャ主義政党のリーガ・レジオナリスタ（地方主義同盟）が国会選挙でバルセロナの七議席のうち四議席を獲得し、スペイン政界にカタルーニャ主義の最初の大きな刻印を記している。

ロドリゲスが初期バルサのコスモポリタン的信条を利用したのは明らかだが、この挑発のおかげで、彼がつくったクラブはつづく百年間、カタルーニャの右派勢力と関連づけられることとなる。それもひとえに、〝地元〟と〝スペイン人〟を平然と同一視したためだった――この結びつきがカタルーニャの中心地で気に入られるとは思えない。

クラブは最初から順調だった。エスパニョールの歴史は失敗の連続だ、などとほのめかす者は忘れているが、創立後二年でコロネーションカップに参加し、リーグ発足まで国王杯に連続出場して、一九〇九年、一九一一年、一九一五年には決勝に進出した――これはバルサと同数である。それどころか、一九〇九年には決勝でサン・セバスティアンに敗れたものの、大会中に〝外国人たち〟を3－1で撃破した。エスパニョールの初期の快進撃は、FCバルセロナが街と地域を代表しているという考え方になじめなかったファン層を惹きつけるに充分だったようだ。一九一六年、クラブは十六歳の少年をデビューさせた。のちに史上もっとも有名なスペイン人ゴールキーパーとなるリカルド・サモラである。サモラは三年後にバルサに移籍したが、それで両クラブの関係が改善されるはずもなかった。

一九一八年、米国大統領ウッドロウ・ウィルソンが民族には自決権があるという有名な演説を行うと、カタルーニャの自治を求める運動は勢いを増していった。独立を望む大々的な請願を、当時レアル・クルブ・デポルティボ・エスパニョールと呼ばれるようになっていたクラブはあからさまに無視し、逆に自治に反対する請願を起こした。請願書の文言を作成したのは〈ペーニャ・イベリカ〉、分離主義者たちを懲らしめるために結成された暴力的な自警団だった。

〈ブリガダス・ブランキアスレス（白と青の旅団）〉という、軍国主義風の名前をもつサポーターのグループがいまも存在していて、巧みなデザインの鉤《かぎ》十字を誇りにしている。一九九〇年代にクラブは極右派との関係から離れようとしたが、はたして現在のコアなサポーターのなかに請願書の冒頭部に共感する者はどれだけいるのだろう。「われわれの創立の目的は……スペイン社会のあらゆる局面で国家統一の原則を主張することにある」

「国家統一」という大義への忠誠を示すために、ペーニャ・イベリカは一九三三年、ファランヘ党に加わり、内戦では彼らの側で戦った。したがって、エスパニョールが二十世紀に獲得したふたつのトロフィーのうちのひとつを、内戦後まもなく勝ち取ったのも不思議ではない。一九四〇年、彼らは総統杯の決勝でレアル・マドリードを3－2で下している。一九四一年の決勝ではバレンシアに敗れたが、その短い黄金時代が、近隣のクラブが足かせをつけたままプレイしていた時期と重なるのは意外なことではない。バルサの一流選手たちは国外に追放され、会長はマドリディスタの傀儡《かいらい》で、言語は禁じられ、クラブ再建の試みはどれも政治的な行為とみなされていた。

内戦後の廃墟から甦り、一九四二年のカップの壮絶な決勝でアスレティック・ビルバオを4－3で破って優勝したことは、バルセロナの精神を雄弁に物語っている。1章でも述べたように、フランコの擁護者たちは、独裁者が弾圧に努めた分離主義運動のふたつの旗艦が対戦したこの決勝を、総統の指導力の奥深さを示す証拠として描こうとしてきた。彼らの説によれば、フランコは両クラブ、とくにバルセロナが立ち直ることを望んでいたという。その復活によって、フランコと配下の勢力が操作するモルボ因子の持続は保証されるからだ。そうすることで、レアル・マドリードを自身の政治文化パラダイムの旗艦にするというファシストの計画に役立てようとしたのだろう。真偽のほどはともかく、いまでも五〇年代のバルサはクラブ史上最高で、その上をいくのはヨーロッパを席巻したディ・ステファノ率いるマドリードだけだとされている。

フランコは予想もしなかっただろうが、四〇年代にカタルーニャでは経済が復興し、大勢の移住者を南から、とくにアンダルシアから引き寄せた。だが、もともとエスパニョールが誘い入れようとしていた労働者階級を惹きつけたのは、バルサのほうだった。内戦後、移住者の数はますます増え、定住してカタルーニャの流儀に順応することが、アイデンティティの不確かな人々にとって優先事項となる。四〇年代終盤には一時の強さも翳《かげ》りつつあったエスパニョールを応援するのは、たいして得策に思えなかっただろう。

二十世紀の終わりにバルサの会員数が十一万二千人になったのに対し、エスパニョールが一万六千人にとどまっているのは、これで説明がつく。一九九六年の冬、多言語教育に関する会議がバルセロナで開催されていたとき、私は連日会場の外でコンロを囲む少人数の反対派グループに興味を引かれた。ビラをもらった際に気づいたのだが、それを配る男の上着にはRCDエスパニョールのバッジがついていた。受け取った印刷物は、私が出席していたような国際会議が会場外の告知にカタルーニャ語と英語しか使用していないのは思いあがりだと訴えるものだった。そのビラの主張によると（もちろんスペイン語）、これはスペインの言語に対する明らかな侮辱で、スペイン語を貶めてカタルーニャ語を奨励しようとするカタルーニャ主義の度を越した試みの典型例であるらしい。カタルーニャ主義者は新たなファシストではないか、子供たちは学校教育の場でセルバンテスの言語を奪われているとビラは嘆いていた。

私はそれよりも、彼らの少なくともひとりがエスパニョール・サポーターであることが気になった。きっと移民一世か二世にちがいないが、明確な思想をもつ身なりのいいブルーカラーのこの人物は、ほかの野心家たちとともにカンプ・ノウで声を張りあげる必要のない社会経済上の立場に身を置いているようだった。彼はカタルーニャ人であることを誇りに思うものの、新たな「逆転したファシズム」には我慢できないと言いきった。たぶん反バルサ派の急先鋒で、右派によるカタルーニャの展望に共鳴しているのだろう。ただ、彼はそれについて語ろうとはしなかった――こちらから訊いたわけではないが。

アスルグラナ

ハンス・カンパーが生きていたら、これをどう思っただろう？　一九三〇年に没したときには、彼もはびこるモルボにさらされていた。一八九九年、カンパーは二十二歳のときにバルセロナにやってきた。祖国スイスを発ったのは西アフリカで貿易会社の設立に参加するためで、これには父親の支援があったのだと思われる。なぜ目的地まで行かなかったのか満足のいく説明はないのだが、船がさらに遠方の地に向かったとき、青年ハンスはこの地に残り、カタルーニャ人のなかで運試しをすることにした。そして、さっそく叔父のつてで路面鉄道会社の会計士の職に就く。

ハンスはFCチューリヒの創立にかかわったこともある進取の気性に富んだ若者で、新しい環境にもすぐに慣れ、街のさまざまなジムに出入りしてはサッカーファンの仲間を探しはじめた。〈ソレ〉というジムがいちばん目的にかないそうだとわかると、オーナーのハイメ・ビラを説得し、サッカーをする目的でスポーツ好きの若者を集める許可を得た。ジムの会員はたいがい裕福な地元住民だったが、サッカーチームをつくろうという呼びかけには応じてもらえなかった。たぶん低級なものと思われたのだろう。そこでカンパーは新聞に投書を送った。

ジミー・バーンズが著書『バルサ――人々の情熱』に記しているように、カタルーニャの有産階級は男性の半ズボン姿を「忌まわしい」と考えており、彼らがスポーツをするといったら、「乗馬や狩猟、テニスをすることで、その際は長ズボンを着用した」という。おまけに、労働者階級は反抗的で反感を買う存在だった。FCバルセロナが公式に創設される十日まえには、市長がマドリードの中央政府に課せられた新たな増税に抗議して辞職している。急成長するバルセロナの経済が、同じく問題の多い都市であるビルバオとともに国の支えとなりはじめていただけに、この税は腹立たしいものだった。

このタンカメント・デ・カイシェス（文字どおりには「金庫の施錠」）運動に挑発され、マドリードはカタルーニャに事実上の宣戦を布告した。〝払うか、さもなくば〟式のやり方だが、これは組合と工場の闘争心をかき立てるという大きな結果を招く。有産階級も不満ではあったが、当座は事態を見守る余裕があった。ブルジョアジーがサッカーを知っていたのだとすると、それはたぶん下層民の競技とみなされていたのだろう。社会政治上の問題を切り抜け、巣立ちはじめた競技を社会にとって有害と考えなかったのは、カンパーのような外国人と、イングランド人を主体とする二、三の少数派だけだった。

バルセロナは一九九九年を通じて盛大に百周年を祝したが、本当の記念行事は十月二十二日まで待たねばならなかった。それがカンパーの告知がデポルテス紙に掲載されてから百年後の日付である。

スポーツ情報
われらが友人ハンス・カンパー……かつてのスイス［サッカー］の名手が、市内でサッカーの試合を開催したいとの意向から、このスポーツに熱意をもつ方を募集している。希望者は毎週火曜と金曜の夜九時から十一時のあいだに本紙社屋まで出頭されたし。

新聞のスポーツ欄に載った八行の広告はサッカー史上もっとも有名な声明文となった。高らかな招集はたちまち反響を呼び、カンパーは一カ月後の十一月二十九日にソレ・ジムで創立集会を開くことができた。出席したのは、ひと月まえにデポルテス紙を読んで翌日の晩に様子を見にきた人たち——スイス人がもうひとりに、三人のイングランド人、ふたりのカタルーニャ人だった。カンパーは採決を求め、ウォルター・ワイルドが初代会長の栄誉を授かった。ワイルドは、英国系カタルーニャ人の海運業者として街の実業界に重要な地位を占めるウィッティ家の友人だった。初期のクラブに対するこの一家の関心は、サッカーが肝心な場所で受け入れられるのに欠かせないものだった。それは潤沢な資金のある場所であり、そこから急進的な中流のカタルーニャ人がかかわってくることになる。

だが、クラブの黎明期に政治が問題視されることはなかったし、ウィッティ家が政治的な志向を動機としていたかのような言い方をするのは正しくない。後期ヴィクトリア女王時代の英国商人の例に漏れず、一家は商取引を面倒にしかねない活動はむしろ避けようとしたはずだ。パブリックスクールのマーチャント・テイラーズ校の卒業生として、彼らが信じるようしつけられたのは、単なる勝利よりも参加の美徳、健全な身体に宿る健全な精神の価値、スポーツの修得による人格の完成だったのではないか。どれもカタルーニャの人々にとってはいささか優雅すぎたし、カンパーにとってもそれは同じだっただろう。

アーサーとアーネストのウィッティ兄弟は、バルセロナで長年すごしたにもかかわらず、せいぜいひどいなまりのスペイン語を話す程度だった。だがカンパーの息子によれば、父親がカタルーニャ語以外の言葉を話したことは、自宅にいたときでさえ記憶にないという。クラブが五年めを迎えるころには、ウィッティ家が距離を置きはじめたのに対し、カンパーは急激に土着化していく。一九二五年にはすっかり順応し、プリモ・デ・リベラの独裁主義政権によって六カ月間、国外に追放されている。一方のアーサー・ウィッティは晩年のインタヴューで、バルサが政治色を強め、好戦的な党派心を招いたことに嫌悪感を表明した。

アーネスト・ウィッティはクラブに貢献し、たとえば、上質の革製のボールや用具、審判用の笛を海運会社を通じて取り寄せたが、兄弟が残した何より重要な遺産はあの有名なアスルグラナのクラブカラーだろう。最初に披露されたのは一九〇〇年後半、地元のチームであるイスパニアとの試合でのことだった。いまでは報道機関もバルサをアスルグラナと呼ぶことが少なくないものの、その色に満足のいく訳語をあてられる者はいそうにない。アスルは青で、グラナは正確にいうとコチニール（カイガラムシ＝臙脂虫《エンジムシ》から得られる洋紅染料）色のことだが、シャツを見たことがあるなら、このさい意味論はどうでもいい。「青とえび茶」で事足りるだろう。

ジミー・バーンズの著書に収録されたアーサー・ウィッティの息子のインタヴューによれば、この有名な二つの色はマーチャント・テイラーズ校のチームカラーと同じで、アーサーがこれを新設されたクラブの色にすることを提案したのだという。もっともらしい説ではあるが、通説ではカンパーその人がFCチューリヒのシャツをもとに色を決めたとされている。チューリヒはたしかに（ほぼ）同じ色を身につけていたが、英国系カタルーニャ人作家のトニ・ストルベルの説によると、ふたつの色はフランス革命にさかのぼるもので、第一共和政のロベスピエールとサン・キュロットが採用した色であるらしい。

チューリヒはどうやら歴史上の意味を意識してふたつの色に決めたようだし、赤と青がいまでもフランス国旗に使われているのはいうまでもない。この説はまちがいなくカタルーニャ主義者に気に入られるだろう。これもまたマドリードを侮辱することになるからである。アスルグラナのシャツに自由と平等が暗示されている可能性をフランコに伝える者がいなかったのは、けっこうなことだ。いずれにしても、バルサの色の起源についてこれといった合意は得られていない。大半の人にとって都合のいい状況ではある。

一九一一年にはバルセロナはサン・ジョルディの十字とカタルーニャの赤と黄のストライプの紋章をシャツにつけ、一方のエスパニョールは王冠を使用して、レアル・クルブ・デ・フットボルを名乗っていた。こうして対立関係の政治化はしかるべき位置におさまった。一九〇九―一〇年シーズン、地域カップの両クラブの対戦でバルセロナの選手たちは判定に抗議し、ハーフタイムに試合を放棄した。主審がハンドを根拠にゴールを無効としたのだが、真相はピッチに乱入した数百人のエスパニョール・ファンに、ゴールを成立させたら制裁を加えると脅されたためらしい。決まっていれば、バルサが2－1でリードを奪うことになったからだ。

一九二四年には、バルサの最初の大スター、ペペ・サミティエルが退場処分を受けたとき、クラブ初の大型スタジアムであるレス・コルツのピッチにおびただしい数のコインが投げこまれた。試合は没収され、軍部当局によって非公開での再試合が命じられた。これは賢明な判断とはいえず、試合が場内で静かに行われるあいだ、門の外では対立するサポーターたちが激しくいがみ合うことになった。一九二二年に落成した二万人収容のレス・コルツは、エスパニョール――試合会場は依然としてロープの囲いのなか――がバルサの高まる人気の陰に急速に隠れていくことを如実に示すものだった。こけら落としのカードは、カタルーニャ選抜対スコットランドのセント・ミレン。二年後には独裁者プリモ・デ・リベラとその仲間たちが軽蔑した視線を送るなか、このスタジアムでスペイン代表がオーストリアと対戦している。

一九二三年、裕福な繊維業者のラ・リバ家があえてレス・コルツに近い土地をエスパニョールに買い与え、カン・ラビア（ホワイト・ハウス）というスタジアムを建設した。これはのちにサリアと呼ばれるようになる。一九〇〇年にバルセロナのあとを追って登場したときのように、エスパニョールはここでも一歩後れていたわけだ。このあと、ＦＣバルセロナの物語は日なた《ソル》と日陰《ソンブラ》、光と影、歓喜と絶望のあいだを華々しく揺れ動いていく。バルサの歴史に停滞といえる時期はないし、リーグ中位になじんだためしもない。その主な理由は、フランコ時代のはじまり以降、彼らの輝きをはためかせてきた人気と名声にある。歴史をそう解釈することに反論し、一九三〇年代と六〇年代はどちらかといえばクラブ史上の休眠期だと指摘する向きもあるだろう。だが、そうした時期にさしたる実績がないのにはもっともな理由があるので、その年月は牙を抜かれていたと認めることはできない。

　話をサッカーにかぎれば、歴史上の二大汚点は、すでに紹介した一九四三年のレアル・マドリードによる11－1の大敗と一九三〇年にビルバオで全盛期のアスレティックに喫した12－1の惨敗だろう。百周年展にはこうした試合結果への言及があまり見当たらないが、前者はマドリードの非道な行為の例として挙げられる。後者の完敗については情状酌量の余地こそないものの、サミティエルを故障で欠いていたのは事実だ。そのシーズンをチャンピオンのビルバオとわずか勝ち点1差で終えたことを考えると、このスコアはなおさら異常に思える。しかも試合を報じた記事によれば、もっと大差がついてもおかしくなかったという。

　なるほど、バルサは一九二九年に第一回リーグを制覇したが、つぎの優勝は一九四五年まで待たねばならなかった。その間の汚点は、バスク地方への悲運の遠征を別にすると、大半が政治的な性質のものだ。なかでも重要なものは一九二五年に起こっていて、これを皮切りに問題が発生していくこととなる。どうやらその日、一九二五年六月四日にルビコン川を渡ってしまい、後戻りできなくなったようだ。もう取り返しはつかない、バルセロナは手に負えない反逆者の集団、統一スペインという夢の略奪者のコミュニティとしてみずからを位置づけてしまったというのが一般の認識となっている。

その舞台となったのは、レス・コルツで行われたオルフェオ・カタラ救済のチャリティマッチだった。オルフェオ・カタラとは、十九世紀後半以降カタルーニャの文化復興に大きな役割を担った合唱団である。すでにこの試合以前からプリモ・デ・リベラは弾圧を開始し、地方自治を廃止して、十五年後のフランコのように公共の場でのカタルーニャ語の使用を禁じていた。独裁者は試合の開催は大目に見た——対戦相手はジュピテルなるチーム——が、オルフェオを賛美することは許さなかった。この合唱団自体、十九世紀のカタルーニャ民族主義者で文化上の重要人物だったアンセルム・クラベをたたえて設立されていたからだろう。

プリモ・デ・リベラにとってはあいにく、オルフェオの創設者はカタルーニャ政界の大物数人とともに試合会場に姿を見せた。ウィッティ兄弟もまだ健在で、たまたまその週に街に寄港中だった英国海兵隊の楽団を招待した。哀れな男たちは外国の政治の複雑な事情などつゆ知らず、招待への感謝のしるしにスペイン国歌を吹奏することが満員のスタンドに対する礼儀だろうと考えた。

嘲りの口笛がしだいに高まっていき、困惑した楽隊は演奏を中断した。英国人が五秒以上の沈黙に耐えられないことには充分な裏づけがあるが、その日ほどこの事実が端的に示されたためしはない。楽隊が即座に英国国歌をはじめると、何ともほっとしたことに、観衆はいきなり熱烈な拍手をはじめた。英国からの来客が憎きスペイン国歌の最初の五小節につづけて英国王室に会釈してみせたことを、カタルーニャ人は冗談もしくは仲間意識の表明と受け取ったのかもしれない。だがこのニュースがマドリードに届いたとき、笑う者はひとりもいなかった。

軍部の命令により、バルセロナの理事たちは反スペイン的な茶番を出来させたために罰金を科された。共謀だったのではないかと当局はほのめかしたが、ウィッティ家がわざわざ愚弄するために海兵隊を招いたと考えるのは、こじつけにすぎるだろう。だが、パラノイアは突き進んでいく。バルセロナはクラブとしてもチームとしても六カ月の活動禁止を言い渡され、ガンペールはスペインを離れるようにとの〝勧告〟に、家族の身を案じて従った。その日のレス・コルツが満員になったことは、音楽に親しむ姿勢が浸透していた証拠というより、むしろ政治的な主張に便乗する集団心理とサッカーへの純粋な愛を示すものだった。一九二〇年代はバルサの第一黄金期、ソンブラの十年が訪れるまえのソルだったからだ。

三人のスター

この幸福な時代は、風変わりで個性的な三人の選手のおかげだった。パウリノ・アルカンタラ、リカルド・サモラ、ペペ・サミティエル。アルカンタラはスペイン人の両親のあいだにフィリピンで生まれ、バルセロナで育った。一九一二年から一九二七年にかけて三百五十六ゴールを挙げたクラブの最多得点記録保持者だ。病弱な子供だったが、カンパーたちに見出されると十五歳でさっそく一軍入りし、デビュー戦で幸先よくハットトリックを決めている。一軍とフィリアル――ユースチームを意味するスペインの用語で発案者はカンパー――を行き来する二年間ののち、両親に連れられてフィリピンに帰っていった。

フィリピンでは医学の勉強をつづけながら、ボヘミアンズというチームでプレイし（もちろんチーム得点王）、東京でのアジア大会にフィリピン代表として出場した——ただし卓球で。その間、バルセロナはカタルーニャの地区選手権で二度優勝を逃し、ルネサンス・ボーイの戦列への復帰を望んでいた。両親は戻ることを認めなかったが、アルカンタラは一九一七年にマラリアにかかると、帰ることを許してくれないなら処方された薬を飲まないと両親に告げた。

一九二〇年、アルカンタラはベルギーでのオリンピックに出場するスペイン代表に選ばれたが、医学の最終試験を受けるために国内に残ることを余儀なくされた。ドクター・アルカンタラは二年後にようやく代表デビューを果たし、奇しくもベルギーとの試合で二得点を決める。さらに現役を五年つづけたのち、引退して一般開業医となった。黄金時代の三選手のなかでは、もっとも騒がれずにすみ、スターダムの悪影響をもっとも受けなかった印象がある。それでもさまざまな点で、アルカンタラはバルサがフィットネス愛好家のアマチュアクラブからプロの旗手へ変化する要因となった。いったん英雄が現れ、人間の姿をしたものに焦点が当てられたら、もはや後退することはない。一九一〇年、カンパーの根気強さの甲斐もあって、クラブは五百十人の会員を抱えていた。一九二一年にはそれが一万人に増えている。そのときバルサにはサミティエルとサモラもいた。

一九七八年にエポカ誌に掲載されたレアル・マドリードの歴戦のディフェンダー、ハシント・キンコセスのインタヴューによると、全盛期のリカルド・サモラはグレタ・ガルボより有名で、かつ美しかったという。ピチチの名が得点王に冠せられるように、サモラの名はいまもスペインの年間最優秀ゴールキーパーのトロフィーに光彩を添えている。サモラ・エル・ディビノ（聖人）はサミティエル・エル・マゴ（魔術師）と並んでスペインのスーパースター症候群のはしりとなった。彼らの登場とともに、プロ化が進行し、大きなクラブの選手たちはそこそこの額を稼ぐようになる。

一九一六年にエスパニョールでデビューしたサモラは、一九一九年にバルセロナに移籍して全盛時代をすごし、三シーズン後に愛するエスパニョールに復帰したのち、サミティエルと同様、レアル・マドリードのチームカラーに身を包んだ。サッカーの暗黒時代を生きた人物の例に漏れず、彼についても真実と感傷的な思い出は区別しにくい。だが誰もが、サモラこそもっとも偉大なのであり、ヤシン、ゾフ、シルトンなど、どんなゴールキーパーの名を挙げようと、彼のほうが優れていると力説するようだ。

トム・フィニーやスタンリー・マシューズといった往年の名手たちは、現代のサッカー界でも生き残って輝くことができただろうか。そんな問いが立てられると、議論はたいてい、現代の選手に求められる身体能力は根本的に異なるので比較はむずかしい、といった点をめぐって展開される。だがゴールキーパーに関していえば、事情はさほど変わっていないのではないだろうか。荒くれ者の大型フォワードがゴールを急襲し、稲妻とともにネットを揺さぶるのは、いまも昔とまったく変わらない。ただし、かつてはボールがもっと重く、フォワードの襲撃からゴールキーパーを守るルールはなかったし、ディフェンスの技術は現在のように専門化と洗練が進んではいなかった。ゴールキーパーはむしろ、いまより優秀であることを求められたはずだ。とすると、サモラはまさしく評判どおりの名選手だったことになる。

カリスマ性があると同時に巨漢でもあったのはたしかで、鳥打ち帽に白いとっくりセーターというフィールドでの格好を真似する者が当時は何人もいた。サミティエルと同じく、サモラはつねに新聞に記事の材料を提供し、二〇年代を通じて社交界の伊達男ぶりを発揮した。好きな酒はコニャックで、一日の喫煙量は煙草三箱。一九二〇年のオリンピックから帰国する際には、木箱入りのハバナ葉巻を何箱も購入して列車の座席の下に積みこみ、制限を超える量を持ち帰ろうとしている。そのうちの一本を客室で吸っているところを国境の税関吏に見つかり、座席の下の大きな箱の中身は何かと問いただされた。逮捕されて檻《おり》のなかで一夜をすごす羽目になり、やむなく五百ペセタの罰金を払って大切な密輸品を地元の警察に引き渡した。

さらに騒動はつきまとい、バルセロナでの一九二二年シーズン後には一年間の出場停止処分を受ける。エスパニョールに復帰する約束で受け取った契約金について、税務当局に嘘をついたためだった。後継者となったハンガリー人のフェレンツ・プラトコも伝説的なキーパーであり、さまざまな点でサモラ以上の人気を博した。エスパニョール復帰にかけるサモラの熱意は、カタルーニャへの反感とがめつさによるものと思われたのだろう。一九三〇年のレアル・マドリードへの移籍でも十五万ペセタの移籍金のうち四万を手にして、その印象を強めた——当時としては莫大な額だったのだ。

その六年後にもサモラはまだ笑っていた。バレンシアを舞台とする内戦まえの最後のカップ・ファイナルでバルセロナを撃退したのだ。2－1でバルサ不利のまま迎えた試合終盤、サモラはホセ・エスコラのシュートに対して驚異的なセーブを見せた。そのシーンをおさめたフィルムはないが、写真はある。サモラが飛びこんだポストの脇で、至近距離から捉えたものだ。晴天が数週間つづき、ピッチはひどく乾いていた。エスコラはポストの内側めがけ、ボールを低く叩きつけた。スタジアムの半分が立ちあがってゴールに喝采を送ろうとしたとき、サモラが横っ跳びし、すると土煙があたりを覆った。煙がおさまると、サモラはこともなげに立ち、手にボールを抱えていた。

数カ月後、サモラはニースの街のカフェで三箱の煙草を吸いながらコニャックを飲んでいた。内戦勃発にともなう尋常でない体験を経たあとのことだった。一九三六年六月、国家主義者寄りの新聞『ABC』に、サモラの銃殺体がマドリードのモンクロア地区の側溝で発見されたとの記事が掲載された。この訃報は大きな騒ぎを巻き起こす。一九三四年、サモラは同じ姓をもつニセト・サモラ大統領から共和国勲章を授与されていたからだ。エスパニョールとの関係やバルサの大義に無関心だったことを考えると、授与式はおそらく当人の意向より左翼的な色合いを帯びていたものと思われる。一説によると、共和国の宣誓就任式の報を受けたスターリンは、通信書を見て伝令の者に訊ねたという。

「サモラ大統領か。たしか有名なゴールキーパーだったのでは?」

それだけに国家主義者の武力によるサモラの暗殺は考えられることだったが、ABC紙とラジオ局数社は性急に結論を出し、サモラもまた〝アカ〟の手による気高い犠牲者だと報じた。その結果、フランコを支持する地域を中心に各地で追悼式が開かれている。そうこうするうち、報道に不服だった共和国側の民兵たちがサモラの所在を突き止め、逮捕してモデロ刑務所に監禁した。そこはエスパニョールでプレイしたことを徳とする者にとって危険な場所だった。

ところがサモラは処刑されるかわりに、看守たちからボールを渡され、庭でサッカーをさせられた。彼らは伝説のキーパーとサッカーをやったと自慢することができただろう。映画の脚本家にすれば格好の題材になりそうな緊張に満ちた数日間、サモラは刑の執行を選手生活の話や果てしないペナルティキック戦で食い止めていた。最終的には釈放されて、車でフランスとの国境を越えてニースまで行き、そこでサミティエルと落ち合って、地元のチームと契約した。

一九三八年十二月にサモラは帰国し、サン・セバスティアンで行われたレアル・ソシエダードとの試合にスペイン代表として出場する。フランコ派の兵士を支援するチャリティマッチだった。サモラの存在は当然、プロパガンダとしてフランコ主義者たちによって最大限に利用された――偉大な選手がフランコ政権を承認するために帰ってきたのだと。代表にバルサの選手がいなかったのはいうまでもない。どのみち、その大半は国外に追放されていた。レアル・ソシエダードはこの気まずい歴史上の事件を思い出したがらないが、参加するほかなかったと主張はする。弁解の余地はあるだろう。

二週間後、『マルカ』の創刊第一号がサン・セバスティアンの新聞社から発行された。一面ではゲルマン人風の金髪の紳士が、右腕を挙げてファシスト式の敬礼をしており、その下にこんな見出しが載っていた。**右腕はスペインのスポーツマンたちのために！**　一九五〇年代にフランコがサモラにシスネロス大十字章を授与したのも不思議ではない――この時代の調査の一環として質問状を送った私に、マルカ紙が協力を拒んだことも。

最初の〝中盤の将軍〟

サミティエルは、さまざまな理由で二〇年代のバルサが生んだ真のスター選手だ。内戦中はサモラのようにアナキストの民兵に拘禁されたが、やはり釈放されてフランスに逃れている。もっとも、詳しい経緯はさほど明らかにされていない。たぶんサミティエルは、フランコを英雄視していることは言うまいと決めたのだろう。フランコ派という事実は、三〇年代にレアル・マドリードに移籍したにもかかわらず、いまも彼が享受するバルサでの地位と折り合いが悪い。

得点力という点ではアルカンタラもスターだったかもしれない。だが、ペペ・サミティエル、またの名を〝エル・サミ〟は、サモラがエスパニョールに舞い戻ってから注目を一身に集めた。カンプ・ノウのバルセロナ博物館では、彼が最初にクラブと交わした契約書を見ることができる。そこには契約時のボーナスとして夜光腕時計と三つぞろいのスーツをもらえることが記されている。サモラと同じく、サミティエルは一九一九年に十七歳でクラブのデビュー戦を迎えた。労働者階級の青二才ではあったが、一九二五年にはクラブ一の高給取りに、つまりスペインで最高額を稼ぐ選手となった。

その年、バルセロナが進める選手のプロ化はカップ戦の準決勝で抗議を受けている。対戦相手のアトレティコ・マドリードがピッチに入場するや、大会の常連である各クラブに向けてアマチュアでいようとの声明を発表したのだ。後半開始時、今度はバルセロナのプラトコとドイツ人ディフェンダーのエミール・ヴァルターがハーフタイムに急いで用意した反論を提示し、外国人選手がサッカーで人並みの収入を得る権利を擁護した。バルサは2－0で勝利し、アトレティコ・マドリードも一九二九年にはアマチュアの身分を放棄している。

リーグ発足後にプロ化が標準になったころは、まだ選手の報酬の額に対する規制がなかった。これはリーグ随一の選手というサミティエルの地位が、随一の高給取りの座を保証したことを意味する。そのころには、同じく労働者階級の偶像であるアルゼンチン人のタンゴ歌手、カルロス・ガルデルと親交があったので、ナイトクラブめぐりをつづけるためにもサミティエルは一定の額を稼がなくてはならなかった――この習慣は小心ながら見る目はあるバルセロナの理事たちに黙認されていたらしい。早朝にランブラス通りですれ違ったサミティエルと夜遊び仲間たちから、理事たちが目をそむけているところを撮られたのは有名な話だ。

サミティエルがヨーロッパ・サッカーの年代記で重要なのは、そのプレイスタイルの評判からして、ゲームを後方から見定めて演出した最初の選手のひとりだと思われるからだ。従来、チームの要はセンターフォワードであり、荒っぽいバスク流が模範とされ、結果は前線の戦闘能力、つまり競り合いの強さやゴールへのコース取りなどに依存するのが常だった。サミティエルはスペイン・サッカーの頂点に現れた最初の〝中盤の将軍〟で、いまでいうピボテ（セントラル・ミッドフィルダー）とスウィーパーの役割を兼ねたポジションでプレイしていたのだろう。サミティエルの何より不思議なところは、どちらかといえば線が細いにもかかわらず、一部でレニェロ（壊し屋、削り屋）と非難されながら、ゴールも量産し、アルカンタラを別にすれば当時は誰にもひけをとらなかったことだ。有名なランゴスタ（ロブスター）キックは、のちのチレナもしくはバイシクルキックの雛型だった。知ってのとおり、後年、これを得意としたのがデニス・ローとウーゴ・サンチェスである。

ガルデルと交流のあったほかのカタルーニャ人は政治家や過激な芸術家などで、サミティエルのような考え方をする者と話が合うはずもなかったが、少なくとも表向きは彼を保護していた。ところが、ガルデルは一九三五年にコロンビアで飛行機事故のために死亡する。やがて内戦が勃発したとき、サミティエルのイメージを利用したのは国家主義者たちだった。一九三八年にはマルカ紙がサミティエルの〝アカ〟からの逃亡を心底スペイン人である証拠として挙げるようになり、創刊号ではフランスへの緊迫した逃亡劇とやらと一時的な亡命について報じている。たしかに、フランスの軍艦で国を離れたわけだが、モップがけなどの雑務は免除されたようだ。サモラとともにニースでプレイしていたときは、クラブ会長の妻と近しすぎるほどだったらしく、毎朝のように彼女のプードルを散歩させる姿が目撃されている。ニースはその年（一九三七年）惜しくもリーグ優勝をボルドーにさらわれたが、サミティエルはある種の殺し屋だとみなされた。シーズン終盤にボルドーのフォワード、ナレを試合から消したタックルは、つきまとう数々の悪名に加わっていたとしてもおかしくない。

一九七二年にサミティエルが死亡すると、バルセロナでは盛大な追悼会が開かれ、国葬さながらの状態になった。おそらく晩年はレアル・マドリードの仲間のほうがはるかに親しかっただろうし、あからさまにフランコを称賛していたことを思うと、これは皮肉めいた葬り方だ。ジミー・バーンズが書いているように、当時のバルセロナはサミティエルを「クラブの偉大さのシンボル」として祝福する必要があったのだろう。バルサはひどく厳しい時代にあり、ヨハン・クライフはいまだ遠くオランダにいた。

エスパニョールに移籍して物議をかもしたクバラの場合と同じで、バルサに対するサミティエルの本心を知りたがる人はいまも跡を絶たない。クラブは半信半疑のまま、不朽の名声を与えたのである。クバラもやはり、一九六三年にディアゴナル通りを渡ってサリア通りのクラブに旅立ったことを大目に見られている。この移籍は政治とは無関係で、一定の生活を維持するのが目的だった。疑惑に満ちているとしても、一九一九年から一九三三年までのサミティエル時代のバルセロナは、五つの国王杯、スペイン初の公式のリーグタイトル、十二のカタルーニャ・チャンピオンの座を獲得した——誰が見ても不漁とはいえない。

会長暗殺

黄金の輝きのあとには当然のように影が訪れた。なかでもFCバルセロナのシャツに最大の痛手となる染みを残したのが、クラブ会長ジョゼップ・スニョールの死だ。一九三六年八月のファランへ党員たちによるこの暗殺、その後のフランコ時代を超えてつづく隠蔽工作が、カタルーニャ主義の決定的な動機のひとつとなっている。それはまたスペインのサッカーと政治が暗にからみ合っている何より否定しがたい証拠でもある。ある意味で二十世紀のスペイン史は、ひとつのサッカークラブの受難のうちに読み取れるといえるだろう。

治安警備隊による詩人ロルカの殺害は、ファシズムが残忍な暴力行為を通じて力を誇示するしか能のない運動である証拠として利用された。それと同じで、スニョールの死はクラブを真に決定づけた瞬間とみなされている。芽生えはじめた理念の、文化上の分離主義の、独立の、自治権の冒瀆。ここから証明されるように、当時すでにバルサは単なるクラブ以上だったのであり、この歴史の継続性が現在の旗手たちに勇気を与えている。彼らシーズンチケットホルダーは参加する権利を買い、根の深いモルボの伝統を心からつづけていく。

弁護士の資格をもつスニョールは、国家主義者たちが誰よりも恐れ、忌み嫌う種類の男だった。プリモ・デ・リベラの独裁政権時代に左寄りの新聞『ラ・ランブラ』を創刊し、一九三〇年代にバルセロナでさまざまな行政職を歴任している。カタルーニャの政治活動家の系譜を受け継ぐ者として、彼はバルサの理事会を政界入りする絶好の場と見たのだろう。一九二八年、スニョールは三十歳にしてそれを実現する。

理事会入りの理由は家系が裕福で、文化と政治に関して非の打ちどころのない実績があったからだが、サッカー界にはいるまえから、スニョールは家族の大半より一歩先に進んでいた。実業界を無視したアナキスト風の哲学を標榜する左派カタルーニャ運動組織、アクシオ・カタラへの参加である。一八七〇年代以降、バルセロナで大きな支持を得ていたアナキズムは、一九二九年の恐慌とその後の不況のためにさらに信頼を得るようになった。世界じゅうの株価の大暴落は、一夜にして全財産を失ったガンペールが失意の自殺を遂げたことで、よけい痛切に受け止められたことだろう。スニョールはカタルーニャのすべてに敵対的なプリモ・デ・リベラの独裁政権下で活動をつづけ、一九三〇年に政権が崩壊すると、カタルーニャのサッカーと政治の融合という理想をラ・ランブラ紙で明確に表明するようになる。このふたつの相乗作用によって、地域に民主主義と民族自決がもたらされると考えてのことだった。

スニョールは本当にサッカーに興味があったのか、それとも目的を達成するための手段とみなしていたにすぎないのか。この点を問題にした者はほとんどいない。ラ・ランブラ紙の彼の記事はサッカー報道の古典とはいいがたく、結果とチームの様子に短くふれてから、いきなり「スポーツと市民権」をスローガンとする政治演説に突入していた。真相はともかく、一九三五年にスニョールはFCバルセロナの会長に当選する。数多くの左派勢力が街を練り歩き、政治とスポーツのユートピアという未来像はとうに忘れられて、乱立する各派閥のイデオロギーに圧倒されていた時代のことだった。

緊迫した混乱のなかで、FCバルセロナが現状に対して影響をおよぼすという役割に対する興味は薄れていった。おそらくスニョールはそうした状況を一変させようとしていたのだろう。一九三六年八月の運命の日、彼は愚かにも（一部の者にとっては勇敢にも）マドリード近郊のグアダラマ山脈に車で向かった。首都の南方で国家主義勢力への抵抗をつづける共和国派と接触するためだった。だが、詳しい動機は依然として謎に包まれたままだ。フリアン・ガルシア＝カンダウはレアルとバルサに関する著書で、スニョールは元オビエドの選手にオファーを出しにいく途中で戦闘に巻きこまれたのではないかと述べている。戦争が終息したらバルサでプレイする契約だったという。

スニョールは道をまちがえ、ファランヘ党の軍が支配する地域に迷いこんだ。彼らはほとんど捕虜をとることがなかったので、スニョールはその場で射殺されたのだと思われる。殺害犯たちが彼の身元を知らなかったとしても、それは銃殺後まもなく判明したにちがいない。スニョールは公式には失踪したとされ、死体はようやく一九九〇年代になってから発掘される。そのために奮闘したのがトニ・ストルベルらのジャーナリストや学者たちで、彼らの尽力により、バルセロナの会長ジョゼップ・リュイス・ヌニェスもやむなく没後六十周年を認めて公表した。五十周年はクラブによって黙殺されていた。

カタルーニャ主義者にはまるで人気がなかったヌニェスは、二十年の在職期間を通じて何としても政治がらみのレッテルは貼られるまいとしていた。スニョールのことで率先して動けば、過激な行為と見られかねなかったし、ビジネス仲間を困らせたかもしれない。皮肉なことに、ジョゼップ・スニョールの友人たちが記念の花輪を置いておさまった写真を見ると、墓石に刻まれた姓がカタルーニャ語表記のSunyolではなく、スペイン語表記のSuñolになっている。

スニョールの唯一生存する息子は六十周年の記念祝典から距離を置き、そちらがカタルーニャ語表記を使うと言い張るなら、その墓地に眠るの父親ではなく、Sunyolという別人であるとの記事を発表すると脅迫した。内戦後、スニョール家がかつての富の大半を取り戻すと、家族の一部は極右へと枝分かれし、二度と帰ってこなかった。たしかに、殺害されたスニョールはカタルーニャ民族主義の象徴になったかもしれない。だが死してなお、奇妙にねじれた二十世紀のカタルーニャの政治にさらされないわけにはいかなかった。

記念祝典が行われるまえの週、スニョールの友人たちは街じゅうに「会長の殺し方」と記したポスターを貼りつけた。ストルベルがつぎの週にヌニェスに会ったとき、どうやら真顔の会長から、あのポスターを見てから三日は外出できなかったと言われたらしい。

結局のところ、バルセロナが一部サポーターの努力によってスニョールをめぐる五十年の沈黙を破ったのは、きわめて正しいことのように思える。ただし、これ以上、迫害の犠牲者としての路線を進むのは控えたほうがいい。スニョールの問題を表に出すべきだったのは一九七六年、つまりフランコの死の翌年であって一九九六年ではないのだし、そうなった責任はすべてクラブにあるのだから。

バルセロナの新会長ジョアン・ガスパールは、あまり知られたくないようだが、パルティド・ポプラルの正規会員である。この党の母体となったアリアンサ・ポプラルは、フランコのシンパと関係のある右翼政党だった。やはり、カタルーニャ・ナショナリズムの〝旗艦〟というわかりやすいバルサ観は明らかに疑わしい。

エル・ドリームチームは最強か

バルサは戦時中の逆境からアンフェタミンを飲んだ不死鳥のごとく雄々しく立ちあがった。フランコによってバルセロナ・クルブ・デ・フットボルと改称されたが、一九四五年（サミティエルのもとで）、一九四八年、一九四九年にリーグ優勝を果たしている。一九五二年と一九五三年にも、今度はクバラを擁して連覇を遂げた。このハンガリー人の名選手は酒好きで故障がちだったが、彼をクラブ史上最高のプレイヤーとみなす者は少なくない。だが一九五三年にディ・ステファノがマドリードに加入すると、つづく十六シーズンでマドリードが十二回優勝する。チャンピオンズカップの五連覇についてはいうまでもない。

もちろん、五〇年代をバルセロナの衰弱期と呼ぶ者は厳密な相対論でものを言っているのだろう。一九五四年から一九五八年にかけて、カタルーニャのクラブは二位が三回、三位が二回という成績を残している。ただし、この期間にマドリードは四度チャンピオンとなっており、唯一、一九五六年にビルバオによって連覇を断たれたにすぎない。それでも、ついに一九五九年、アルゼンチン人監督エレニオ・エレラの着任とともに成功が訪れた。エレラはクバラを構想外にするという思いきった策をとり、クバラを追い出す一方で、実力派のふたりのハンガリー人、シャンドル・コチシュとゾルタン・チボルと契約している。そしてガリシアから引き抜かれた若きルイス・スアレスが、エレラから当然のようにクバラの後継者であるとみなされた。彼は三年後に恩師を追ってミラノのインテルナツィオナーレへ移籍する。

クバラはさまざまな意味でディ・ステファノと並ぶスペイン・サッカー史上の巨人だが、選手として足りない部分があったのではないかとの感は否めない。飲酒、女遊び、故障の問題などが、五〇年代のマドリードの覇権にひと役買ったようにも思われる。

クバラのバルセロナ移籍は数々の怪しげな逸話のテーマになっているが、どうやら当人は本当に自分がどこに向かい、誰と契約しているのか知らなかったようだ。一九五〇年、クバラは国を追われたハンガリー代表の一員としてマドリードでの試合に出場した。それを見たサミティエルが、同じく獲得を狙っていたレアル・マドリードを出し抜いて彼に接近し、列車でカタルーニャのクラブに連れていった。クバラは酩酊していたらしく、サミティエルにこう言った。さっき見た看板にはたしか「バルセロナ」と書いてあったが、契約の相手はレアル・マドリードじゃないのか？　サミティエルはもうひと眠りするように告げた。噂どおり、サミティエルが三年後にディ・ステファノの契約で〝二重スパイ〟を演じたのだとすると、それはバルサのクバラ獲得に果たした役割を後悔していたからかもしれない。

五〇年代末のエレラの着任を苦々しく思っていたのはたしかで、サミティエルはエレラを「冷酷」呼ばわりし、公然とレアル・マドリードのために働くようになった。クバラはエレラよりも長く残り、一九六一年にバルサでの最後の試合に出場したあと、最初はユースのトレーナーを、つづいて短期間トップチームの監督を務めたが、やがて同情すべき厳しい状況のなかでエスパニョールへ去っていく。

スアレスは在籍期間こそ短かったが、彼やクライフ以前のバルセロナは、クバラがいれば世界で名をあげられるはずだと感じていたことだろう。ところが実際はレアル・マドリードの後塵を拝するばかりだった。二回チャンピオンに輝いたのは誇ってもいい。エレラを迎えた一九五八―五九年シーズンには二冠を達成した。翌シーズンも、マドリードを得失点差で抑えてリーグタイトルを勝ち取ったが、両チームはその直後にチャンピオンズカップの準決勝で対戦する。

マドリードはベルナベウとカンプ・ノウの両会場でバルサを3－1で破った。この結果はバルセロナ市民にとって腹に据えかねるもので、結局エレラは用済みとされ、二日後、衰えつつあった権力の座に必死でしがみつく会長のミロ＝サンスに解雇されている。一方、レアルはローラーコースターさながらに華々しく頂点に上りつめた。7－3という圧巻のスコアでアイントラハト・フランクフルトをハムデン・パークで粉砕したのだ。

一九六〇―六一年シーズン、両クラブはチャンピオンズカップの一回戦でふたたび相まみえ、バルサは疑惑に包まれながらも二試合計4－3のスコアで勝ち進んだ。2－2で引き分けたマドリードでの第一戦では、主審のアーサー・エリスがカタルーニャ側にペナルティを与えたが、ブラジル人のエヴァリストがファウルを受けたとき、主審は線審が挙げたオフサイドの旗を無視していた。カンプ・ノウでの第二レグはバルセロナが2－1で勝ったが、ここでもやはりイングランド人のレグ・リーフ主審が四つもゴールを認めなかった。一九九四年に右寄りのエポカ誌に連載された『スペイン・サッカー史』が、この対戦に申しわけ程度のスペースしか割いていないのも当然だろう。それまでは何枚ものページを費やして誇らしげにマドリードのチャンピオンズカップ連覇を祝福しているのだが。

この試合は、五〇年代と六〇年代にスペイン人審判の連合がマドリードをひいきしたのではないかという世間の疑念を強める結果となった。この論法でいくと、ふたりのイングランド人はフランコの仲間たちにあっさり買収されず、むしろバルセロナに有利な判定を下したことになる。残念ながら決勝でバルサを助ける者はなく、中盤を走るクバラはかつての勢いに欠け、ベルンで伏兵ベンフィカに3－2で屈した。それでも、バルサはこの大会でマドリードを敗退させた最初のチームであるし、ヨーロッパでの壮大な行進を一時的に中断させたことに変わりはない。

一九六〇年代はバルセロナにとって厳しい灰色の時代となり、ディ・ステファノが引退しても明かりは射してこなかった。この間、レアル・マドリードとアトレティコがリーグタイトルを独占し、バルセロナは完全に蚊帳の外に置かれていた。ベンフィカに喫した敗戦で、十年間の運命が決まってしまったのかもしれない。エレラがその後インテルで成功しただけに、二重に苦しい時代となった。

ジョゼップ・フステやチャーリー・レシャックなど、優秀で堅実な生え抜きの選手が戦列に加わったが、これはひとつには新会長エンリケ・リャウデトが帳簿のバランスを優先させたためだと思われる。新設されたカンプ・ノウ・スタジアムの高騰する経費を工面しなくてはならなかったからだ。五〇年代前半の輝きをふたたび灯すための新たな選手は、リャウデトの買い物リストに載っていなかった。会長はフランコ派だ、〝大義〟に対する熱意がないと、下から不満の声もあがっていた。

彼が辞任した一九六八年、クラブはサポーターたちの沈んだ顔につかの間の笑みを浮かべさせる。ベルナベウでの総統杯決勝でレアル・マドリードを1－0で破ったのだ。両者が決勝で対戦するのは三十二年ぶりのことだった。フランコその人がカップをバルセロナの主将に手渡したが、セレモニーの写真が捉えた総統は、その務めを喜ばしく思っているようには見えない。ベガ将軍の夫人がフランコトともに貴賓席に座っていて、どうやらバルサの新しい（カタルーニャ派の）会長ナルシス・デ・カレラスに向かってこう告げたそうだ。あなたのチームが勝ってよかった、バルセロナも「スペイン」だから、と。

バルセロナは一九七一年にもカップを制したが、つぎのリーグタイトルは一九七三―七四年シーズンのヨハン・クライフ到来まで待たねばならなかった。それ以後、五〇年代なかばに建てられた堂々たるカンプ・ノウの存在もあって、クラブは規模と尊大さを増していく。ただし、現在の名声と富、地球最大のクラブという全世界的な認識は、数々の成功の賜物とはいいがたい。つぎにリーグの栄冠を掲げるのは十二年後、マラドーナが去った翌年のことだからだ。三つのフェアーズカップ（現在のUEFAカップ）とふたつのカップウィナーズカップを獲得したとはいえ、最大の大会であるチャンピオンズカップでレアルに対抗する試みは、またも決勝で敗れるという以上の実績を残せずにいた。一九八六年、テリー・ヴェナブルズ監督率いるチームは、PK戦の末にセビリアでステアウア・ブカレストに敗れている。

したがって、ローマ法王が数百万の人々と同じように有力クラブを支持することにしたのは、いわゆるドリームチームが登場したからだと思われる。このチームは一九九一年から一九九四年にかけてリーグ四連覇を遂げ、一九九二年のチャンピオンズカップ決勝ではサンプドリアをウェンブリーで撃破した――この年は、バルセロナ・オリンピックとフレディ・マーキュリーのテーマソングなどで世界が沸き返り、数時間に一度は何らかの文脈でバルセロナの名を耳にしたほどだった。

「エル・ドリームチーム（El Dream Team）」とスペインの報道機関が呼ぶようになったのは、オリンピックで余裕の優勝を飾ったアメリカのバスケットボールチームにちなんでのことだが、この異名はいろいろな意味で困ったうぬぼれといっていい。何より、大文字の表記はこれがバルサの史上最高のチームであるばかりか、地上に出現した最高のチームだと断言しているように映る。この呼び方が意味するところを説明してくれた人がいないので、その曖昧さが九〇年代前半のチーム（と監督）に不相応な偉大さを与えていると結論づけざるをえない。

当時の監督、ヨハン・クライフはいまもバルセロナで暮らしていて、ホームゲームではたいてい会員席に着く。そして現状に不満を抱くファンの注目を浴びるわけだが、なかでもヌニェス会長のやり方に疑問を感じていたファンは熱心だった。ヌニェスは武骨で小柄な男で、不幸な表情が顔に貼りつき、いつもせせら笑いをしているように見える。一九七八年の就任以来、会長のポストに居座りつづけ、数々の危機を切り抜けていた。選手の反乱、たびたびの不信任投票、短気なスター選手、会長の座から追い払おうとするクライフの企て――その最後の試みは一九九九年、カンプ・ノウでのドリームチーム記念行事の最中に行われる。クライフはマルカ紙と手を結び、試合のまえの週にヌニェスへの攻撃を開始した。

クライフはその夜にクーデターを起こせると思ったのだろう。だが結局、引き際はいずれ自分で判断するというヌニェスの決意を強めるばかりだった。やがてヌニェスは無冠に終わった一九九九―二〇〇〇年シーズン後に、評価してもらえないことにうんざりしたと言い残して辞任する。最後の記者会見では、二十二年の在任期間に獲得した百三十八のトロフィーに囲まれていた。サッカーが二十七、バスケットボールが二十五、ハンドボールが五十、ホッケーが三十六。本人としては敵対的な報道陣に中指を立ててもよかったのだろうが、言わんとするところは出席した記者たちにもよくわかった。

ドリームチーム招集の功績をヌニェスはほとんど認められていない。一方のクライフはそこに関与したことから、歴代名選手の殿堂に占める揺るぎない地位に加えて、いまや歴代名監督の座に列せられている。クライフ本人は、謙遜に無駄なエネルギーを費やさないたちでもあり、その評価に異議を申し立てたりしない。だが監督としての天分の証拠については、スペインのプレスや懐古趣味のバルサ・サポーターに任せるのではなく、もっとつぶさに検証する必要がある。

クライフが優れた選手を、少なくともみずからの哲学に沿って仕込める者を見つける目をもっていたのはたしかだ。何年もまえのエレラのように、十二万の観衆の視線をものともせず、自分がボスだ、干渉も質問も許さないと言うことができた。ヌニェスも身のほどをわきまえ、結果が上々で金が流れこんでくるかぎり、そうした状況を認めるにやぶさかでなかった。自分の玉座に雇い人が目をつけている、最初からそうだったのだと気づくのは、あとのことにすぎない。

クライフは監督に任命されると立場を逆転させ、レアル・ソシエダードからバスク人のホセ・マリア・バケーロとアイトール・ベギリスタインを、さらにはアンドニ・ゴイコエチェアまで引き抜いた。外国からはPSVのロナルト・クーマン、ユヴェントスのミカエル・ラウドルップを獲得し、一九九〇年にはCSKAソフィアの〝狂人〟フリスト・ストイチコフも呼び寄せた。クーマンは別として、当時こうした契約はどれも世界を揺るがすほどのものではなかったが、どの選手もクライフが築いた枠組みのなかで完璧に機能するようになった。寡黙で控えめなラウドルップが引退後に、クライフについて詳しく語っている。デンマークの新聞での発言によると、バルサを離れたのは結局「彼に耐えきれなくなった」からだが、それでもクライフは「本物のコーチだった。独創的なアイデアをもっていて、それを伝えることができた」という。クライフは選手がもっとも力を発揮できる位置を見抜く並はずれた眼力の持ち主だった。当の選手が思ってもみなかったポジションを指示したこともある。

着任後の第一週、クライフは予告なしに〝ミニ〟スタジアムに姿を見せた。そこはカンプ・ノウのすぐ先にあるユースとBチームの使用グラウンドである。ハーフタイム直前にダグアウトにはいると、ユースチームの監督を務めていたチャーリー・レシャックに、中盤の右サイドでプレイする痩せた若者の名前を訊ねた。「グアルディオラ——いいやつだよ」との返事が戻ってきたが、クライフはその意見を無視してレシャックに告げた。後半は中央に移して、ピボテとしてプレイさせよう、と。ピボテは慣れるのがむずかしく、当時のスペインでは採用するチームが少ないポジションだった。〝ペップ〟・グアルディオラはクライフの予想どおり、たちまち順応して、一九九〇年に一軍に上がるとドリームチームの真の支柱となる。

カタルーニャの中心部にあるサントペドル生まれのグアルディオラは、外国人勢とバスク勢のなかに地元の中心選手を求める声を満たす存在でもあった。バルセロナの戦力で唯一のカタルーニャ人だったわけではない。だが、重要な勝利のあとで旗に（文字どおり）身を包み、試合後のコメントをカタルーニャ語で伝え、カタルーニャ代表としての独立を求める請願書に署名し、カタルーニャ文学運動に参加して地域の学校の生徒たちにミケル・マルティ・イ・ポルの詩を読むよう勧めてまわったのは、グアルディオラだけだ。ピッチの外では、うっかり彼に近づく者がいるとクーマンやバケーロが怒鳴りつけた。グアルディオラは繊細な選手で、その見事な技芸は保護を必要としていたからだ。

クライフはストイチコフのことも正しく把握し、集中力のある強引なフロントマンの姿を彼に見出していた。その〝速さと抜け目のなさ〟は、クラブの主力ストライカーであるフリオ・サリナスにはとても望めないものだった。ストイチコフがその名を知らしめたのは、前年のブルガリア・カップ決勝後、優勝した相手チームの控え室に乗りこみ、選手たちが風呂場で浮かれ騒いでいるあいだにトロフィーを壁に叩きつけて粉々にしたときのことだ。これで彼は国を追われる羽目になった。

九〇年代前半の一時期、ストイチコフは誰にも止められないように思われた。ペナルティボックス内ではとてつもない速さと破壊力を発揮する。もっともそれは、主審に暴言を吐いたり、敵を蹴ったりして出場停止を食らっていないときの話だった。あるときなど、かんかんに怒ってカンプ・ノウのフィールドのまわりで哀れなウサギを追いまわしたことまである。アトレティコ・マドリードのファンがそのウサギをピッチに放したとき、ストイチコフは右ウィングから切れこんで左脚を後ろに引き、その夜三点めとなるゴールを決めようとしていた。ところが照明に目がくらんだウサギに前を横切られ、よろめいてしまう。その場の滑稽さに気づかなかったのは当のブルガリア人だけだったといっていい。

ときおりバルセロナのサッカーは計り知れない高みに到達した。スペインの誰もが、それこそサッカーにほとんど興味のない人までが、バルサが映るたびにテレビに貼りついていた――つまり、ほぼ毎週ということだ。歓喜に終わりはないかのようだった。ラウドルップとベギリスタインの以心伝心の妙、ゴイコエチェアの右サイドの突破、クーマンのシュート、グアルディオラの剃刀《かみそり》の切れ味をもつパス、ストイチコフの荒々しい骨太の魅力……。

観るぶんには楽しかったが、はたしてドリームチームだったのか？　守りができる選手はひとりもいなかった。守備というものを、クライフは敵を恐れる監督が劣等感から優先させるものと見ていたふしがある。バルサのリスクの高い戦術が支持を得て人々を感化したのは、スペクタクルを志向していたためだった。クライフの後任監督たちはこのチームがつくり出した期待の重さに向き合わざるをえない。それも単なる成功ではなく、勇ましさを求められる。ボビー・ロブソンの場合は、さいわいにもクライフ退任後のシーズンに若くはつらつとしたロナウドが暴れまくってくれた。だが、ルイス・ファン・ハールのより現実的なスタイルはつぎつぎにトロフィーを獲得したにもかかわらず、カタルーニャの人々は当初、抗議の白いハンカチに手を伸ばすことになった。

ドリームチームはばかばかしいほど運に恵まれてもいた。四連覇のうち後ろの三つは、どれもシーズン最終日にライバルが失態を演じてくれたおかげであって、チームの優秀さの成果とはいいがたい。二年連続でレアル・マドリードがテネリフェで試合を落とし、宿敵にタイトルを差し出してくれたのだ。一九九二年は2－0とリードしてハーフタイムを迎えながら、うまい具合に3－2で負けている。マルカ紙によると、ガルシア・デ・ロルカというわかりやすい名前をもつガリシア人レフェリーが「怪しい」とのことだった。変わったように見えてじつは、ということか。

つぎのシーズンも、バルサがタイトルを勝ち取ったというより、マドリードが失ったといったほうが近い。その晩、私はテネリフェ島サンタ・クルス郊外の殺伐とした工業地域にあるエリオドロ・ロドリゲス・スタジアムにいた。暑く風のない夜で、精油所から漂う刺激臭が満杯のスタジアムに立ちこめていた。マドリードが負けるのはピッチに入場したときから明らかだった。怖がっているように見えたのだ。その年のテネリフェは好チームだったし、島民のあからさまな敵意を首都の貴族たちはすぐに感じたのだろう。

翌日、バルサの物憂げな副会長、ジョアン・ガスパールは浅はかにもこう言ってのけた。テネリフェの2－0の勝利は、レアル・マドリードを倒してもらうためにバルサの理事が渡した金に対する見返りだ、と。だが、この試合の勝ち点3でテネリフェはUEFAカップ出場権を得ている――それだけで意欲は起きたにちがいない。結局、大混乱が巻き起こり、警察の捜査も噂されたが、法にふれることはしていないというヌニェスとガスパールの言い分に誤まりはなかった。こうして三連覇が達成された。

四つめの栄冠はさらに信じがたい状況下で勝ち取られ、その日はいまもスペイン・サッカーの共通の記憶に刻みこまれている。今回はデポルティボ・デ・ラ・コルーニャが初のリーグタイトルを獲得すると予想された。ガリシアのチームはシーズンを通じて首位を守り、バルサの猛追にもかかわらず、最後の日曜日が訪れたとき、〝デポル〟は勝ち点1差でリードを保っていたのだ。ホームゲームの相手はどう見ても平凡なバレンシアだったが、一方のバルサはホームに迎えたセビーリャを5－2で叩きのめした。雨がちな北西の地で、デポルティボは勝たなくてはならなかった。だが、なかなか打開策を見つけられない。そして迎えた八十九分、フランシスコ・カマラサがペナルティエリアに走りこんだガリシアのフルバック、ナンドを倒すと、主審はスポットを指さした。

セルビア人ディフェンダー、ミロスラフ・デュキッチが永遠の瞬間へと歩を進めたとき、この哀れな男はどこかほかのところに行きたがっているように見えた。いつもはベベットがペナルティキックを蹴るのだが、怖じ気づいて大役を辞退し、責任をチームメイトに押しつけたらしい。デュキッチが蹴ったボールは無残にもバレンシアのキーパーの腕のなかに転がっていき、タイトルはまたしてもバルサのものとなった。

バルセロナについて語るなら、そのサポーターたちにふれずに済ますわけにはいかない。彼らのサポーターは、クラブ会員、シーズンチケットホルダー、気が向いたときに観戦に訪れる人々、そしてペーニャに分類される。ペーニャはバルサによって一九四〇年代なかばに生み出されたもので、当時クラブは独裁政権の弾圧に遭い、苦境のなかで支援組織を――財政面でも精神面でも――必要としていた。元祖である〈ペーニャ・ソレラ〉は、一九四四年に元選手（サミティエルもそのひとり）と著名人たちによって社交クラブ兼サポータークラブとして設立されている。毎週、街の協力的なバーで会合を開き、社交活動や資金調達計画について話し合ったが、たいていの場合は気の合う仲間と楽しくすごしただけだったようだ。

現在、バルサは世界各地に千二百以上のペーニャを抱えており、この考え方はスペインじゅうのクラブに採用されている。この言葉をそのまま〝サポータークラブ〟と置き換えることはできない。各ペーニャはそれぞれ異なる名前をもっているし、設立の理由によって習慣も微妙にちがってくるからだ。この現象はスペイン独特のもので、やや未発達な試合プログラムとファンジン（ファン雑誌）の文化を補っている。いまではスペインの大きなクラブに所属するどの選手も自分の名にちなんだペーニャをもっていて、発足記念の夕食会に参加するのが普通だ。目当ての選手がクラブを離れても、メンバーが互いにうんざりするか医者に断酒を勧められるかするまで、ペーニャは存続することが多い。

バルサのペーニャの数は千の名前の由来があることを意味するが、そのうち部外者にわかるものはごく一部だ。〈ペーニャ0‐5〉は一九七四年のベルナベウにおけるバルサの最高の時間を呼び起こす挑発的な名称で、〈ペーニャ・ミヌト111〉はウェンブリーで行われたチャンピオンズカップ決勝対サンプドリア戦延長（百十一分）のクーマンの一撃を意味する。なかでも〈ジョルディ・クレ〉――守護聖人と、〝けつの穴〟というクラブの妙な愛称を組み合わせたもの――は、サッカー文化のなかでもっともおかしな名称の部類にはいるにちがいない。この名前は、より正確に訳すと〝尻で知られた者〟という意味で、かつてインドゥストリア通りにあったスタジアムの時代にさかのぼるものだ。最初に座席が設けられた場所は後ろの〝壁〟が鉄の桁でできていた。外からはずらりと並ぶ尻の列しか見えなかったという。

ペーニャはさっそくバルサのために重要な役割を果たすようになった。社交の中心を提供し、人々が集まって酒を酌み交わしながら、禁止されていたカタルーニャ語で話せるようにしただけではない。資金面でも力になった。一九五三年には、のちにカンプ・ノウ・スタジアムの建設へと発展するプランが、出資を誓ったペーニャの連合によって立案されている。四十年まえにアスレティック・ビルバオの会員たちがサン・マメスの建設に貢献したように。

ちがっていたのは、ペーニャの連合は裕福な地元住民のグループではなく、あらゆる社会階層のメンバーを含んでいたことだ。その後のスタジアムの建設によってバルサはかなりの部分をサポーターの手に委ねることとなり、いまではクラブの理事も公認のペーニャ連合の支援なしには行動を起こせなくなっている。スペインにはこうした奇妙な団体を百以上抱えるクラブがあるが、こんなクラブはほかにない。おもしろいのは、この結果、バルサが派手なロゴでシャツを汚すスポンサーを必要としない数少ないクラブのひとつになっていることだ。これはクラブのイメージを独立したものにしておきたい決意の証と見てまちがいない。

とりわけ悪名をはせるバルサのペーニャに、〈ボイショス・ノイス〉と名乗り、ブルドッグをロゴに用いるグループがある。設立されたのは一九八〇年代前半で、メンバーはスキンヘッドの妥協を知らないナショナリスト一派だ。もっとも、これは創設者たちの当初の意図からずれているように思えてならない。このグループは当然のように反マドリード的感情の中心として、〈ウルトラス・スル〉のならず者たちへの対抗勢力になっている。それだけにここで報告しておきたいのだが、もともとの発足会では〝クレイジー・ボーイズ〟という名称が提案され、ペーニャの定款に Boixos Nois と書き記されたのだった。翌日になって初めて、創設者のひとりが最初の単語の綴りをまちがえたことに気づいた。〝クレイジー〟を意味するカタルーニャ語は bojos だからだ。boixos はツゲの木を意味する。

こうして街でいちばん強面《こわもて》の若者たちが〝ツゲの木ボーイズ〟と呼ばれるようになった。創設者たちは緊急ミーティングで話し合った結果、まちがった綴りの名前のほうが最初の案よりもっとクレイジーだと判断し、そのままでいくことにしたのである。気をつけろ――ツゲの木ボーイズがやってくる。

5　ホワイトノイズ――マドリードとフランコの遺産

白い巨人

バルセロナといわれて思い浮かぶのは、都会、活気にあふれた雑踏、ラス・ランブラスなどの大通り。マドリードといわれたら、白だ。リーズの場合も同じことが起こる。このクラブは私の少年時代に大きく立ちはだかっていた。イングランドのリーズ――まるで病院、白くて無敵、えらそうな者ばかり。そしてレアル・マドリード、当時の運動場での発音でいうなら〝リール〟・マドリードは、負け知らずで、半世紀のあいだチャンピオンズカップを連覇してきた印象があって、たぶんリーズよりも強かった。私はごく幼いうちにこんな説を打ち立てた。真っ白のようなつまらない色を身につける図太さがあるなら、きっと成功するにちがいない、と。ライバル校のチームカラーが白で、彼らもやはり勝者だった。色がついていれば興味を引くけれど、それは負け犬のしるし――色のむらは、ひたむきさが足りないことを示すような気がした。実をいうと、一九六〇年代前半にドン・レヴィがリーズの監督に就任したときに、ユニフォームを青と金から白に変えたのだった。スペインの巨人にあやかってチームをつくろうとしたわけだ。

レアル・マドリードが負けると、私はいまだに少し落ち着かない気分になる。自然の秩序が試練を与えられ、大惨事がすぐそばまで来ているように思えてならない。レアルのサポーターたちも、敗戦後きまって不機嫌になるところから判断するに、きっと同じように感じるのだろう。スペインでもっとも成功しているクラブがつねに〝危機《クリーシス》〟の状態にある理由は、それで説明がつく。バルセロナが勝ったら、まちがいなく危機だ。レアルがリーグ二位でしかないとしたら、それも危機。監督はいつも危機のなかにいて、たとえ就任後二十四時間しかたっていないとしても、クラブの目標への献身ぶりや人格を問われる。レアルはチャンピオンズリーグ優勝に導いた監督（ユップ・ハインケス）を、それからたった四週間で解任したサッカー史上唯一のクラブだ。

当然のことながら、選手の控え室にもかならずといっていいほど危機がある。風呂の温度のせいではなく、買いかぶられた選手たちの不仲が噂されるからだ。そして何より、クラブのトップにもつねに危機がつきまとうことを忘れてはならない。レアル・マドリードの会長が財政上の不正を調査されずにいたのは、ずいぶん昔という気がする。これは首都のサッカークラブに特有の弱点のようだ。フリオ・イグレシアスのつぎに有名なスペイン人、ヘスス・ヒルは重大な帳簿の改竄《かいざん》を告発され、一九九九年後半にアトレティコ・マドリードの会長の座を一時的に退くことを余儀なくされた。変わり者の実業家、ルイス・マテオスは、マドリード〝第三のクラブ〟であるラーヨ・バリェカノの財政に関して非難の矢面に立たされ、妻に職を譲っている。

レアル・マドリードと敗北は相性がよくない。六〇年代に生まれて今日まで残っている歌に、この現象をからかうものがある。「アシ、アシ、アシ・ガナ・エル・マドリード」（こうして勝つのがマドリード）。これはとくにベルナベウの試合でレアルにペナルティを与えすぎるスペインの審判の傾向を歌ったものだ。一九七五年までは、この歌につぎのような明確な意味がこめられていた。たとえ買収されなかったとしても、審判はフランコのひいきチームに有利な笛を吹かなかったら、どうなるか恐れているのだ、と。独裁者が死んでからは、マドリードはいまもフランコの旗を掲げ、中央集権主義の高圧的なスペインの象徴でいることに満足していると暗示するようになった。これがどこまで真実なのかについては、バルセロナがどこまで別のスペインの〝旗艦〟であるのかについてと同様、多少の分析が必要だ。カタルーニャのクラブと同じで、レアル・マドリードの歴史も起伏に富んでいる。それを単なるファシズムと寵愛の物語として片づけるのは公平ではない――スペインの地域の苦闘というロマンスにあっさり心を奪われ、そうした考え方を押しつける書き手は数多くいるけれども。

アトレティコ・マドリードの役割も忘れられがちだが、このクラブには通り一遍の紹介以上の扱いをする価値がある。スペイン・リーグの通算成績で三位につけているのもさることながら、リーグ最初の二十五年間に獲得したタイトル数は、高名な近隣クラブよりも多いのだ。少なくとも、アルフレド・ディ・ステファノという男がやってきて、スペイン・サッカーの様相を一変させてしまうまでは。

政府のチーム

レアル・マドリードは左翼のクラブではない。そんな十把ひとからげの言い方をしたら、大勢の一般ファンを無視することになるだろう。だが、だからといって、この意見が不正確ということにはならない。ベルナベウ・スタジアムは、銀行、博物館、官庁が建ち並ぶ一等地のカステリャーナ通りに面している。各国のスタジアムに詳しい作家、サイモン・イングリスの言葉を借りれば、「そんな高い土地を誇れるサッカークラブはほかにない」チームがここでプレイすることは、〝国家組織の一部〟というレアルの地位を際立たせる。まるでウェンブリーが、高級ホテルが軒を連ねるパーク・レーンにあるようなものだ。なにも八万人の会員がみんな金持ちの反動主義者で、軍事政権の復活を夢見るアッパーミドルクラスだと言いたいのではない。それでも、興味深い人物が見つかることはある。

一九九九年後半、バスク人の同僚たちとグラナダでの会議から戻る途中、休憩をとろうとして荒涼たるグアダラマ山脈が広がるマドリード北部で車を停めた。道路沿いにあった陰気な感じの大きなカフェは空いており、われわれはコルタド（ミルクを少量入れたコーヒー）をバーで注文した。日曜の午後だったので、まえの晩には試合が行われていた。注目の一戦はサン・マメスでのバスク・ダービー、アスレティック・ビルバオ－レアル・ソシエダード戦。ところが、私はテレビや新聞を見る機会を逃していた。スポーツ専門の地元タブロイド紙、『アス』がバーの上に置いてあった。

ベルグエンサ！（屈辱！）との見出しに注意を引かれた。一面を開くと、なんとレアル・マドリードがホームでサラゴサに5－1で完敗したらしい。私は同僚にもスコアが見えるように新聞をもちあげた。ページをめくってバスクの結果を見ようとしたとき、バーの向こう端から険しい顔の老紳士――バーテンダーを別にすると店内にいた唯一の人物――が、その新聞を指さして毒づきはじめた。

「やつらはみんなオカマだ！」「フランコの時代ならこんなことは起こらなかった。絶対に！」

一九七五年以降、この言葉はスペイン中心部で何度も口にされたにちがいない。だが、この老人は聞き手に恵まれなかった。同意のうなずきを返す者がいないのにすぐ気づいて、老人は当然のようにこう訊いた。「おまえさんたちはバスク人か？」同僚たちが黙ってうなずくと、「それなら仲良く引き分けだ」と悪気はないとばかりに言い添えた。マドリレーニョだけが口に出せるおかしなコメントだ。バスクの同胞なのだから、アスレティックとレアル・ソシエダードのあいだに対立関係などあるはずがないと決めてかかっている。ふたつのクラブの違いなどどうでもいいと言いたげだが、彼にとってはたしかにそのとおりなのだろう。

車に戻ったとき、いまの場面はまるで二十世紀スペインの政治とスポーツをうまく捉えた寸劇だったなとの考えが浮かんだ。ほんの数秒のあいだに、軽く本一冊が書けるくらいの材料が詰まっていた。古き佳き時代を引き合いに出すことで、老人は政治上の信条をはっきり示し、地元にいるせいか向こう見ずな態度で、昔だったらサラゴサごときにしてやられることはなかったとの思いを伝えていた。列車が時間どおりに運行し、女性が女性らしく振る舞い、共産党員はベッドの下に隠れたままで、レアル・マドリードが大半の試合に、とりわけベルナベウでは勝っていたあのころだったら、と。

そうしたものが、その日行動をともにしていた同僚たちにさまざまな問題をもたらしたのはいうまでもない。彼らは善良な市民だが、かつては公の場で母国語を話すことができず、レアル・マドリードがペナルティをもらいすぎるといった状況への不満を伝えてくれる機関もなかったのだ。バーにいた老人は別の惑星の住人で、話しかけられた側とは考え方も意識もまるでちがっていた。英国だったら、あんな場面は起こらなかったはずだ。英国のスポーツ界にもそれなりに危険な地帯はあるが、グラスゴーを別にすれば、過去百年間にここまで一触即発の場面が生じたことがあるとは思えない。

レアル・マドリードは、一九〇二年三月創設と〝ビッグ3〟のなかでは登場したのがいちばん遅い。

ベルナベウのテラス席で言うときは声をひそめることをお勧めするが、初代会長はカタルーニャ人のフアン・パドロス・リウボ（Riubó）だった――〝ルビオ（Rubio）〟として知られるようになったが、このスペイン語表記は巧みに素性を隠している。彼は弟のカルロスとアルカラ通りで織物業を営んでいた。ある資料によれば、その店は婦人服のブティックで、〈気まぐれ《エル・カプリチョ》〉と呼ばれていたらしい。別の史料では織物説を採用し、店の名は〈魅力《エル・エンカント》〉であるとしている。兄弟はマドリレーニョ二世ではあったが、カタルーニャの出自がクラブの略史でふれられることはあまりない。

十九世紀末のマドリードには、フットボール・スカイという変わった名称のクラブがあった。これは一八九五年にインスティトゥシオン・リブレ・デ・エンセニャンサ（公開師範学校）の学生たちが設立したスポーツ娯楽団体で、彼らは一八九一年から一八九四年までオックスフォードやケンブリッジでともにすごした仲間だった。ルイス・ベルメヒリョという人物がチームと名称の発案者だが、むしろ重要なのは、書記と会計係を務めた友人がキンタ・デ・ラ・エンラハダ伯爵だったことだ。サッカーに親しんだオックスフォードの地から帰国してまもない彼は、馬主として競馬に携わる貴族の御曹司だった。そうしたつながりから、一九〇二年のスペイン初の公式大会は伯爵家が所有する首都の競馬場で行われたのである。

スカイの名は、公印をおされないうちに一九〇〇年に分裂が起こり、ニュー・フット‐ボール・クラブという（無理のない）名称に変更された。もっとも、フアン・パラシオスを会長としてエスパニョール・デ・マドリードという新チームが結成されたことに比べれば、これはさほど重要な話ではない。一九〇二年、アルフォンソ十三世の戴冠を記念したコロネーションカップが開催されたときには、パラシオスは自身が参加したチームをマドリードFCと名づけており、カタルーニャ人のファン・パドロスが初代会長に選出されていた。このあたりの事情は錯綜していて、エスパニョール・デ・マドリードも引きつづき存在し、一九〇九年と一九一〇年にカップで準優勝している。だが、あらゆる点から見て、マドリードFCこそ一九二〇年にアルフォンソ十三世から庇護を認められてレアル・マドリードとなった団体である。

記録本のたぐいは一九〇五年から一九〇八年までスペイン・サッカー史上初の連覇を遂げた黎明期のマドリードFCに好意的だが、初期の大会の実態を見るかぎり、あまり感心しないほうがよさそうだ。一九〇五年にマドリードで開かれた国王杯に集まったのは三チームだけで（マドリード、サン・セバスティアン、ビルバオ）、決勝でビルバオを1－0で破った地元チームが、クラブ会長のパドロスから金メダルを授与された。一九〇八年に参加したのは、マドリードとビーゴ・スポルティングのわずか二チームでしかない。

一九一二年には状況はいくぶん本格的になりつつあった。内戦後のレアル・マドリードの活動を牛耳るサンティアゴ・ベルナベウが、選手としてデビューしている。彼はクラブにとって事実上初のスタジアムの建設にみずから参加した――これがオドネル通りとナルバエス通りの角のごみ捨て場付近に建てられた小さなカンポ・オドネルである。約二百人収容の木製スタンドがあって周囲に柵が張りめぐらされたが、さほど高くなかったため、シュートがバーを越えるとボールはナルバエス通りを転がっていったという。そのころには四百五十人の会員を抱えていたし、国王や貴族と関連があるクラブにしては妙な話だが、まともなグラウンドを所有するのはようやく一九二四年になってからのことだった。それが伝説のチャマルティン・スタジアムで、こけら落としはFAカップ勝者のニューカッスルとの一戦。レアルが3‐2で勝利をおさめた。

建築家（元選手のカステル）が設計し、本物の職人が建設したこのグラウンドも、内戦中にあらかた消えてしまった。木製スタンドが燃料用に取り壊されたためだが、その跡地の周辺に、ベルナベウが遠慮がちに自身の名を付す現スタジアムが建つことになる。年配のマドリレーニョたちはいまでもチャマルティンと呼ぶことが多いが、これはたぶん近くに同名の地下鉄駅があるためで、聖ベルナベウを軽視しているからではない。

二年後、クラブはバスク人のホセ・マリア・ペーニャをアレナス・デ・ゲチョから獲得し、プロであることを〝宣言〟した。移籍金は六千ペセタ――現在の為替レートでは三十ポンドである。こうしてプロリーグの実現に備えておきながら、一九二九年の第一回リーグタイトルは惜しくもバルセロナにさらわれ、翌年も十チーム中の五位につけるのが精一杯だった。だが、のちのアルフレド・ディ・ステファノのケースのように、ここでもひとりの選手の到来が成功の時代を導く。一九三〇―三一年シーズンに向けて十五万ペセタという天文学的な額で獲得したリカルド・サモラが、キンコセス、シリアコ、六万ペセタで引き抜いたオリバレスとともに、翌シーズンに初の栄冠を首都にもたらした。一九三一―三二年、チームは無敗で、わずか十五ゴールしか許さず、さらにバルセロナのサミティエルとも契約して世間をにぎわした。内戦直前のレアルは三シーズン連続で二位以内にはいり、まずまずの成功と名声の時代を築いたのだった。

とはいえ、レアル・マドリードがスペインで（さらにはヨーロッパで）もっとも成功し、もっとも物議をかもすクラブとなったのは、もちろんフランコ時代のことだ。サポーターも敵対する人も反論するだろうが、レアルの成功にフランコが果たした役割は誇張されているのではないだろうか。クラブはいまだに〝フランコのお気に入り〟という厄介な呼ばれ方をする。まるで独裁者が晴れの舞台で白いシャツを（ファシストの黒シャツのかわりに）着たがったかのように。たしかにフランコはレアル・マドリードから利益を得たが、クラブが見返りに受け取った褒美はごくわずかだった。レアル・マドリードの覇権をフランコがめざした繁栄する中央集権型スペインのシンボルとみなしたい人は、このことを認めないだろう。だがサッカーはむしろ、そうした理想の実現にフランコが失敗したことを表すメタファーとしてふさわしい。フランコは広大な自宅にある数々の部屋にも話をわかってくれない人々にも当惑していたのだから。

フランコは効率のよい警察国家を運営したが、国を統一したと思いあがるほど愚かではなかった。総統と同じフランシスコという名をもつ従兄弟が『フランコとの密談』に書いている。一九五八年のカップ決勝でアスレティック・ビルバオが疲れの見えるマドリードを2－0で破ったあと、フランコはこう言ったらしい。バスク人の熱狂ぶりには「非常に感銘を受けた」、対戦カードの性質を思うと観衆は「驚くほど公平」だった、と。まるで、獅子に向き合うキリスト教徒の決意に感動したローマ皇帝のような口ぶりだ。なるほど、レアルがチャンピオンズカップ三連覇を成し遂げたばかりとあって、フランコには二十年まえにドイツ空軍の手で惨殺させた人々の子孫を大目に見る余裕があったのだろう。だが当時の状況を考えると、一九五八年の独裁者にはレアルの貢献に大いに満足するもっともな理由があった。

第二次世界大戦中の世に聞こえたスペインの〝中立〟は、かならず引用符つきで書かれるが、長期的には国にとって高くつく決断となった。フランコがヒトラーを暗に支持したために、スペインは戦後のマーシャル・プラン（欧州復興計画）の成果にありつけなかったのだ。一九五六年、レアル・マドリードがパリでスタッド・ド・ランスを破って第一回チャンピオンズカップを制したとき、スペインの経済はどん底にあり、地方の住民は深刻な貧困にあえいでいた。ところが一九六〇年の夏に事態は大きく好転しはじめる。多くの地域が繁栄らしきものに近づくのは、外国人観光客が押し寄せるようになってからのことだが、フランコはついに宗教団体オプス・デイの切れ者ふたりを経済の立て直しに着手させた。レアル・マドリードはグラスゴーでの圧勝で欧州五連覇を達成し、政権は一九五五年に比べてはるかに安泰と映るようになった。五五年当時は連合国の援助もなく、窮乏生活からくる国民の不安の徴候が現れはじめていたのだ。

レアル・マドリードの快進撃は退屈で厳しい現実を覆い隠し、国の大使の役目を果たした。フランコはこう考えていた。サッカーを使って困難な時代の世論を操作し、華麗な勝利者の国というイメージを外国に広めれば、国際社会への復帰を認められるだろう、と。ドリームチームならぬ政府《レジーム》のチームというわけだ。一九五五年にさかのぼると、コパ・ラティーナ優勝後にフランコは自身の活動の象徴である軛《くびき》と矢をかたどった帝国勲章をレアル・マドリードの全選手に与えている。翌年、すでに会長に就いていたサンティアゴ・ベルナベウは市民功労大十字章を、選手たちはさらに市民黄金章を授与された――それもチャンピオンズカップで優勝するまえに！　フランコは誰も知らないことを予知していたのかもしれない。

たしかにベルナベウはその大会の発足に尽力したのだから、独裁者の寵愛を受けなかったわけがない。五年後にはマドリードとスペインが、抑圧的な政治と財政難の国というより偉大なサッカークラブを有する国というイメージを喚起してくれただけに、なおさらである。サッカーによる国際社会へのイメージの投影にともない、スペインの商業と外交上の孤立は緩和された。一九五八年には米国とのあいだでスペイン国内への軍事基地設置が合意に達している。

フランコはガリシアのフェロルで生まれ育ったので、地元クラブのサポーターだったとしてもおかしくないのだが、元来ルーツはあまり振り返らないたちだった。カップ決勝にはかならず姿を見せ、レアルの試合もときおり観戦したものの、大のサッカーファンだったことを示す証拠はない。フランコ政権時代にクラブの広報部長を務めたライムンド・サポルタの回顧録によると、試合中はまったく感情を表さず、お気に入りの選手である俊足ウィンガーのフランシスコ・ヘントが得点しようが、ディ・ステファノに絶妙なクロスを送ろうが、身動きひとつしなかったという。何度か総統杯をバルセロナに授与する羽目になったが、これはきっと不愉快な仕事だったにちがいない――それでも、たいてい笑顔をつくっていたが。

政権の初期には、ファイナリストとなった両チームの選手たちは国歌吹奏時にファシスト式の敬礼を義務づけられていた。一九四〇年のエスパニョールとレアル・マドリードにとってはたいした問題ではなかったが、一九四二年のアスレティック・ビルバオとバルサにとってはたやすいことではなかっただろう。五十年代前半になると、フランコとその部下たちはマーシャル・プランにひるむまいと決意したにもかかわらず、イデオロギーの一致を公に示すために要求を緩和する。選手たちは試合まえに悪名高きスポーツ相、モスカルドと握手するだけですむようになった。

フランコが外国でのレアルの成功から利益を得たことに議論の余地はない。クラブがどんな見返りを受けたのかは、それよりもはるかにむずかしい問題だ。金銭にしろ不正な審判にしろ、はたして具体的な贈り物はレアルに差し出されたのだろうか――それとも、じつはカスティーリャの成功とカタルーニャの失敗を望む風潮が国を支配していたのか？　スペインのサッカーはひどく政治化が進んでいるため、地方の視点からこうした疑問に答えるのは不可能に近い。バスク人やカタルーニャ人に訊けば、〝法王はカトリックか？〟式に笑われるのが落ちだろう。だが、中立の第三者からすると、証拠はさほど明白ではない。まず、レアル・マドリードは一九三五年から一九五三年まで三つのカップを別にすると優勝に見放されていた。えこひいき説からすると受け入れがたい統計値だ。一九四三年のおびえるバルセロナに対する11－1の圧勝は、記録から消されて当然のものだろうが、そうしたあからさまな敵意が実際に効果をあげたり、マドリードがその種の分け前を取り戻したりすることはめったになかった。

本当に袖の下が使われているのだとすると、それは内戦中、サンティアゴ・ベルナベウの会長就任とともに確立された勢力の中枢に与えられるのだと思われる。選手としての輝かしい経歴はさておき、ベルナベウは内戦中に国家主義者への貢献をたたえられて勲章を授かり、カタルーニャ人の目に悪魔として映るようになった。一九六九年に「サッカーは国のために尽くしてきた」という有名なせりふを吐いたのはフランコではなく、ベルナベウなのだ。ここで彼はよく引き合いに出される説を暗示している。フランコ政権が長期化したのは、ほかでもない、長く苦しんできたスペイン国民がサッカーとそれにつきもののモルボにうつつを抜かしていたために、独裁者が思うままに権力をふるえたからなのだ、と。それは歴史上の不思議であると一部の評論家はいう。彼らの意見にあるとおり、スペイン人の気質は基本的に反権威主義的なはずだからだ。

ジミー・バーンズの『バルサ――人々の情熱』は本来、『バルサは善、マドリードは悪』という題名にすべきだったが、こうした有名な本も、不正な審判やマドリードを頂点に保つ計略といった従来の陰謀説をうのみにしている。敵を押さえつけることはできても、一掃することはできない。そう悟ったフランコが五〇年代にはじめたトリックにだまされているのだ。五〇年代のレアルとバルサ間で白熱したモルボが、カタルーニャ主義者たちにサッカーを通じて〝政治的な表現の場〟を得たとの幻想をもたらすことをフランコは承知していた。そのうえで、二週間ごとに独裁者に指を突き立てる機会を与えたのである。

レス・コルツやのちのカンプ・ノウに集まったクラブに忠実な人々にとって、彼らの〝旗艦〟が政治文化上の独立を表明する革命的な手段に思えたとしても無理はない。だが、独創的な勝利主義に浮かれるカタルーニャ人には思いもよらないほど、フランコは愉快に感じていたはずだ。体制に対するバルサの脅威とやらは、じつはたいした脅威ではなかった。牡牛は完全に去勢されていたのだ。もちろん、カタルーニャ人は見事に巻き返して経済の実権を握っているが、ファシストたちに本気で冷や汗をかかせたのは、七〇年代前半のＥＴＡ（バスク祖国と自由）の登場だった。フランコ時代を独裁者の死後も継続させる最後のチャンスをつぶしたのはＥＴＡであって、カンプ・ノウのテラス席から発せられた野次ではない。

ディ・ステファノをめぐる陰謀

弁護士の教育を受けたサンティアゴ・ベルナベウは、一九四四年にレアル・マドリードの会長に就任すると、さっそく経営部門の設置に取りかかった。これによってクラブは空前の高みに上っていく。当初はおおむね単独で行動していたが、その後、サポルタを広報部長に任命した。バスケットボールの世界では、粘り強い交渉人、各界の有力者たちの友人として鳴らしたサポルタは、まぎれもないクラブ史上の大事件、ディ・ステファノとの契約で欠かせない役割を担うこととなる。ベルナベウはさらにセビリアの医師、アントニオ・カルデロンも雇い入れた。表向きの職務はベルナベウの意見を選手や助手たちに伝えることだったが、実際の契約理由は過去にリーグの審判員を務め、アンダルシア・サッカー連盟の会長だったという経歴にある。カルデロンは政府のさまざまな将軍を抱きこみ、陰謀論者によると、審判協会という怪しげな世界の操り方を知っていたらしい。一方、サポルタは大物記者や国営のラジオ局に愛嬌を振りまき、同じく重要なマドリードの銀行界にも食いこんでいった。

ベルナベウは就任わずか一年後にチャマルティン・スタジアムの資金調達に乗り出した。カステリャーナ通りに面した五ヘクタールの一等地は安い買い物ではなかったが、当時のベルナベウはエステリオル銀行の取締役の飲み仲間になっており、のちの首相、アドルフォ・スアレスとも個人的な親交を築いていた。こうした関係のおかげで、土地の購入とスタジアム建設の費用は破格の条件で融資を受けられることになった。ベルナベウはみずから旧グラウンドを取り壊し、用地は司祭によって清められた。そしてレアルが二シーズンにわたってアトレティコのメトロポリタノ競技場に通ったのち、一九四七年に新スタジアムが落成する。バルサがカンプ・ノウで最初の試合を行う十年まえのことだった。一九五五年には、ベルナベウにちなんで命名される。

エステリオル銀行が有用ではなくなると、サポルタはクラブの財源をメルカンティル・エ・インドゥストリアル銀行に、つづいてポプラル銀行に移している。この銀行を経営するのは奇しくもカタルーニャ人の一族で、その中心人物であるドミンゴ・バルス・タベルネルはバルサの理事を務めていた。ひょっとしたら、サポルタは敵の買収もできると考えたのかもしれない。ベルナベウの広報担当はフランコにも王室にも、それこそあらゆる重要人物に接近した。なかでももっとも重要だったのが、一九五三年当時二十七歳のアルゼンチン人フォワードで、リバープレートからボゴタのミリョナリオスに移籍していた選手だった。地元の財界人が出資するこのコロンビアのクラブは、輸入した選手でドリームチームをつくり、国のイメージをあげると同時に、すでにかなりの額に上っていた預金高をさらに増やそうとしていた。

アルフレド・ディ・ステファノはその招集を受けた南米のスターのひとりで、一九五二年にスペインに遠征したチームの一員だった。ミリョナリオスがマドリードで親善試合を行ったとき、ベルナベウとサポルタはともに会場にいた。その夜、目にしたものにふたりはたちまち世界征服を夢見るようになる。巡業試合という緊迫感に欠ける場ではあったが、ディ・ステファノはふたりが見てきたどんな選手よりも数段上だった。あいにくバルサの〝チーフスカウト〟、サミティエルも会場におり、こうしてサッカー史上有数のスキャンダルがはじまった——例のごとく、それはどちらの色を身にまとうかによるのだが。

ボビー・チャールトンはディ・ステファノを、いままで見たなかで「もっとも頭のいい選手」と評した。これは最高の選手とは思わないということなのかもしれない。だが通常、ペレがその栄誉を授かるとしたら、ディ・ステファノはたいてい二番めに挙げられる。彼が残した記録は感動的だ。ディ・ステファノをリストのトップに置く当然の根拠になるだろう。カテナチオの何かと論議を呼ぶ主唱者、エレニオ・エレラも、ディ・ステファノこそ史上最高の選手と信じるひとりだった。サイモン・クーパーとのインタヴューでは、ペレはよく「オーケストラの第一ヴァイオリン奏者」になぞらえられるが、ディ・ステファノは「オーケストラそのもの」だったと語っている。

レアルでの十一シーズンで八つのリーグタイトルをもたらし、うち五シーズンはピチチ杯を獲得した。チャンピオンズカップでは五度の優勝と、四十九得点を記録している。スペイン・リーグの通算得点は二百二十八で、サラオナインディアとウーゴ・サンチェスにつぐ三位だが、そのふたりよりも試合数は少ない。カップ戦も含めると、レアル・マドリードでの総得点はじつに四百十八。さらにマドリードを離れたあとも、リーグで十九点を挙げている――もちろん所属チームはエスパニョール、盛りのすぎた名選手の得意先である。

これでもまだ大したことではないといいたげに、コロンビア時代に二百点以上、スペイン代表でも二十三点を決めている。これを上まわるのはエミリオ・ブトラゲーニョとイエロしかいない。ただし、ディ・ステファノの代表入りが認められたのは一九五七年なので、失われた四年間があったなら、そのリストでも首位に立ったにちがいない。全公式戦での総得点は八百を超え、一部では八百九十三点ともいわれる。スタンリー・マシューズを別にすれば、ディ・ステファノほど長期にわたって活躍した大選手はいない。ペレ、マラドーナ、クライフはいずれも早くピークを迎えたが、ディ・ステファノは四十歳まで華麗なショーをつづけた。

ところがワールドカップには、不運が重なったために一度も出場していない。一九五〇年と一九五四年はアルゼンチンが参加を見送った。理由のひとつは、ディ・ステファノらの選手が外国のリーグに流出し、代表を人目にふれさせることがはばかられたためだった。一九五八年は、本人はスペイン代表の資格を得ていたが、第二の祖国のほうが予選敗退で資格を満たせなかった。そして一九六二年は負傷。ディ・ステファノが一度でもその舞台で輝くチャンスを手にしていたら、ペレを世界最高とする通説も、もっと頻繁に異議を唱えられたかもしれない。

ペレと同じく、ディ・ステファノは本当の意味でのストライカーではなかった。だが、このアルゼンチン人を〝ミッドフィルダー〟と表現するのは、その見事な得点記録にさらに輝きを添えるつもりだとしても、誤解を招きかねない。実際にはあらゆることがあらゆる場所でできたし、ピッチ上のあるゾーンやひとつの役割にみずからとどまることはなかった。必要とあれば駆け戻ってディフェンスをし、深い位置に下がって中盤から前線にボールを送り、ワイドに開いたかと思うと、ペナルティボックス内でゴールを略奪する。彼を写したどのフィルムを見ても、ボールをもったときのスピードと乱れのないバランスがわかるし、頭と身体を直立させ、つぎの動きを計算しているのがうかがわれる。ディ・ステファノは頭でもどちらの足でも、ペナルティボックスのなかからでも外からでも得点できた。こんなことを言った者はいないが、たぶんゴールキーパーとしても水準を満たしていただろう。

あらゆる点で偉大な選手だったのはまちがいない。レアルが創立五十周年を祝ったその夜、ベルナベウで初めて彼を見た者がそれに気づかないわけがなかった。

その後のコロンビアからスペインへの移籍はじつに込み入った話なので、その細部の最たるものには、きわめて緻密な性格の歴史家でさえうんざりするだろう。それでも、フランコ政権が本当にレアルをえこひいきしたか否かという問題を解明できるなら、詳しく述べる甲斐はある。この場合は、たしかにその事実があったように思えてならない。

ディ・ステファノがベルナベウにとって、ジクソーパズルの全体像を明確にしてくれるピースだったのははっきりしている。その選手がバルセロナでクバラと同じチームになるとしたら（これはのちに代表で実現する）、フランコと共通するスペインの理想像を抱く男にとって悪夢のようなシナリオだ。ベルナベウが建設を指揮したスタジアムは、クラブの地位を高めると同時に、マドリードをスポーツと文化の両面における真の〃スペインの中心〃として確立する試みだった。効果はあった。十年後、バルセロナはさらに巨大なカンプ・ノウのヴェールを取ったが、そのときすでにレアル・マドリードは地球上で最高のチームになっていた。

バルサはディ・ステファノ獲得に向けて先手を打ち、リバープレートとの交渉役をカタルーニャ民族主義者の弁護士、ラモン・トリアス・ファルガスに任せた。政治上の経歴からいって適任で（医者である父親が内戦後に国外追放されていた）、南米に詳しい男だった。のちにトリアス・ファルガスが主張したところでは、当初の連絡でアルゼンチンのリバープレートからは好感触を得ていたが、その電話をマドリードの政府に盗聴されたという。

バルセロナはつづいてサミティエルを交渉の〝補佐〟として引き入れた。この動きが陰謀説を構築する最初の煉瓦となる。当時の写真から判断するに、サミティエルは労働者階級出身の痕跡をすでに振り払っていて、上品でハンサムなクラブの外交官という役回りを嬉々として演じ、ディ・ステファノの獲得を確保すべく申し分のないスーツ姿で南米に出張したようだ。それにこの商用は、まだ現役だった三〇年代、ガルデルが生きていたころのタンゴ仲間と旧交を温められることも意味していた。

サミティエルはカタルーニャ系コロンビア人の友人、ジョアン・ブスケツを引きこんだ。交渉を迅速にするためだとされているが、ブスケツはミリョナリオスのライバルであるサンタフェの理事を務めていたので、ディ・ステファノの所属チームの出資者たちと敵対していたものと思われる。ブスケツの用意した低額のオファーがミリョナリオスにはねつけられると、ディ・ステファノは荷物をまとめて家族とともにバルセロナへ旅立った。合意の条件としてミリョナリオスの了解を挙げていたリバープレートが、ブスケツのせいで合意を見合わせたのも当然だろう。そのうえ、ディ・ステファノはコロンビアのチームに五千ドルの借金があった。

結局、バルサの会長、マルティ・カレトがコロンビア人たちのなだめ役を引き受けることになった。トリアス・ファルガスによると、カレトは政府の手先で、移籍が合意に達することがないようにバルサの交渉人たちと南米人の敵対関係を保てと命令（もしくは脅迫）されていたようだ。たしかにカレトは小額を提示し、予想どおり断られている。そのころ、ディ・ステファノはバルセロナの一員として——あまり知られていない事実だが——コスタ・ブラバでふたつの親善試合に出場し、少なくとも表面上は、名誉カタルーニャ人になる務めに取り組んでいた。

陰謀説をいささか乱用しすぎかもしれないが、その二試合のディ・ステファノはひどい出来で、バルセロナは彼がクバラと並び立つ男なのか疑問を覚えたらしい。なかには、サミティエルがレアル・マドリードから裏金を得て〝二重スパイ〟となり、ディ・ステファノに手を抜くよう指示したという者もいる。サミティエルこそ、初期段階にカレトの助力を得て、ディ・ステファノをマドリードに渡す計略を進めた人物だからというわけだ。なかなか凝った筋書きではある。

交渉がつづけられるなか、レアル・マドリードのサポルタはひそかにバルセロナに足を運び、長いコートにサングラスという型どおりの格好で、ディ・ステファノと高級料理店をめぐり、きみの未来は首都にあると口説いたといわれる。サポルタ本人はこの件について肯定も否定もしなかったが、こうした説得が功を奏したことは考えられないでもない。選手として喝采を浴びたにもかかわらず、ディ・ステファノはチームメイトに愛される男だと評されたことがなかった。年をとった現在の彼はたしかに無愛想のようだし、若かりしころを憶えている人たちは、愚かな真似をする者を許さなかったと口をそろえる。事実、彼はリバープレートを見捨て、さらにコロンビアの雇い主にも同じことをし、借金を肩代わりしてくれるつぎのクラブに移っていった。結果はどうあれ、ディ・ステファノはつねに自分がいちばん得をすることを最優先させていたように映る。

バルサとマドリードはどちらも充分な報酬を支払えたが、マドリードの有利に働いた決定的要因は、政治的策略という以上に、つぎのようなサポルタの入れ知恵にあったようだ。すでにクバラがバルサの人気者に定着しているし、あの街はそれをふたりも抱えるほど大きくない――たぶん、そのとおりだったのだろう。この二選手はいつも仲がよく、のちにスペイン代表でともにプレイしたが、ディ・

ステファノはどう見てもチームを仕切らずにはいられない選手だった。残念ながら、クバラもまた。ファルガス、カレト、サミティエル間の意見の食い違いを、レアルは（焚きつけたのではないにしても）容赦なく利用した。サミティエルが四百万ペセタでリバープレートとの契約を済ませると、サポルタはミリョナリオスから百五十万ペセタでディ・ステファノを一九五四年まで保有する権利を買い取った。その年にはアルゼンチンに返す契約になっていたためである。こうしてサポルタはコロンビアの障壁を取り除いたわけだが、FIFA（国際サッカー連盟）はサミティエルによる契約を承認した。これを無効とするには、計略のほかの部分が失敗した場合に備えて、カタルーニャのチームによるディ・ステファノの公式のお披露目を阻止するしかなかった。モスカルドが実権を握るスペイン・サッカー連盟が外国人選手の獲得を禁止する規約を急遽可決したのは、とても偶然と思えない。

この対応が奏功した。カレトはマドリードに出向いてベルナベウと話し合いの場をもち、言外に負けを認め、ディ・ステファノを手放して移籍させることに同意した――それもユヴェントスへ！　ベルナベウも了解したとされるが、カレトがバルセロナの仕事場に戻るが早いか、モスカルド将軍が調停の電話をかけてきて、今後四年間バルサとレアルがディ・ステファノを一年ずつ交互に保有するという取り決めが結ばれた。一年めがレアル・マドリードとされたのはいうまでもない。

言論の自由を奪われていたはずのカタルーニャの報道機関がこの協定に猛反発し、指図に従ったカレトは辞任に追いこまれる。後任選挙は先送りされ、後を継いだ臨時理事会が協定を破棄し、ディ・ステファノをマドリードに明け渡す代わりに、リバープレートに支払った正規の保有権と同額の賠償金を求めた。総額五百五十万ペセタ、今日の為替相場で換算すると二万ポンドでレアル・マドリードは目当ての選手を手に入れ、二十世紀後半のスペインは真っ白に塗りつぶされることを運命づけられた。二週間後、ディ・ステファノの四得点で、レアル・マドリードはベルナベウ・スタジアムに迎えたバルサを5－0と粉砕する。その後のサミティエルとベルナベウ会長の親密な間柄は、後者がアスルグラナのすべてを嫌悪した証拠は数あるだけに、いかにも面倒な問題にちがいない。

もちろん、いくら偉大な選手でもひとりでは花開かない。一九五三年にはディ・ステファノに加えて、サンタンデールのフランシスコ・ヘントが契約した。五年後にフェレンツ・プスカシュが加入したとき、すでに〝レジームチーム〟はチャンピオンズカップ三連覇を遂げ、ディ・ステファノ到来後の五年間で四度のリーグチャンピオンに輝いていた。

〝ラ・ガレルナ（疾風）〟の異名をとるヘントは、サンタンデールのBチームでプレイする若手だったが、流感で選手が足りなくなったために、レアル・マドリード戦を控える一軍に昇格した。若者の出来はすばらしく、レアル・マドリードは三日後に彼と契約する。現在のマドリードとはちがって、すぐに奇跡を見せなくても荒野に放出されることはなく、最初のシーズンのヘントはときおり活躍する程度だったが、成長する時間を与えられた。ベルナベウの支援を得て、ヘントは翌シーズンに開花する。一九七一年まで現役をつづけ、カップウィナーズカップ決勝でチェルシーに敗れたのを最後に引退した。このあとレアルは十年間、ヨーロッパの決勝に進出していない。ヘントはいまでもスペインの地を踏んだ史上最速の選手と評価されている。正統派の左ウィンガーで、得点もできたが、もっぱらディ・ステファノへの供給源に徹していた。一九五五年から一九六六年にかけて、レアルが優勝した六回のチャンピオンズカップすべてに出場した選手はヘントしかいない。

三人組のもうひとりであるプスカシュは、一九五八年に三十一歳でマドリードと契約した。彼の存在が、キャリアの晩年も近いとされていた同年齢のディ・ステファノを復活させたのだろう。「小さな大砲」とプレスに名づけられたプスカシュも（ディ・ステファノは遠慮なく〝太鼓腹〟と呼んでいたが）、マドリードにやってきたのはサポルタの功績だった。一九五六年、ハンガリー動乱がソ連軍の残虐な弾圧に遭い、ヨーロッパと南米を転戦中だったプスカシュらホンヴェドの選手たちは、混乱のブダペストに戻るか否か決めかねていた。そんな折、一九五六年十一月の5－5で引き分けたマドリード選抜（プスカシュによると編成したのはフランコ夫人）との試合を、ベルナベウが観戦した。

ホンヴェドの選手のうち数人は説得されて帰国したが、プスカシュは誘いを断ってオーストリアに移籍し、やがてイタリアに落ち着いた。チームの成功をさらに拡大する可能性を感じたベルナベウは、意向を打診するためにふたりのハンガリー人をボローニャに送りこんだ。レアルの選手だったネメシュと、元ホンヴェド財務部長のエシュテライハーである。プスカシュは母国の新生ホンヴェドでプレイすることを拒否したため、ＵＥＦＡ（欧州サッカー連盟）からヨーロッパでの出場禁止処分を受けていた。その後の移籍が容易になったのは、買う側がレアルだったという事実によるところが大きい。サポルタがＵＥＦＡを訪れ、愛嬌を振りまいて（あるいは金銭を渡し）、出場停止を解除させたのだろう。プスカシュは契約を済ませ、一九五八－五九シーズンにデビューした。

ここでも数字がすべてを物語る。ディ・ステファノとすぐにプレイ上の関係を築いたばかりか、プスカシュは二百六十試合で二百四十ゴールを決めた――年のいったビール腹の選手にしては悪くない。同じフィールドに立って三カ月後、一九五九年一月のラス・パルマス戦ではふたりして暴れまくり、ともにハットトリックを達成して10－1の勝利を導いている。どうやら街は両雄が並び立つほど大きかったらしい。それはおそらく、プスカシュが温厚な人柄で、注目を浴びることより、驚異的なまでに正確かつ強力な左足でボールを蹴ることに関心があったからだろう。一方のバルセロナは彼との契約を検討もしなかったが、陰謀論者たちに言わせれば、そのつもりがあったとしても、UEFAの実力者たちに処分を解除させるほどの「エンチュフェ」（影響力――文字どおりには「プラグ」）はなかったということになる。

クバラとディ・ステファノはやがてエスパニョールでともにすごすが、クバラは監督、かたやディ・ステファノは三十七歳で選手としての晩年を迎えていた。ディ・ステファノのデビューは、レアル・マドリード戦となるように組まれた。プスカシュが健在のマドリードが勝ち、ディ・ステファノは得点できずに終わる。この試合にもモルボがなかったわけではない。ディ・ステファノはベルナベウから受けたテクニカルスタッフとしてのオファーを断り、失意のうちにマドリードを去っていた。もう一年プレイをつづけたかったからだが（金の問題だったとする者もいる）、この決断を受けてベルナベウは彼をクラブから締め出し、自分の目が黒いうちは戻ってくることを許さないと宣告したのである。

プスカシュはもっと平穏に現役をつづけ、一九六七年に四十歳で引退し、つぎの世代の選手たちに道を譲った。サンチス、ピリ、アマンシオ、セレナ、そしてもちろんヘントによる若きイエイエ・チームである。愛称のイエイエ――ビートルズの《シー・ラヴズ・ユー》の〝イェー、イェー〟から転じたもの――は、チームの若さを象徴することを意図していたが、現在ではきまって、ある十年間に結びつけられる。六〇年代はまさしくマドリレーニョに制圧された時代だった。一九六一年から一九七〇年までタイトルは首都にとどまったのだ――ベルナベウに八回、アトレティコのマンサナレスに二回。一九七一年にバレンシアが（ディ・ステファノ監督のもとで）それを断ち切るが、六〇年代にレアルがふたつの連続優勝、五連覇と三連覇を達成したことで、スペイン・サッカーは連覇《リーガ・コンセクティバ》のリーグという新たな強迫観念に取りつかれる。マドリードは八〇年代にも五連覇を遂げた。この支配の記録から、バルセロナが九〇年代のドリームチームによる四連覇をあれだけ重視する理由はわかるだろう。

グルセタ事件の真相

ともあれ、マドリードはこうして成功をつかんだ。世界に冠たる地位を得て、それを不朽のものとする計略が存在したと信じるか否かは、政治の壁のどちら側に身を置くかによるだろう。たしかにバルセロナは、公式にアスルグラナに身を包むはずだったディ・ステファノをだまし取られた。これがスペイン・サッカー史の重大な転換点になったのも当然である。とはいえ、ディ・ステファノはスペインで花開かない可能性もあった。サッカーの歴史は、向かうところ敵なしとなるはずが、その計画を実現できなかったチームに満ちている。マドリードはそれをやってのけた。二十世紀の後半は彼らのものだったといっていい。

一九六〇年から一九八五年までのリーグタイトル三つというバルサの冴えない記録も、審判に不利な判定を下されていた証拠として挙げられる。その間、六つの国内カップとふたつのＵＥＦＡカップ、ひとつのカップウィナーズカップを獲得したとはいえ、これもやはり本当に重要な栄冠からは遠ざけられていた証とされる。それはリーグ優勝、真の名声をもたらしてくれるヨーロッパ最大の大会へのパスポートだ。このことが単なるパラノイア以上のものであった形跡はある。例によって、異論もある状況証拠なのだが。

七〇年代、リーグの審判アントニオ・カマチョが、筋金入りのマドリディスタであるホセ・プラサが全国審判委員会の会長でいるかぎり、バルセロナはタイトルを獲れない、と発言して物議をかもした。このコメントが発表される二年まえには、スペイン・サッカーの鍵を握るもうひとつの事件が起きていた。あの忌まわしきグルセタ事件である。エミリオ・グルセタは若く経験の浅いサン・セバスティアン出身のバスク人審判だった。おそらく、一九七〇年のカップ準決勝第二レグ、カンプ・ノウでのバルセロナ－レアル・マドリード戦の主審に選ばれたのがいけなかったのだろう。両チームともリーグの優勝争いから脱落していたことで（一九五一年以降、どちらもトップ3にはいらなかった唯一の年）、この試合はいつも以上にモルボに彩られていた。

第一レグを2－0で勝ったレアルだったが、敵地バルセロナではレシャックのゴールで1－0とリードを奪われた。そして見るからに浮き足立っていた前半終了間際に、グルセタから疑惑のペナルティを与えられる。マノロ・ベラスケスが倒されたのはペナルティボックスの外に見えたが、現場の数十ヤード後方にいたグルセタは迷わずスポットを指さした。これが有名なアスント・グルセタ（グルセタ事件）の発端で、この生意気な若い審判はレアル・マドリードの手先からの誘惑に負けて買収されたのか否か、長く論争がつづけられることとなる。もちろんマドリードは得点し、決勝に進んでバレンシアを破るのだが、そのまえに暴動寸前のバルサ・ファンから非難を浴びないはずがなかった。

レシャックら数人の選手はペナルティの判定に怒ってピッチから引き揚げ、事態の険悪化を防ごうとするヴィク・バッキンガム監督に説得されてようやく持ち場に引き返した。

　終了二分まえに観客の一部がピッチに乱入し、グルセタとふたりの副審は恐れをなして控え室に逃げていった。残念な光景だった。とくに、バルセロナでの騒動はすべて政治的行為とみなしていた当局としては。グルセタは連盟から六試合の資格停止処分を受けたが、理由は判定の偏りではなく、試合をコントロールできなかったためだった。陰謀説によれば、マドリードが本当に買収したのだとすると、バスク人なら、アストゥリアスやアンダルシアなど伝統的に首都に同調しやすい地域の人間よりも怪しまれないと当てこんでいたということになる。グルセタはポレミコ・レフェリーと呼ばれるようになった。ポレミコとは、注目を浴びたがる者を指すスペイン語である。これに疑問の余地はないが、賄賂を受け取ったという説についてはいまだ決着を見ていない。

　ベラスケスに対するファウルの映像を見るかぎり、グルセタは三十ヤード離れていたが、その判定の半分は正しかったようだ。バルサのディフェンダー、ジョアキン・リフェのタックルはペナルティボックスのわずかに外で行われたように見える。ところが、マドリードのフォワードは昔ながらの流儀で身体を投げ出し、エリア内にたどり着く。リフェのタックルはおそらくファウルですらない。ボールにさわっているのだが、右脚の振りが大きすぎて、敵に反則だとアピールするチャンスを与えてしまう。もっとも、この場面は明快というには程遠く、グラウンドレベルならなおさらだし、マドリードでグルセタ用の袋に現金が詰められたかどうかはともかく、その夜のグルセタは重圧を感じていたにちがいない。少なくとも、この一件をめぐってバルセロナにわだかまる激しい義憤を正当化するほど明快でないのはたしかだ。

ある世代の人々にとって、グルセタの試合はマドリードが望めば審判も買収できることを示す明白な証拠となっている。二カ月後、グルセタはサン・セバスティアンでBMWの高級車を走らせていた。さらに、スペイン南部でスポーツシューズを製造販売する事業を起こしてもいる。こうしたことも買収されたという〝事実〟の根拠であるとされた。当時のリーグにそんな有形の財産をもてる審判はほかにいなかったからだ。だが、以上の証拠には説得力がない。グルセタの家系は運動選手やスポーツ関係者を輩出したことで名高いサン・セバスティアンの一族で、完全なミドルクラスだった。事業に手を出したり、BMWを買ったりするのが、それほどめずらしいこととは思えない。だいたい、袖の下をそこまで露骨につかうだろうか?

一九八七年、グルセタは自動車事故で命を落とした。パンプロナでのカップ戦、オサスナとレアル・マドリードの試合で審判を務めるために豪雨のなかを運転しているときの出来事だった。これで問題は終わったかに思われたが、七年後にもうひとひねりが加えられる。アンデルレヒトの会長コンスタン・ヴァンデン・ストックが、一九八四年のUEFAカップ準決勝第二レグ、対ノッティンガム・フォレスト戦で主審を買収したことを、仲介者となったベルギー人が認めたのだ。第一レグで2－0と先勝したフォレストが3－0で敗れたのだが、試合中にゴールを無効とされたうえ、妥当と思われるペナルティのアピールも二度にわたって却下された。一方、ベルギーのクラブはPKを与えられたのである。つけ加えるまでもなく、その主審がエミリオ・グルセタだった。

ヴァンデン・ストックによれば、グルセタは試合の翌日に百万ベルギー・フラン（一万五千ポンド）の〝融資〟を渡されたらしい。理由はクラブの役員に財政難をほのめかしたためということだった。買収があったのはまちがいのないところで、八百長試合に協力した仲介人たちがこの件を明るみに出したのは、クラブを恐喝していたからか（アンデルレヒトの言い分）、みずからの身の危険を感じはじめたからだと思われる。グルセタの死そのものをもっと入念に捜査すべきだったのではないかと、疑問を提起した者はいないようだが。

いったん詐欺師となったら、もうやめられないのか？　たしかなところを知る術《すべ》はない。私自身は、マドリードが誰かを買収した証拠はないと考えている。ただし、問題のバルセロナ－レアル戦で線審を務めた人物と偶然に出会ったことで、話はますます混乱することとなった。サン・セバスティアンのホテルの地下室でテレビ観戦をしているとき、思いがけず出くわしたのだ。あたりがいきなり停電し、闇のなかでわれわれは席から動けずにいた。前半のうちに一緒にいた友人が教えてくれたのだが、右側にいる騒々しい男は元審判で現在は仕立屋を営んでいるということだった。暗闇と静寂のなか、私は話しかけることを思い立ち、グルセタとは知り合いだったのかと、何気なく訊いてみた。

「ああ《シ》」ためらいがちな答え方だった。

「一九七〇年の事件をどう思います？」私はできるだけさりげなく訊ねた。

「私は旗を降ろしたままだった」男は答え、闇のなかでいわくありげに言葉を切った。

咳をする者がひとりふたりいた。上のロビーで一杯どうですかと訊くと、予想外の反応が返ってきた。

「きみはいったい何者だ？　雑誌の連中は話をしてくれたら何千も払うと言ってくるが、こっちは全部断ってきた。あれはもう過去の話だ。なぜ話さなくちゃならない?」

興味があっただけだと答えると、男が立ちあがって壁沿いに歩いていく気配がした。きっと飲みたいにちがいない。友人と私も反対側の壁際を手探りで進んでいくと、階段の上り口で痩せた白髪の小柄な男に追いついた。バーに上がると外の道路から車のライトが射し、男がすでにほろ酔い気味なのが見てとれた。私はビールをおごったが、つづく十分間、彼は巧妙に質問をはぐらかしたあげく、「グル」は友達だったし、死人に口なしだからと言って曖昧な態度を正当化した。

「あの夜はバルセロナの警察署ですごす羽目になった。保護してもらうためにね。お笑いぐさだったよ。われわれはスペイン一有名な三人組だった。グルはそんなものを望んでなかった。あいつは立派な審判になりたかっただけだ」

私はBMWのことを持ち出してみた。

「ああ、あれには少し驚いた。だが、いいか、私は何もしゃべってない。勝手に結論を出してもらってけっこうだ。それから言っとくが、私はつぎの週に車を買わなかった」男の声が大きくなってきたので、私はそれとなく暇乞いをした。いざ帰ろうとすると、男が小声でつぶやいた。「あいつはやられたんだ、わかるな? 何もしなかったのに」

その後、また安全ピンが欲しいという口実で何度仕立屋に立ち寄っても、彼はこのせりふを詳しく説明してくれない。それどころか、そんな話をした憶えはないと言い張る。あの晩の彼は酔っていたとしても、前後不覚には程遠かった。彼が言おうとしたのは、グルセタはアンデルレヒトの大物たちに消されたということだろうか? あの雨の夜、事故のあとにブレーキケーブルを調べた者はいるのだろうか？

この問題は未解決だが、個人的に究明したいわけではない。私が思うに、ベルギーの事件でグルセタが罪を犯したからといって、もうひとつの事件でも有罪とはかぎらないのではないか。だとしたら、バルサのようなビッグクラブは泣き言を並べるのをやめなくてはならない。偏ったというより、お粗末な判定に苦しみつづけている者がいるとすれば、それはスペイン・リーグのなかでも、審判たちが普段から受けている圧力に対処する力をもたない弱小クラブだろう。オリヴァー・ストーンにこの話を取りあげてもらって、その解釈を見せてもらうのがいいのかもしれない。

キンタ・デル・ブイトレ

たとえレアル・マドリードが審判の協力を得ていたのだとしても、それが一九七五年のフランコの死とその政権の速やかな解体とともに終わったのはまちがいない。七〇年代もけっして弱かったわけではなく、五つのリーグタイトルを獲得しているが、レアル・マドリードはもはや〝レジーム・チーム〟ではなかった。独裁者の死去後、レアルがかつてのような強力なイメージを新たに築くには、さらに十年近くかかっている。

一九八二年、ディ・ステファノが監督として復帰した。パリで行われたチャンピオンズカップ決勝で、アラン・ケネディのチップキックにより1－0でリヴァプールに敗れた翌年のことである。ディ・ステファノは一九八四年に退任したが、そのまえに次代の重要な若手選手のグループを一軍に昇格させている。それがあの有名な「キンタ・デル・ブイトレ」だった。この一風変わった呼び名は、数々の呼称のなかでもっとも知れ渡ったもののひとつで、スペイン人はこうした言い回しを使ってある時代のエッセンスを捉えるのを好むが、それはとくにサッカーの世界で著しい。キンタの時代と重なるのはマドリディスモ（レアル・マドリード主義）の発展、五〇年代の黄金時代《エポカ・ドラダ》と六〇年代のイエイエ・チームと調和する現代の伝説だった。キンタはしかるべき時に出現し、現在エル・モビミエント（運動）と呼ばれる時代を補完することで、マドリードをスペインの中心の座に復帰させた。エル・モビミエントとは、音楽と文化のダイナミズムが（一時的に）人々の注目をバルセロナから首都に引き戻した時代である。マドリードに自信を回復させたために、キンタという呼び名はレアル・サポーターにとって不思議な力をもつにいたっている。

ラ・キンタ・デル・ブイトレは「禿鷹の部隊」と訳されるが、これには若干の説明が必要だろう。ここでいう禿鷹とはエミリオ・ブトラゲーニョ、同じく崇められるラウルが九〇年代なかばに引き継ぐまでのレアルのセンターフォワードのことだ。「キンタ」という言葉は軍事用語からきていて、本来は招集兵の部隊を指している。これは新兵の年に組まれる班で、のちのちまで親交がつづけられることが多い。サッカーの場合、この言葉はマドリードがついに生え抜きによる偉大な時代を迎えられるという重要な事実を意味していた。キンタを構成する五人はいずれもリザーブチームであるカスティーリャからの昇格組で、ミゲル・パルデサ――五人のなかでいちばん目立たない選手――を別にすると、全員マドリレーニョだったからだ。ヨーロッパで連覇を遂げたチームはいまでも畏敬の対象だが、天下に轟いた名前は外国人のもの――ディ・ステファノ、プスカシュ、ジジ、レイモン・コパ、サンタマリア――であるし、デル・ソルもヘントもマドリードの出ではなかった。

最初に招集を受けたふたりは、ディフェンダーのマヌエル・サンチスとミッドフィルダーのマルティン・バスケスで、それは一九八四年のムルシアでのアウェー戦のことだった。ジョン・トシャックは一九九一年、クラブの監督としての最初の任期の最終日に、サンチスのことを「不運にも出会ってしまった最悪の人物」と発言し、スタジアムの控え室や会長室の廊下やスペイン代表でキンタが不動のものとしていた権力を痛烈に批判する。あいにく、一九九九年にトシャックが復帰したときにもサンチスは健在で、肥大したエゴの集団をまとめられる厳しい男を求めた会長によってトルコから呼び戻されたのである。

三番めにお目見えしたのはウエルバ出身のパルデサだったが、四人めのブトラゲーニョこそ、その名をグループに与え、当然のごとくマドリードの万神殿に座を占めるようになった選手である。一九八四年二月、カディスでのアウェイ戦でディ・ステファノに送り出されたとき、レアルは2－1でリードを奪われていた。十分後には逆転して3－2にするが、どちらの得点もブトラゲーニョの足がもたらしたものだった。ベンチから見つめるカルロス・サンティリャナは、みずからの輝かしい経歴が終わりに近づいたと悟ったにちがいない。ブトラゲーニョはさっそく、アトレティコから獲得した派手なメキシコ人、ウーゴ・サンチェスと爆発力のある関係を築いた。そのおかげもあって一九八六年夏にマドリードはタイトルを奪回する。そのころにはキンタの最後のメンバーも一軍に定着していた——ホセ・ゴンサレス、右サイドの攻撃的ミッドフィルダーで、またの名をミチェルという。

現在、スペインの国営TVE1の名解説者であるミチェルは、当初からグループ一の問題児となる運命にあった。一九八四年、仲間たちが一軍に上がっていく一方、カスティーリャで汗を流しつづけるほかなかった彼は、ある朝、練習場の外でディ・ステファノに面と向かい、自分がまだ控えチームにいる理由を問いただしたという。現役時代でさえ無礼な真似を軽く受け流さなかったディ・ステファノは、こう答えた。「タマを抜いたら使ってやろう」だが、チームが新監督を迎えた一九八五年にミチェルは一軍に昇格し、クラブと代表の両方で際立ったキャリアを歩んでいった。

一九九二年、代表監督に就任したハビエル・クレメンテが最初に着手した計画は明らかにキンタの解体だったが、これは彼らがもはや代表レベルにないと思ったからではない。その影響力を抑え、チームを彼らのイメージに合わせるのではなく、自分の思い描くものにしたいがためだった。ミチェルは聡明で弁の立つ典型的なリーダーで、けっしてクレメンテを許さず、九〇年代後半の大半を安全な放送席から代表監督の戦術を批判することに費やした。それもまた伝説のひとつとなっている。

ブトラゲーニョその人は、プロとしてはひどく変わった風貌の選手で、ピーター・パン風のあどけない顔や金髪の巻き毛、ほっそりした体格が容赦ないストライカーというより天使のような小中学生を思わせた。だが、こと得点に関するかぎり、彼はたしかに容赦なかった。虫も殺さず、警告を受けることもめったになかった彼の能力は、敵を蹴散らすのではなく、フィジカルコンタクトを避けることで成立するものだった。〝ワンタッチ・アンド・ゴー〟の名手で、巧妙にいったん消えることでサポート役のミッドフィルダーを攻撃に参加させ、そのあとエリア内のスペースに出没し、たいがいぱっとしないゴールを決める。短いチップキックや、軽くはたいたりインサイドで合わせるなど、あえて抑えた技がトレードマークだった。

代表では、一九八六年のワールドカップ・メキシコ大会でデンマークを相手に決めた四ゴールが何より思い出深い。このときスペインは優勝も夢ではないと思われたチームを5－1で叩きのめした。ブトラゲーニョは凶器と化し、デンマークのまとまりを欠くバックラインを幾度となく苦しめた。スペイン代表としての得点記録はいまもリストの筆頭を占めている。二十六ゴールはイエロを一点上まわり、ディ・ステファノより三点、キンタの仲間であるミチェルより五点多い（二〇〇一年六月二日のボスニア・ヘルツェゴヴィナ戦でイエロが二十七点めを決め、代表の最多得点記録を更新した）。

　キンタとウーゴ・サンチェスを擁するマドリードは一九八六年から一九九〇年まで五年連続でリーグタイトルを獲得する。その後バルセロナのドリームチームに阻まれたが、五連覇の最後のシーズンにトシャック監督率いるレアルは新記録となる百七得点を挙げ、サンチェスは一シーズン三十八得点というサラの記録に並んだ。サンチェスとミチェルの対立という噂がしきりにささやかれていただけに、この成功はなおさら注目に値する。ミチェルはサンチェスの貪欲さやあまりに挑発的な言動を非難していたらしい――ミチェルがそう言ったというのがおもしろい。アルマーニのスーツの下には過激なまでのマドリディスタが潜んでいたのだ。

　結局キンタがトシャックを追い出し、サンチェスなど、気に入らない者を処分したのだというゴシップはいまも絶えない。フィールド上で見せるブトラゲーニョの紳士的な振る舞いと童顔の下には、執念深さと陰険さが隠れていたと言う者もいる。ミチェルの辛辣なウィットとサンチスの新入りに対するいやがらせもあって、三人は控え室からクラブを運営しているといわれた。たしかに、チェーンスモーカーの会長、ラモン・メンドーサは彼らに夢中だった。キンタの登場と同じ一九八五年に就任したメンドーサは、彼らに感謝することが山ほどあったのだ。一九九四年、メンドーサは負債の疑惑とみずからの煙草の煙幕に包まれてクラブをあとにする。このときキンタの生き残りはミチェルとサンチスのふたりだけになっていた。一九九八年と二〇〇〇年についに欧州チャンピオンのカップを奪還しても、その喜び方は不思議なほど控えめだった。ベルナベウのファンに念願のトロフィーだけでなく、まぎれもないマドリディスタ精神をもたらす新しい世代をレアルはいまだに育てていない。

アトレティコの矛盾

マドリードの一チームはつねに愛国心の旗振りになる気配を見せていた――それが首都に存在する眼目として映るほどに。だが、もちろんこの都市にあるのはレアルだけではない。頑固な労働者階級の多い南の郊外、バリェカスにあるラーヨ・バリェカノは、降格と昇格をくり返すヨーヨー・クラブだが、一九九九―二〇〇〇年シーズン序盤の四週間は一部リーグの首位を走るなど、現在は至福の時をおくっている。拡張をつづける郊外にはほかに、ヘタフェとレガネスの二チームがあって、たいていセグンダAの暗い廊下でくすぶっているが、わけあってBのカテゴリーに落ちることも少なくない。最大の理由は、まともなプレイの兆しが現れると、街の反対側からスカウトがやってきてタレントを連れ去っていくからだ。

こうした状況はいまや制度化されたも同然となっている。郊外のチームはしばしば主要チームのカンテラの一部とみなされ、日陰の存在にとどまることで毎年謝礼を受け取ることも多い。以前、レアル・マドリードの正規のBチームは独自の名称――カスティーリャ――をもっていたが、やがて連盟はそのまぎらわしさが厄介な前例になりかねないと判断した。Bチームがセグンダ Aで優勝しても、一部リーグには当然兄貴分がいるはずなので、昇格はできない。だが、〝マドリードB〟とか〝バレンシアB〟ではなく、別な名前で呼ばれていたら、控えチームと独立したチームの境界線が曖昧になるおそれがある。連盟が事態の改善を決めたのは、一九八〇年国王杯決勝のめずらしいケースのあとのことだった。

カスティーリャが決勝に進出し、レアル・マドリードと当然のことながらホームで対戦することとなったのだ。ローリー・カニンガムらの先輩チームが6－1で勝利をおさめたが、リーグも制覇してチャンピオンズカップ出場を決めていたため、翌シーズンは子羊たちがカップウィナーズカップへの探検に乗り出すべく、ヨーロッパに解き放たれた。ウェストハム・ファンなら、若者たちにマドリードで3－1と先勝されたことを憶えているだろう。ただし、第二レグ（ロンドンのチームが5－1で勝利）はさほど記憶にないかもしれない。アプトン・パークの試合は非公開で行われた。ベルナベウに遠征したハマーズ・ファンの素行が悪かったためである。

序列のはるか上方には、つねにレアルより一、二歩後れをとるかたちでアトレティコ・マドリードがいる。二〇〇〇年春、コルチョネロス（マットレスメーカーズの意の愛称）はクラブ史上最悪のスキャンダルをどうにか乗り越えようとしていた。ヘスス・ヒル会長の逮捕である。金銭がらみの犯罪のためだが、その最たるものが、自身が所有するクラブへの公金流用だった。いかにヒルとはいえ、よくもそんな大それた真似ができたものだ。選手たちも未申告の収入の有無を調査されたが、その一方では一九九八年にアトレティコのビセンテ・カルデロン・スタジアムの外で起きたネオナチ・グループ〈バスティオン〉のメンバーによるレアル・ソシエダード・ファン刺殺事件が、マドリードの裁判所で引きつづき審理されていた。大荒れのシーズンの終わりには、一九三〇年代以来の二部降格が決まる。六〇年代のアトレティコの偉大な英雄、ルイス・アラゴネスが監督を務めるオビエドに2-2と引き分けた時点で残留の可能性は失われた。一九〇三年のクラブ創設当時とは、ずいぶん隔たりがあるように思えてならない。

市内で学ぶ三人のバスク人、ゴルタサル、アストルチャ、アブドンにより、アスレティック・クラブ・デ・マドリードとして設立されたチームは、当初、故郷を懐かしむアスレティック・ビルバオ・ファンの社交クラブだった。バスクにルーツをもつために、アトレティコはつねに、少なくとも人気とイメージの点でレアルの引き立て役を演じるようになる。一九〇三年、若者たちはアルカラ通りのカフェ、〈ラ・メゾン・ドレ〉に集まり、故郷のチームの勢力拡大を決議して、クラブ創立の定款をアスレティック・ビルバオと同じ文面で作成した。

ビルバオは公式の創設からすでに五年が経過しており、三人の若者は当初、クラブの設立を本家に対する支部とみなしていた。たぶん、文字どおりもうひとつの〝アスレティック〟を立ちあげられると考えたのだろう。翌年、マドリードFCの反主流派が参加し、ようやくクラブは軌道に乗りはじめる。身につけるシャツはビルバオと同じ青と白の縦縞だったが、一九一一年におなじみの赤と白に変更した。これについてはビルバオが一九一四年に追随しているので、当時すでにマドリードの支部は独立したアイデンティティをもっていたことがわかる。同じ世紀の変わり目に、クラブのファン数人がバスク人サポーター殺害事件の被告席に着くとは残念な皮肉だ。その名称をたどれば、ルーツは明らかだっただけに。

アトレティコ・マドリードはスペインでもっとも複雑かつ矛盾をはらんだクラブのひとつだ。国内リーグの通算成績は三位で、九つのリーグタイトルと九つのカップを獲得し、さらにチャンピオンズカップ決勝進出（一九七四年）とカップウィナーズカップ優勝の実績がある。にもかかわらず、どういうわけかいつもわきに追いやられ、本流から離れて、マンサナレス川のガス工場に近い汚染された岸辺に寄せられているような印象を受ける。彼らのサポーターたちは、スポルティング・ヒホンと並んでスペイン一恐れられているし、ビセンテ・カルデロンは刺殺事件が起きるまえからビジターにとって親しみやすい場所ではなかった。ウルトラと呼ばれるふたつのグループ、〈フレンテ・アトレティコ〉と〈バスティオン〉は互いに覇権を争っていて、レアル・マドリードの有名なウルトラス・スルなど軽蔑にも値しないとみなしている。とくにバスティオンはよそ者を嫌悪する傾向が強い。

このクラブにはどこかみすぼらしくて感じのよくないところがある。これといって特定はできないのだが、それがあるのはまちがいない。一九七〇年代のミルウォールのように、アトレティコは進んで嫌われようとする。しかもそれで成功しているのだ。アンダルシアのマルベリャ市長であり、みずからの名を付した政党GIL（独立自由主義者の略というのが笑わせる）の党首を務めるヘスス・ヒルは、〝街はずれの不良〟風イメージを最大限に利用した。彼はしきりに主張していた。世間はアトレティコの敵だ、負け試合はどれも自分の政党に対する政治的陰謀で、審判協会がサッカー連盟と結託して企てたもの、連盟のメンバーはみんなアカで、マルベリャでの天敵PSOE（スペイン社会労働党）の党員だ、と。

ヒルの在任中、チームはシャツの胸に〝マルベリャ〟の文字をつけていた。不思議な光景だったが、クラブがアイデンティティの危機に悩まされたのはこれが初めてではない。アトレティコという名称になったのは一九四七年以降のことで、それまではアスレティック・クラブ・デ・マドリード、またはアトレティコ・アビアシオンと呼ばれていた。二〇年代には国王杯決勝に二度進出し（ともに敗れる）、一九二八年の第一回リーグにも参加したが、翌シーズンは最下位に終わった。一九三四年にいったん復帰するも、一九三六年に降格。監督はどこにでも顔を出すサミティエルだった。ところが内戦のおかげで難を逃れ、一九三九年のリーグ再開時には、紛争によりグラウンドが全壊したオビエドに代わって選ばれている。

もっとも、〝彼ら〟はこのときアトレティコ・アビアシオンと呼ばれていた。アスレティックの主力八人が戦死したため、理事会はフランシスコ・サラマンカ大佐を説得し、空軍《アビアシオン》の精鋭チームとアスレティック・クラブの生き残りを合併してアスレティック・アビアシオンと改称した。数カ月後、これはフランコの命令によりアトレティコ・アビアシオンと変更される。外国語の名前をつけることは許されないためだった。選手の多くはカナリア諸島出身だったが、彼らが好チームだったのはそれが理由というわけではない。いずれにしても、ここにきてクラブはスペイン語の名称をもち、アビアシオンの選手が編入したことでバスクのルーツとのつながりは断たれたのだった。

彼らはたしかに飛翔した。二部でプレイしているはずのチームを上位陣は甘く見たのか、アトレティコは内戦後一年めの一九三九―四〇年シーズンに優勝を遂げた。この成功にも飽き足らず、翌シーズンにふたたび同じ芸当をやってのけ、六位に終わったチャマルティンの高名なライバルを勝ち点9の差で上まわる。二度の優勝に導いた監督はなんとリカルド・サモラ、監督としての滑り出しはゴールキーパー時代の初期と同じく実りあるものとなった。サモラは一九五二年にスペイン代表も指揮するが、これはわずか七日間にとどまっている。

第二次世界大戦後、クラブは名前から軍隊用語をはずすことにし、ようやく一九四七年にアトレティコ・マドリードという現在の名称に落ち着いた。この年、メトロポリタノでレアル・マドリード相手に演じた5－0の圧勝は、いまのところライバルに対する最大の勝利となっている――この年はレアルが降格に近づいた唯一のシーズンでもあった。一九五〇年と一九五一年にタイトルを奪回したとき、アトレティコはスペイン・リーグ初の黒人選手のひとり、技巧的なモロッコ人のベン・バレクを獲得していた。監督を務めたのはアルゼンチン人のエレニオ・エレラで、彼はのちにバルセロナで名声と財産を勝ち取り、インテルでカテナチオを広めることになる。

エレラが去った直後、ディ・ステファノのレアル・マドリードに覇権を握られ、アトレティコは下降気味になる。それでもどうにか踏みとどまり、レアルとバルセロナを取り巻く華やかさと喧騒のなかで奮闘して、スペイン〝第三のチーム〟を名乗るにふさわしい実績を残した。ビルバオはこれに異議を唱えるかもしれない。だが一九五一年から一九六五年までの白く塗りつぶされた時代に、アトレティコは四度リーグの二位に食いこみ、カップ優勝は三回、さらに二回のカップ準優勝がある。

モルボの焦点がバルセロナからはずれて首都に集中した三年間もあった。一九五九年にはマドリードの両チームがチャンピオンズカップの準決勝で相まみえている。アトレティコはあの名高い連覇を断ち切らんかの勢いを見せ、メトロポリタノで1－0の勝利を挙げた。ただし、ベルナベウでの第一レグは2－1と先勝されており、サラトガでの再試合もレアルが2－1で勝っている。一九六〇年には、チャマルティンでのカップ決勝がやはりマドリードのフィエスタとなった。首都の二クラブが対戦する初の決勝である——どちらも準決勝では8-0の勝利をおさめていた。プスカシュの得点でレアルが先制するも、ヘントがイサシオ・カリェハに削られ、足を引きずる羽目になる。アトレティコはゲームを支配し、3-1のスコアで前年に負った傷を癒した。翌シーズンも両者が対戦し、プスカシュとディ・ステファノにやむなくゴールを奪われながらも、アトレティコが今度は3-2で勝利している。

アトレティコはそのまま走りつづけ、一九六二年にはついにヨーロッパのトロフィーを獲得する。二回戦でレスター・シティを下して進出したカップウィナーズカップ決勝、シュトゥットガルトでの再試合でフィオレンティーナを3-0で破ったのだ。アトレティコとしては、最良の三年間が近隣クラブの輝かしい最盛期と重なっていたことが惜しまれる。アトレティコが恨みを抱きはじめた理由はこのあたりにあるのだろう。ふたつのクラブが張り合っていたのはたしかだが、マドリードとカタルーニャ間でたぎっていた対抗心ほどあからさまなものではなかった。レアル・マドリードは哀れな隣人に対する余計なモルボに深入りしないことを選んだのだろうか。ひとつにはすべてのモルボをバルサ用にとっておくために、ひとつには無関心のために。アトレティコを無視することで、レアルは競争などないことをにおわせた。アトレティコはその手口に引っかかり、侮辱を埋め合わせるためにいっそう荒々しさを帯びるようになる。

一九七四年、クラブ史上初のチャンピオンズカップ決勝に進出したとき、監督を務めていたのはやはりアルゼンチン人のファン・カルロス・ロレンソだった。六〇年代にイタリアのラツィオやローマ、アルゼンチン代表を指揮した彼は、コリンシアンズ（フェアプレイの代名詞となったイングランドの名門アマチーム）の信奉者だったとはいいがたい。グラスゴーでの準決勝対セルティック戦、トルコ人の主審に三人の選手を退場させられながら、アトレティコは0－0のドローにこぎつけた。決勝の会場はブリュッセル、相手はゼップ・マイヤー、パウル・ブライトナー、フランツ・ベッケンバウアー、ゲルト・ミュラーを擁するバイエルン・ミュンヘンだった。ルイス・アラゴネスが延長にはいって先制したが、ゲオルグ・シュヴァルツェンベックに度肝を抜く二十五ヤードの同点弾を終了三十秒まえに決められる。再試合ではバイエルンに4－0と完敗し、アトレティコの目の前で夢は消えていった。

最近ではリーグと国王杯の二冠を達成した翌年の一九九七年にも準々決勝に進出したが、接戦の末、アヤックスに敗れた。もっとも、このチームでさえスペインではまるで人気がなかったし、前年のダブル達成についてもキッキングによるものという意見が多い。ディエゴ・シメオネが中盤で牙をむき、センターバックのファン・マヌエル・ロペスがクラブ加入後の六十五試合で四十四枚のイエローカードを頂戴したことが、非難を裏づける証拠なのだろう。ヒル会長はもちろんまったく取り合わず、熱烈な演説を行ったのち、酔っ払ってマドリードのシベレスの噴水に倒れこんだ。そこは首都のリーグチャンピオンを祝して人々が集まる伝統の広場である。

新世紀のアトレティコとレアル・マドリードの命運が、前世紀初頭にはゆかりのなかった財政上のファクターしだいとなるのはまちがいない。ふたつのクラブはもうすぐ百周年を祝うことになるが、百年にわたるマドリディスモが混乱と勝利に揺れてきたことを考えるなら、興味をそそる存在にならなくてはならない。バルセロナのケースと同じく、スペインの歴史はここでつくられた――死、独裁政権、財務スキャンダル、そしてサッカー。つぎの百年間、彼らは混乱を抑え気味にして勝利を増やそうとするだろう。お手並み拝見といきたい。

6 五台のタクシー──セビリアの健全なライバル関係

モルボ漂う街

カンディドはベティス・ファンだ。そのせいか、サンチェス・ピスファアンに連れていってくれと頼むと、ごくかすかに眉をひそめる。そこは地元のライバル、セビーリャのグラウンドなのだ。「タクシー運転手の務めだよ」と彼はにこやかに言う。「どのみち、うちの子供はみんなセビリスタだから、何の問題もない。お客さんからふんだくる気もなけりゃ、子供たちを家から追い出してもいないさ──いまのところは」

カンディドは、レアル・ベティス‐セビーリャFC間のモルボという複雑な話題について私が会話をしたふたりめの人物だ。セビリアの街に来てまだ二時間しかたっていないことを考えると、幸先がいい。しかも彼は私が思い描いていた典型的なベティス・ファン像と一致する──ワーキングクラス、がっしりした体格、気さくでオープンな人柄、話好き。私がチェックインしたペンシオンのフロントにいる何やら憂鬱そうな老紳士はセビーリャのサポーターだったが、なかなかそれを認めようとしなかった。イングランドからやってきたよそ者にあっさり分類されるのはご免だとばかりに。「娘はベティスのファンです」彼はわずかに肩をすくめて言い添えた。「近ごろは、みんなそうみたいですよ」

私は会話を楽しんでいる様子のカンディドに質問する。セビリアはリヴァプールと同じで、サッカーチームへの忠誠心から家族がふたつに分かれても、それほど嘆き悲しんだりけんかになったりしないですむのだろうか？「そのとおり」彼は赤信号を堂々と無視しながら、うなずく。「それが普通だよ」セビリアの外ではちがった見方をされている。二組のサポーターは別々の社会階層に属するとみなされているのだ。私はそう告げる際、細心の注意を払う。なぜなら、昔からベティスはより貧しいワーキングクラスのチームで、セビリアのなかでもトリアナやマカレナといった物騒な地区で熱烈に支持されていると考えられているからだ。ベティスを社会的に中傷していると思われたくはない。

「昔はそうだったかもしれないが、いまはちがう。どのみち、いまじゃベティスもセビーリャと同じくらい金をもってる。より金持ちとは言わないがね。会長のロペラは……」と彼はステアリングから右手をあげ、親指と人差し指をすり合わせて〝大金〟を手まねで示す。どうも釈然としないが、スペインの社会で目立とうとする〝にわか成金〟の会長という話題は避けることにしよう。サポーターもそうだと言っているように受け取られるのはまずい。カンディドはこの件に引っかかる部分はないようだが、スタジアムに到着するまえにもう少しつついてみる。

「でも政治的なことでもあるでしょう？　たしか、ベティスはもともと左翼とかかわりがあったはず」これに怒ったのか、彼は質問に答えず、不格好なコンクリートづくりの大型ショッピングモールの向かいに車を停める。「ああ、かもしれないな」と口を開き、メーターの赤い数字に目をやる。料金は七百ペセタ。「けど、フェリペ（・ゴンサレス）のたわ言にだまされちゃいけない。やつは便乗したただけだ。本当は〝ベティ〟・ファンじゃあなかった」ただ、社会労働党員はいわゆる左寄りのクラブを応援していると思われたいのではないだろうか。「たしかに」と彼はうなずく。「昔はそうだったさ、ゴンサレスが現れるまえはな。セビーリャを運営してたのは金持ちや地域の有力者だった。それで同じ種類の人間を惹きつけたってわけだ。だから労働者はベティス側についたのかもしれん。おっと、五千じゃあ釣りが出せない。あのカフェへ行って千ペセタ札にくずしてきてくれるか？」

　こうしてセビリアでの最初のタクシーの旅は、いささか拍子抜けする結果に終わったが、まずまずのスタートだったのはまちがいない。地域のことを知りたければタクシー運転手に訊け、というのが私の持論で、セビリアでもその方法で街のふたつのクラブ間に存在する特別なライバル関係の真相を探るのが狙いだった。カンディドはその名のとおり〝率直《カンディド》〟だったが、街に来てわずか一時間で私は予想外の問題に直面していた。もしかすると、二組のサポーターのあいだに強い反感などないのではないか？　このモルボの化身の物語もゴミ箱に送られようとしている神話にすぎないとしたら？

　エドゥアルド・ダト通りを渡りながら見ると、サンチェス・ピスフアンの一部は新しいネルビオン・ショッピングモールの陰に隠れている。そのため、スタジアムの高さの三分の二を占める入口上部の有名なモザイクが視界にはいってくるのは、モールの建物を二分するコンクリートの歩道を進んでいくときのことだ。このモザイクは地元のアーティスト、サンティアゴ・デル・カンポによる一九八二年の力作で、過去百年間にセビーリャのホームを訪れた国内外の六十の主要チームの紋章が描かれている。タイル張りされたペナントのほとんどに訪問の日付が記されているが、私が見つけた唯一のイングランドのチーム、下のほうからひょっこり顔を出すアーセナルのものにはない。各チームのペナントを忠実に再現するために入念に配慮されているにもかかわらず、アスレティック・ビルバオの表記は〝アトレティコ〟と、内戦中にフランコが押しつけた非英語のスペリングになっている。デル・カンポがスペイン語の綴りを選んだのは興味深い。言葉の〝浄化〟政策を掲げたファシストたちに賛同しているかのようだ。ここを訪れたアスレティック・ファンはどう思うだろう。たぶん愉快にはなるまい。

哀れセビーリャ。サンチェス・ピスフアンの先代スタジアムにあたるネルビオンは一九二八年、スペイン・リーグの第一回シーズンの最中にこけら落としが行われたが、このときはベティスに2-1で勝利をさらわれた。両チームともセグンダAに属していたものの、ベティスは招待されてやってきたわけですらない。試合日程によって偶然そうなっただけだ。三十年後、会長のラモン・サンチェス・ピスフアンが一九三二年に格安の値で購入したネルビオン地区の広い土地を利用し、クラブは真新しいスタジアムに移った。それが旧スタジアムの跡地に隣接して建てられた現在のスタジアムだ。今回はベティスをふたたびパーティに招待すべく試合日程が操作された。モルボを最大限に高めるためである。少なくともベティコたちは失望せずにすみ、4-2で勝利を奪ってまたしてもパーティを台無しにした。

現在、この地域で見る価値があるのはスタジアムのモザイクくらいのものだろう。ショッピングモールの出口から延びるスロープを上がると、スタジアムの周囲にはくすんだ茶色の更地が広がっている。建設会社がもみ手をしながらグラウンド周辺での住宅団地建設の誘いを待つ姿が、目に浮かぶようだ。セビリスタたちに崇められる元会長は、一九三二年にその土地を買い占めてクラブ財政の将来的安定を確保した。タクシー運転手の話では、ショッピングモールを発案したのは裕福なポーランド人移民の一家だが、彼らはクラブから土地を買うのに相当な額を支払わなければならなかったらしい。ピスファンは自身のスタジアムの落成を目にしないまま、一九五六年に心臓麻痺で急死した。

ベティコたちはピスファンの死を悼まなかった。タクシー運転手その2によれば、セビリアの街がふたつのサッカーコミュニティに分裂したのはピスファンのせいでもあるという。「あの野郎は大金持ちで、街じゅうに路面電車を通す資金を出したが、わざと電車がトリアナまでしか行かないような路線にした。おかげでベティコはビリャマリン（ベティスのグラウンド）まで川に沿って歩かなきゃならない。畜生め」この運転手はカンディドとは少しばかりちがうようだ。彼にはサンチェス・ピスファンの前で車を停めさせたときに、いきなり叱られた。道路の向こう側にあるタクシー乗り場まで渡れというのだ。よくわからなかった、イングランド人なんだ、と私は弁解する。あまりにそっけないので、一瞬、車を降りようかとも思うが、やめておこう。見たところ対立を楽しむ男のようだ。年は六十すぎ、大柄でがっしりとし、首にあばたがあって、マーティン・エイミスの『マネー』の冒頭に登場するニューヨークのタクシー運転手を彷彿とさせる。

それに愛想の悪さまで似ているが、街の反対側にあるベニート・ビリャマリンまでの道のりはかなり長いし、サッカーに関して一家言もっていそうに見える。問題は話を切り出すタイミングだ。さいわいラジオが地元局に合わされていて、そこはスペインというべきか、記者が早口のアンダルシア方言で、明日ハビエル・クレメンテが街に戻ってきてレアル・ソシエダードの監督としてデビューするとくり返し伝えている。それによると、ベティスのファンは前シーズンにこの地域を侮辱したクレメンテに〝特別〟のもてなしをする用意があるらしい。当時、若いサポーターにつばを吐きかけられた件についてコメントを求められたとき、彼は「よその国から来たので」と言い放ったのだ。

私は後ろの座席から身を乗り出し、なるべく低姿勢で訊ねる。「あなたはどちらのファンですか？ベティス、それともセビーリャ？」丁寧語の〝あなた《ウステド》〟を使うのは、せめて何かしらの反応を示してもらいたいからだ。彼は間をおき、前方の薄暗くなってきた夕暮れを見つめる。「おれはくそったれバスクの敵だ」とうなるように言うので、私は一瞬、これは腕力に訴えるまえの口上なのではと本気で思う。なぜサン・セバスティアンから来たことを知っている？　この顔に〝レアル・ソシエダード・サポーター〟と書いてあるのか？　彼は他人を脅すことに慣れているらしく、こちらの不安を察して、「おれはベティコだってことだ。わかりにくかったようだな」とあざけるように言う。このタクシーに乗ったからには、普通のイングランド人にもその言葉の含みが完璧に理解できて当然だといわんばかりだ。ともかく、男の返答の意味がわかって私の緊張は解ける。クレメンテのせいで翌日の試合中はバスク人を嫌いになると言いたいのだ。バスク人自体が嫌いなわけではないのかもしれない。

しだいに深くなる暗闇のなかに彼が車を走らせていく一方、私はミスター不機嫌をなだめることを個人的な努力目標にする。不思議なほど辛辣で無礼な態度の裏には、興味深い理由が隠されているにちがいない。そんな私のばかげた思いつきは、彼が自発的に話しだしたとたんに報われる。「おれはベティスでプレイしてた」と彼は鼻を鳴らす。「だからベティコなのさ。だが、ゴルディーリョがレアル・マドリードに売られたときに会員証を手放した。いまじゃあいつらが火事に遭っても小便だってかけてやる気はない。会長はくそったれだし、あの若造ども、ウルトラの連中はまぬけなかま野郎《マリコネ》ばっかりだ。やつらはほかにやることがない」

　私はノートを取り出す。「ベティスでプレイを？　いつのことです？」今度も彼は私の質問をさえぎるように答える。「五〇年代だ。チームはゴミだった。もっとも、一軍の試合に出たのは二回だけだが。おれはだいたいBチームのトリアナでプレイしていた」トリアナは川向こうのワーキングクラスの地域で、フランコの刺客たちがジプシーと呼ばれた人々（ロマ）を力ずくで一掃するまでセビリアのフラメンコの中心地だった。昔にかぎった話だとしても、そうした地域の名前がベティスのBチームにつけられたのだとしたら、例の定説にぴったり当てはまるように思われる。プロとして何年プレイしたのだろうか。

「ミリ（兵役）に行ってたとき、兵舎のチームでプレイして脚の骨を折った。復員するとクラブに迎えられたが、昔ほど速く走れなかった。それでおしまいだ。以来ずっとこのクソいまいましい、どうしようもない稼業をやってる」彼は苛立ちを抑えるようにステアリングを軽く叩く。一分ほどそっとしておいてから、私はカンディドにしたのと同じ質問を向けてみる。「やはり階層がからんでいるんでしょうか――ベティスとセビーリャには？　向こうは上流でベティコは労働者とか？」予想どおり、彼は私の質問を簡単に片づける。「へっ！　そいつも嘘っぱちだ。セビリスタのほうが金があっただけだ。フランコと仲良くしてたしな。やつらがリーグで優勝したのは戦争中の一度きりだ。あのころはまあまあの選手がみんな逃げちまってた」

　このタクシスタ（タクシー運転手）に名前を訊く勇気は私にはなかったが、彼はスペイン・サッカー史における興味深い時代のことを指しているのだった。それは第二次世界大戦中の国の〝中立〟によってもたらされたものだ。ベティスが唯一のリーグ優勝を果たしたのは一九三五年、スペイン内戦が勃発する一年まえで、アンダルシアの詩人ロルカが作中で治安警備隊を侮辱したために彼らに射殺されるほんの数カ月まえのことだった。セビリアで伝説と化したこの年には、セビーリャもカップ優勝を遂げている。ただし、ベティスの主軸はバスク人で構成されていた。産業革命による北部の繁栄が翳《かげ》りを見せはじめたころ、南部に移ってきた人々の子孫である。リーグタイトルを勝ち取ったチームのうち六人はバスク人で、その全員が内戦勃発と同時にセビリアを去るか姿を隠すかしている。ディフェンダーのアレソとアエドは、内戦中に欧州や米国を転戦して好評を博したエウスカディ（バスク選抜）に参加したが、ほかの選手たちは二度とスペイン・リーグでプレイすることはなかった。

第二次世界大戦が終わるころにベティスは三部に降格したが、セビーリャは依然として輝かしい黄金期の真っ只中にいた。競技が再開された一九三九年にカップ優勝、三九–四〇年シーズンにリーグ二位という好成績を残し、一九四三年にはふたたび二位、一九四六年にはついにチャンピオンの座に就いている。ベティス同様、これはいまのところ彼らにとって唯一のリーグタイトルだ。両チームの光と影《ソル・イ・ソンブラ》、明暗をいっそうはっきり分けるかのように、ベティスは一九四七年に恐怖の三部へ降格する。落ちたチームの多くが二度と陽の当たる場所に戻れなかったことで恐れられたそのリーグに、ベティスは七年間とどまった。わが友タクシー運転手がトリアナでプレイしていたのは、おそらくそのころだろう。在籍中に二部に昇格したというから、たぶん一九五〇年代なかばと思われる。

〝階級〟についての質問を彼はカンディドと同じくあっさり切り捨てるが、私にはそれが反射的な返答のように思えてくる。たぶん彼らはそのことを過去に葬りたいのだ。左派の組合活動やロマの文化、貧困と結びつく地域でベティスが支持されていたことは否定できない。二十世紀初めの二十年間に相当な惨めさを味わったセビリアは、一九三六年の国家主義者の蜂起後、フランコ軍の手に落ちた最初の街でもある。セビリア陥落は偶然の出来事ではなかった。セビリアは戦前から国の軍事産業を牛耳っていたからだ。結果としてフランコは街の有力者たちから多大な援助を受けることになる。そのなかに裕福なサンチェス・ピスフアンがいた。

一九三九―四〇年シーズンにサッカーが公式に再開されたとき、国王杯は総統杯に名を変えていた。フランコは当然、自身の名を冠するカップを最初に勝ち取ったのがセビーリャであることに満足したはずだが、決勝で彼らはフランコの故郷のクラブ、ガリシアのラシン・デ・フェロルを6‐2で破っていた。試合はバルセロナのモンジュイック・スタジアムで行われ、フランコ配下の高官でスポーツ相に就任したばかりのモスカルド将軍から優勝杯が手渡された。バルセロナを会場に選んだとは何とも巧妙である。新しい政治の夜明けには誰もが貢献できる、最初から反対していた者でさえ、という含みがあったわけだ。

地元のバルセロナは、内戦終結からわずか四十日とあってチームを集められず、このカップに参加さえしていない。一方、アスレティック・ビルバオはまともな選手を欠いたチームを出場させた。一流選手は姿を消すか、消されるか、アメリカ遠征の最中であるかしたためである。彼らが近隣のアラベスに8‐2で敗れたことも、新しい時代がはじまり、サッカー界の古い序列がそのままのかたちでは残れないことを示す前兆だった。フランコの死後、フアン・カルロス国王が即位して王制が復活すると、カップはふたたび国王杯と改称される。そして一九七七年、最初の優勝チームとなったのが……ベティス。これ以上おあつらえ向きなシナリオは歴史には書けなかっただろう。決勝で彼らはアスレティック・ビルバオを破ったが、死の淵から甦ったビルバオはカンテラ育ちの若手の活躍により、六年後にリーグタイトルを奪い返している。

ベティスのバーへ潜入

タクシー運転手その2がサンチェス・ピスファアンによる路面電車の陰謀について語っているとき、私は元首相のフェリペ・ゴンサレスについて訊いてみようと思い立つ。ベティス・ファンの有名人のなかでもっとも著名な人物だ。「彼は便乗しただけだって言う人がいたんですが」と私は切り出す。「なら、そいつはマスかき野郎だ」と手応えのある答え。「やつの親父は、たしかサンタンデールの出身だった」と彼はみずから先をつづける。どうやら気持ちがほぐれてきたらしい。「鉱山労働者だった。北の連中はみんなゴンサレスって名前だろ。フェリペはまあまあだった。いまのピエロ野郎（ホセ・マリア・アスナール）よりはましだ。たしかにフェリペはあんまり試合を見にいかなかった。やつのことをにせのファンだと言う人間もいたが、そいつらは首相になったことがない。フェリペは忙しすぎて、サッカーの試合に行く暇なんかなかったのさ。若いころに党で働いてたときだって時間はなかったはずだ。いいや、やつは悪くなかった。子供のころに試合を見てたはずだ。おれにはわかる」

車がエリオポリス地区にはいったとたん、私はその上品さに驚きを覚える。家並みはケンジントンの屋敷に劣らずワーキングクラスとは言いがたい。ネオ・コロニアル様式の美しい大邸宅が道路から少し離れて建ち並び、スタジアムの灰色のコンクリート壁を文字どおりバックアップしている。現在の金持ち会長にちなんでエスタディオ・ルイス・デ・ロペラに名を変えたグラウンドは改修中で、運転手は壁に沿って進んでから車を駐車場に入れ、石の山と足場を指さす。これがやがて格納式の屋根を支えることになるのだ。ロペラの主張によれば、この仕掛けによってヨーロッパ最新のスタジアムになるらしい。あたりは暗くなりつつあり、唯一の光が西スタンドの裏側で営業中のオフィシャルショップから届いている。壁の先に警備員の姿が見えるが、もはや薄闇のなかの単なる形にすぎない。

「なあ」わが友ドライバーが、いまやほとんど普通の口調で言う。「もう少し早かったら、ここの人たちを紹介してやれたんだが。まだ何人か知った顔がいる。あんたが知りたがってることを聞けたはずだ」私が礼を言うと、つかの間の親しみやすさは消え、彼は元のぶっきらぼうな態度で帰りのタクシーのつかまえ方を告げる。西の方角を指さし、向こうへ行けばエリオポリスの街に出るが、タクシーを拾うのはむずかしいかもしれない、と。帰りもこの車に乗るかと誘っているのではない。そんな真似をするには真っ正直すぎる。その気があるなら単刀直入に言うだろう。私は一瞬、躊躇する。どうやらここは辺鄙《へんぴ》な場所、夜は治安が悪いことで知られる街のはずれだからだ。サンチェス・ピスフアンとは正反対で、驚いたことにサッカー場の周辺にあるはずのものがひとつもない――洗濯物がはためく高層住宅も、緑と白に塗られたバーも。まるで死に絶えている。

私は握手を交わして車の窓越しに料金を支払う。彼は会釈し、目にかすかな悲しみの色を浮かべて去っていく。彼の世界へ、思考のなかへ。タクシー運転手たちは考えることに多くの時間を費やしているにちがいない。彼らがきまって饒舌なのはおそらくそのためだろう。何時間も車のなかに閉じこめられているのだから、物事について思索したり、果たせなかった夢に思いを馳せたりする時間はたっぷりある。とくにあの運転手の場合は、私の質問のせいで楽しい日々が呼び戻されたかもしれない。まだ前途有望な若者としてトリアナでプレイし、一軍の試合にも二度出場したころ、ペレが登場し、レアル・マドリードが欧州チャンピオンズカップ五連覇につながる最初のカップを手に入れたあのころ。それははるか昔、クラブのオフィシャルショップなどというばかげたものが出現する以前のことだ。私はショップのなかをしばらくぶらつくが、緑と白の縦縞のアンダーウェアやアルフォンソのサイン入りポスターを買うのはやめておく。どれもはっきりとミドルクラス的な値段だ。

外に出て駐車場に戻ると、スタジアムは夜空を背に立ちはだかっている。一九三五年のタイトル獲得後に市当局からクラブに贈られた当時、エル・エリオポリスと呼ばれていたこのスタジアムは、年間一ペセタという象徴的な賃借料でクラブに公式に譲渡された。いまでも同じ額がクラブの口座から引き落とされている。だが、この競技場の歴史は悲運とともにはじまった。オープンして二日後に内戦がはじまり、さまざまな軍事車両の駐車場と化したのだ。口を閉ざした共和主義者の拷問場を兼ねていたともいわれる。もっと街中に位置するセビーリャのグラウンドは軍事計画を立案する執行部の施設として使われ、そこには頭脳集団が常駐した。

トリアナに行くためのタクシーを探しながら、スタジアム裏の静かな通りを歩く。建ち並ぶ豪華な家々は、ひょっとしたら十九世紀なかばの建築かもしれない。通りには数ヤード置きに小さなオレンジの木が植えられていて、十月も終わりだというのに枝には実がたわわになっている。周囲には人っ子ひとり見当たらない。スペインではめったにない状況だ。大通りにたどり着いた私はタクシーを拾い、川向こうのトリアナにあるバー、〈ブランコ・セリーリョ〉に連れていってくれと運転手に頼む。『ラフガイド』によると、そこはベティスのバーで、常連たちは「サッカー通」であるらしい。宿泊先のペンシオンのオーナーからトリアナにあると聞いていたので、私はその住所を告げる。今度の運転手は若者だ。青と黄色の派手なトラックスーツを身につけていて、その店のことは知らないが、大丈夫、探してみせる、と請け合う。エリオポリス地区のことを訊ねると、彼は私が目にしたものを解説してくれ——大学や会社や公園がある——、このあたりは「ピホ（上流気取り）」だと言うが、その言葉を申しわけなさそうに使うのは、ワーキングクラスのヒーローと思われたくないからだろうか。若者は穏やかで親切そうなので、私は例の話題を持ち出す。

「ベティスの地元はもっと荒れていると思っていた。話を聞いて驚いたよ」彼は首を振る。「ここはそうじゃないね。サッカーチームはファンが住む地区でプレイするとはかぎらないし」私はどちらのファンなのか訊いてみる。「ベティス」と静かに答えるところからして、チームのために生死をかけるほど熱心ではないのだろう。「友達にセビーリャのサポーターはいるのかな？」と私。これまでに話した相手のなかで彼がいちばん若いからだ。若者が前を向いたまま微笑むのが見える。「何人かはね。でも、べつに問題ないんだ。ぼくはウルトラでも何でもないから」ベティスのウルトラたちは何を信じているのだろう。彼は肩をすくめて答える。「さあね。あいつらはナチスみたいなものさ。まあ、セビーリャの連中も同じだけど」私は冗談を口にする。「じゃあ、みんな仲間ってわけだ」彼が初めてこちらを振り返ると、その顔はタクシーを運転する者にしてはひどく幼い。「いや、そうじゃない。殺人事件だってあったし、ドラッグ抗争なんかもあった。あいつらは憎み合ってる」

橋を渡ってトリアナにはいると、運転手は車をわきに寄せて同業者にバーの場所を訊く。返ってきた長い答えによると、ペンシオンのわが友はでまかせを言っていたらしい。「店はマカレナにあるそうだよ」と乗りこむ彼に、私はそのまま向かってくれるよう告げる。車は橋をもと来たほうへ引き返し、川と並行する道を進んでいく。「すると、マカレナはベティコなのかい？」私はわざとらしく質問する。「あの歌のほかに何か名物はあるのかな？」若者は私の無知さ加減に啞然とするが、礼儀正しすぎて本心を口には出せない。「ええと、バシリカ聖堂のほかにも教会がたくさんあって、歴史は古いし……」彼はまごついて口ごもる。「それと、あの歌か。ロス・デル・リオ（歌の作者たち）はこの地区の出身？」私はしつこく訊くが、彼らはそこの出身ではないらしく、そうこうするうち私のベティコの話し相手は目的地に車を到着させている。

薄汚い横道を進んでいくと、〝白い金型〟を意味する〈ブランコ・セリーリョ〉の光が暗闇を照らしている。私はタクシー運転手その3に別れを告げ、セビリア・ミステリー・ツアーの目的地であるバーを観察する。まず第一に、客がいない。汗だくであえぐベティコの大群が身震いしながらクラブの最新ゴシップを聞かせてくれるものと期待していたのに。だが、もう後戻りはできない。私はまぶしい照明と白い壁に軽くまばたきしながら店内にはいり、ビールを注文する。そのうち誰かやってくるだろう。

バーテンダーは二十代後半の男だが、若禿げでつねに眉間にしわを寄せている。これは仕事柄なのだろうか。太りすぎの大男が妻を連れてよたよたとはいってきて、飲み物とタパスを注文しないうちにバーテンダーとレアル・ソシエダードの話をはじめる。元レアルの選手で映画監督に転身したケレヘタについてしゃべっているようだが、方言がきつすぎて話の中身までは聞き取れない。会話に加われそうな気配がまるでないので、私は狭いバーのなかを見まわしてみる。本に書いてあるとおり、新旧のベティスの選手の似顔絵とサイン入りの写真が壁に貼られているが、訪れる価値ありという記載の根拠になりそうな見ものはない。そもそも、ここは街中からずいぶん離れている。

と、右のほう、ミスター肥満体の後ろにベティスがリーグタイトルを獲得した一九三五年当時のペナントが額に入れて飾ってあるのに気づく。その左横には、やはり額入りのセビーリャの優勝記念ペナント。私はバーテンの視線を捉えて言う。「失礼、本で親《ムイ》ベティコのバーだと知って来たんだが、壁にはセビーリャのペナントがある。これは許されないことじゃなかったのか」どうやらバーテンが店主でもあるにちがいなく、私が一日じゅう聞かされてきたのと同じ答えをきっぱりと返してくる。「はっ、うちのおふくろはセビリスタだし、弟もそうだ。ここじゃ普通のことだよ」

ミスター肥満体が怪訝そうな目を向ける。私は店主に英国式ユーモアをぶつけてみることにする。「じゃあ、まだお母さんを殺していないと?」私はにやりとするが、店主の反応はこちらが期待していたようなものではない。「まさか。そんなことすると思うか?」と眉をひそめるが、こちらの反語的意図を理解しそこねるとは、サッカーの問題をめぐって母親殺しが起こりうると認めるようなものだ。方針を変えることにしよう。私はタクシーの運転手から聞いた話を店主にする。五〇年代に双子の選手がベティスとセビーリャに分かれてプレイしていたという話だ。その双子はパリャレト兄弟というらしい。すると店主は困った顔つきになる。自分が知らないことを私が知っているのが気にくわないのだろう。ついいましがた店にはいってきて私の左横のストゥールに腰かけた小柄な男に、店主が意見を求める。男はすました顔でうなずいてから、ふたたびビールを飲みはじめる。私もうなずく。

「これで証明されたわけだ。ふたつのクラブはじつは仲間どうしだと」

これにはミスター肥満体も黙っていない。「セビリスタはろくでなし《ヒリポリャス》ばっかりだ」と彼が発言し、小鳥のような妻が口にパンを詰めこんだまま相槌を打つ。「そのペナントを外すように言ったんだが、ここはやつの店だからな」と夫もパンに嚙みつきながらつづける。「セビーリャが嫌いなのはどうして?」と訊ねれば、「そりゃあ、いつも〝滅茶苦茶にしてくれる〟からさ。やつらは二部に行ってりゃあいいんだ。こっちのことはほっといてもらいたいね」

これは一九九四―九五年のシーズンのことを言っているのだろう。そのシーズン、太りすぎで役立たずのディエゴ・マラドーナが去って安堵の息をついたセビーリャだったが、年度末の会計報告を連盟が定めた期限内に提出できなかった。有力者たちが集まって話し合った結果、クラブの降格が決定したが、行き先はセグンダAではなく、どん底の恐怖のBリーグだった。この犯罪には、そこまで厳重な処罰が必要だと考えたらしい。セビーリャが罪を犯したことに疑いの余地はなかったが、ネルビオン地区では暴動が起こり、裁定委員会のふたりの理事に死の脅迫状が送りつけられ(委員会を構成したのは一部リーグ所属クラブの理事六人で、ヘスス・ヒルもそのひとりだった)、あるセビーリャ・ファンがハンガーストライキに突入した。その後、裁定委員会は決定を撤回したが、現在にいたるまで何の説明もなされていない。だがその年、帳簿を決済しなかったセビーリャがトップリーグ残留を許されたことは人々の反感を買った。

ベティス寄りのプレスが騒ぎ立てたのはいうまでもなく、事あるごとにセビーリャに圧力を加えた

——ベティスのロペラ会長とて、地道に働いて得た金で財を成したわけではないのだが。勝ち点の不足という通常の理由でそのシーズンに降格したアルバセテが、セビーリャに代わってふたたび一部リーグに迎え入れられた。ところが、のちに裁定委員会の方向転換を知って、訴訟を起こすと脅しをかけた。こうして混乱をきわめた一件は、一部リーグの枠を二十から二十二チームに拡張することと多くの人物の面目をつぶすことで決着を見た（一九九七―九八年シーズンから一部リーグは二十チーム構成に戻っている）。

因果応報といおうか、いずれにしてもセビーリャは一九九七年六月に降格する。レアル・マドリードに当然のように引き抜かれたダヴォル・スーケルの代役をシーズン中に見つけられなかったためだ。デポルティボのヒーローだったベベットが低迷するチームのためにゴールを決めるべくブラジルからやってきたが、クラブがフラメンゴに移籍料を支払わなかったばかりか給料まで払わなかったため、帰国を余儀なくされた。そのまえの夏、バルセロナのロベルト・プロシネツキ獲得に動いたときには、小切手が不渡りになっている。バーの男が何を引き合いにしていたにしても、ふたつのクラブのうち、より金持ちで財政的に無理がないのはセビーリャだという評判も神話にすぎないのは明らかなようだ。少なくとも、うまく帳簿をごまかす能力に欠けていたことが問題の核心にあったのだと思われる。これではサンチェス・ピスフアンも浮かばれまい。

店内では、地方局のカナル・スルによるレアル・マドリード－アトレティコの〝デルビー（ダービー）〟の生中継が映し出されていて、案の定、午後八時のキックオフまでにさらに数人のサッカー好きがバーに現れる。レアル・マドリードが序盤に先制するも、ジミー・フロイト・ハッセルバインクが二本のシュートを叩きこみ、ホセ・マリも一点を決めてアトレティコが3－1でハーフタイムを迎える。バーの常連たちはスコアに納得がいかない様子だ。みんなレアル・マドリードを応援しているらしい。たぶんベティスのつぎにだろうが、ベルナベウで生意気にもリードしているアトレティコに本気で腹を立てているようだ。

私が住む街では、レアル・マドリードはぺてん師の集まり、傲慢な貴族、スペイン国家の腐敗した首都で支配権を握るクラブと見られている。3－1というスコアに落胆する人たちを見るのは、ちょっとしたカルチャーショックだ。もっとも、セビリアが昔からスペイン代表にとって験《げん》のいい街であることを忘れてはならない。マルタに12－1で大勝し、フランスで開催された一九八四年の欧州選手権本大会に思いがけず出場したのがその発端だ。この有名な試合はなぜかベティスで行われ、地元の選手イポリティ・リンコンが四得点を挙げた。ところがその後、代表の試合会場にはサンチェス・ピスファンが選ばれるようになる。おそらく収容人員が多いためだろう。これもまた、セビーリャのほうが優遇されているとベティスが感じる理由のひとつだ。

二〇〇〇年十一月のオランダとの親善試合に2－1で敗れるまで、代表《セレクシオン》はセビリアでは負け知らずだったし、両グラウンドに集まるファンは、どの土地よりもうれしそうに旗を振るスペインびいきの愛国者たちだ。ベティス・ファンの不満が反愛国的なものに置き換えられたことは一度もなく、もちろんクラブは〝レアル〟の名を戴いていて、それを変えたらどうかと提案した共和主義者のファンもいない。だとすれば、このバーの親レアル・マドリード的な傾向にも納得がいく。アトレティコはバスク人を創設者とし、ヘスス・ヒルに率いられて二十一世紀を迎える雑種動物なのだ。地域的な恨みをもたない者がレアル・マドリードを選択するのは当然だろう。

店主がやや打ち解けてきて、このバーが『ラフガイド』に載ることになった経緯を説明してくれる。向かいにある語学学校のイングランド人教師が出版社の人間と知り合いで、一九九八年のカップウィナーズカップ対チェルシー戦のまえにベティスに関する記事を書くよう頼まれた。ところが、ぺーニャのたまり場のほかに純粋なベティス派のバーを見つけられなかったので、行きつけの飲み屋を有名にしようと決めたということらしい。「本を読んでここに来たのはあんたが初めてじゃない」そのうんざりした口調からすると、私の取材にはあまり興味がないのだろう。それでもバーで発行している試合日程のカードをくれたうえ、ハーフタイムに奥さんが運んできたステーキ・アンド・チップス一人前《ラシオン》の代金をかなり値引きしてくれる。私は店主と握手を交わし、暖かな暗い通りに歩み出る。街の中心に戻り、大聖堂へ行くつもりだ。午後九時に市の聖歌隊の合唱がはじまる。きょうはもうサッカーの話はおしまいにしよう。

負けても万歳!

ところが、そうはならない。タクシー運転手その4もラジオを流していて、レアル・マドリードが3－1でリードされていると聞くなり高笑いをはじめる。「はは、これでトシャックも終わりだ!」と彼は叫ぶ。早まった判断をしたくはなかったが、この男がサッカーに入れこんでいるとは思ってもみなかった。あまりにもウディ・アレンにそっくりなのだ。あのびくびくしたしぐさに学者風の眼鏡、ステアリングの上にかがみこむような奇妙な姿勢。そこまでひどい近眼なのだろうか。「どうかな」と私は身を乗り出す。「いまクビにするのは金の無駄だと思う」ウディはこのことについて考えながら、メガネを鼻柱に押しあげ、対向車のヘッドライトに目を細める。「そうかもしれない」と思案深げにうなずき、「お客さん、イングランドの人？」と、ミラー越しにこちらを見て訊ねる。「ここには何しにきたの――死者の日？」

彼が言っているのは月曜日のディア・デ・ロス・ディフントス（万霊節）のことで、この日はイベリア半島全域で祭りが催されるが、千のフィエスタを誇るセビリアのそれは当然のごとく地方色が豊かなのだ。「それはあしたのクレメンテのことかな？」私がジョークで返すと、彼は大げさに吹き出し、危うくステアリングから手を放しかける。「はは、うまい！」と大声をあげ、「サッカーが好きなの？」と訊くので、「ああ。それであしたはウエルバへレクレアティボの試合を観にいく」と私は答える。今度こそ彼は本当に事故を起こしかねない。「ウエルバ！　何でまたそんなところに？」と冷やかすように言う。「お客さん、何者？　マゾっ気でもあるの？」私はうなずき、「たぶん。いまスペイン・サッカーの本を書いているから、すべてがはじまった場所を見ておきたくて」と説明する。これを聞いてウディはいくぶん真顔になる。「それはいい考えだ」と、笑うのをやめてふたたび眼鏡の位置を直し、「ウエルバが元祖なのに、いまじゃ誰も気にかけないからね。みんなに忘れられてるのはくそ弱いせいだけど、それは彼らのせいじゃない。ウエルバはセビリアに近すぎる。あそこの若い連中はたいていセビリスタだよ」きっかけを与えてもらった以上、私は当然の成り行きとして例の質問――ベティスかセビーリャか――をぶつけてみる。すると意外な意見が返ってくる。

「どっちでもない！」彼はふたたび声を張りあげる。「どっちも我慢ならない。バレンシアを応援してる」地元の人間ではないのかと訊けば、「ここの出身さ！」ときっぱり答える。「ここじゃあ変人で通ってる。友達にも理解してもらえない」ではなぜバレンシアなのか。「自分でもよくわからない。昔からあの色が気に入ってた。白のシャツ、黒の短パン。あれこそコントラストだ。そういうチームはあんまりない」と言って押し黙る。少々奥深い話をしすぎたと思ったのだろうか。どうやらウディは隠れインテリで、すべてをさらけ出すのは気が進まないようだ。

　話題をウディ本人から離れたものに変えよう。「それにしても驚いたな」と私は切り出す。たぶん彼なら私の知りたいことを補足してくれるにちがいない。「ここではみんながサッカーの話をする。誰もがベティスかセビーリャのファンなのに、きまってこう言う。ふたつのクラブのあいだにはとくに問題はない、友好的なモルボだってね」私が言い終わるころには、車の右側に大聖堂が見えている。彼は車をわきに寄せ、街いちばんの観光名所の前で歩道に車体を乗りあげて停車する。後ろの渋滞を気にする様子はない。質問にきちんと答えたいのだ。

「それは本当だよ。健全なライバル《リバリダット・サナ》関係なんだ」彼は本のなかで引用してくれとばかりに断言する。「ほかにすることのない連中——青二才、ナチ野郎——は少し熱くなるようだけど、あれはただの男性ホルモンだね」と中央のミラーに向かって話し、私が視線を向けるたびに目をそらす。「ここじゃ、みんなどちらかのファンでなきゃならなくて、そうじゃないと相手にされない。フィエスタがないときは何が話題になると思う？　セビリアではおばあちゃんまでサッカーに熱中している。ベティコたちは、まあ、スペイン一のファンだろうな。まちがいなく。チームが三部まで落ちたって彼らはついていく。マドリードではありえない話だ。ビルバオ、いや、あそこだって無理だね。セビーリャはどうなったか。降格したら観客が半分に減った。ベティスの観客数は変わらなかった。そこに大きな違いがある。社会的なことなんだ。セビーリャはブルジョア寄り——いまでは変わったって話だけど、そんなことはない。セビーリャが降格すれば、ファンの半分は日曜はジム通いさ」ここで彼はミドルクラスのアンダルシアなまりと思われる口調を真似る。「毛皮のコートを着た女たち——あいつらは天気予報で夏が終わったって聞くと同時にコートを引っぱり出して、旦那がばかでかい葉巻をくわえているあいだピスフアンで退屈そうに座ってる。あれには我慢できない。だからバレンシアを応援してるんだ」

スピーチを終えたウディは、もう少しで料金の請求を忘れそうになる。タクシー代を渡して礼を言うと、私はなぜかタクシー運転手その2が元ベティスの選手だったことを話す気になる。ドアを開けながら、ふと思うのだ。彼なら興味を示すのではないかと。ウディは即答する。「ああ、同業者でひとりいるね。たしか年とった男で、アレハンドロって名だ。名字は思い出せないな。トリアナでプレイしてたんだ。気むずかしい老いぼれだけど」私は笑って同意し、ウディは仕事を再開する。車が去っていくとき、私は登録ナンバーをメモしようと思い立つ。電話をして、セビーリャ－ベティス問題についてもっと話をするためだ。波長が合っているようだったし、彼はわざわざ車を停めてエンジンを切り、考えをまとめて本音を語ってくれたのだ。ところが、ポケットからペンを取り出すと、車はもう道のはるか先を走っている。私は肩をすくめて自分に言い聞かせる。それではやりすぎというものだ。行きずりの人々。そのくらいの距離を置くのがちょうどいい。

〝ブルジョア〟——何とも実情にそぐわない言葉である。彼が実際に使った〝ブルゲサ〟というスペイン語は、スペインの階級闘争という微妙な事情のなかでさまざまな含みをもつ言葉で、そのほとんどを私は本当には理解できていないと思う。ベティスの鬨《とき》の声である「ビバ・エル・ベティ・マンケ・ピエルダ（Viva er Beti manque pierda）」という文句が毛皮のコートをまとったご婦人方の口から発せられたとしたら、じつに奇妙だというほかない。この文句はあえて口語的なアンダルシア方言で表現されている。たぶん、パテ・ニュースのまじめなアナウンサーがクエンティン・クリスプ（同性愛者として知られる作家）とエディンバラ公の中間の声で、「いいぞ、アーセナル！」とFAカップ・ファイナルのリポートを陽気に締めくくるのと同じように聞こえるはずだ。

このベティスのフレーズはスペインじゅうに知れ渡っていて、クラブの経営と支持の基盤が善良な労働者階級の人たちであるという認識を広めるのに役立った。〝エル・ベティ（er Beti）〟は本来、〝エル・ベティス（el Betis）〟のはずだが、アンダルシア方言では語尾の〝s〟音が省略され、子音の〝l〟は〝r〟に近い音で発音される。〝マンケ・ピエルダ（manque pierda）〟は、標準的なカスティーリャ語では〝アウンケ・ピエルダ（aunque pierda）〟なので、文全体では「たとえ負けても、ベティス万歳！」という意味になる。スペインのサッカー文化ではファンの忍耐強さを公然と宣言することは一般的でなく、こうした姿勢はめずらしい。

この歴史的に有名なキャッチフレーズは、ベティスが敗者となる可能性を認めているように受け取れる。二十世紀の終わりに二千二百万ポンドをブラジル人のデニウソンに投資し（浪費し、と言う人もいるだろう）、そのたったひとつの行為だけでもスタジアムを自分にちなんで改称するに値すると考える押しの強い会長には、理解できない感情だろう。

〝健全なライバル関係〟についてはどうだろう？　私はたしかにそうだったという驚きの結論に達し

ようとしていた。歴史上の証拠もそう暗示している。一九三五年という特別な年（そして、どちらも降格した二〇〇〇年というやはり特別な年）を別にすると、ベティスとセビーリャが不思議と立場を逆転させながら共存してきたのは、両クラブの年代記編集者たちがくり返し述べているとおりだ。スペイン人の名スポーツライター、フアン・ホセ・カスティーリョは、七〇年代のエポカ誌に毎月連載された『スペイン・サッカー史』のとりわけ退屈な数ページを担当したが、二元性を好むスペイン人の傾向を例証するかのごとく、スペイン語のありとあらゆる隠喩を駆使して、そうしたセビリアの状況を力説している。

ふたつのクラブに関する彼のエッセイでは「石灰と砂《カル・イ・アレナ》」という言い回しを用いて、戦時中のセビーリャの力強い躍進と取り返しがつかないと思われたベティスの凋落が描かれる。また、ベティスの奇妙な一九七七―七八年シーズンを語る際には、「顔と十字《カラ・イ・クルス》」（コインの表と裏）という表現を使っている。そのシーズン、ベティスは初のヨーロッパ進出に堂々と挑み――カップウィナーズカップ出場に際して〝エウロベティ（ヨーロッパのベティス）〟を自称――、ACミランとロコモティフ・ライプツィヒを退けたのち、準々決勝でディナモ・モスクワに敗れた。ソ連から帰国した彼らは凱旋の勇士として大歓声で迎えられたが（カラ）、残りのシーズンは二日酔いで千鳥足になっているような状態で、あげくに降格している（クルス）。モスクワで行われるはずだった試合は大雪のため会場をトビリシに移されたのだが、ベティス側はいまでもそれが詐欺行為だったと信じて疑わない。当時は監督に（文字どおり）ブレジネフへの手紙を書かせ、社会主義的な伝統が深く根づいているチームを粗末に扱うとはけしからんと訴えたほどだった。

ラジオ・モスクワは一九四九年に〝プロレタリア〟の同志を擁護したが（1章参照）、一九七八年までに社会主義を信じる兄弟という間柄をすっかり忘れてしまったらしい。記者としてチームの冒険に帯同したカスティーリョによると、彼らは食料を与えられず、試合後のシャワーは冷水で、ホテルには暖房器具がなかったという。それだけならまだしも、シーズン終わりの降格は疑惑に包まれたものだった。エルチェとカディスより上位で、エルクレスとエスパニョールとは勝ち点こそ並んだものの得失点差ではるかに上まわったにもかかわらず、降格したのである。三チーム間の対戦成績がいちばん悪かったためだが、ベティス側を激怒させたのはシステムの不公平さではなく、俗に言うアリカンテの陰謀《コンプロット・デ・アリカンテ》のほうだった。中位という安全地帯にいたセビーリャが隣町のクラブを降格させるために、アリカンテのエルクレス戦でわざと負けたというのである。こうした申し立てが明るみに出たのは、これが最初でも最後でもない。

因縁の22番

セビーリャの光と影《ソル・イ・ソンブラ》についても語ることは数多くある。一九三四年、彼らはシーズン最終日のアトレティコ・マドリード戦で勝利をおさめ、二部リーグからの昇格を勝ち取った。ところがセビーリャのサポーターたちを乗せた帰りの列車が同じ線路に停車中の貨物列車に衝突し、九人のファンが死亡、重傷者は百人を超えた。これはいまでもサッカー関連ではスペイン最大の惨事とみなされている。祝賀行事は延期され、街全体が一週間喪に服すことが公式に宣言された。

それにしても、はたしてセビーリャはファシストたちと結託していたのだろうか？　ウエルバを訪れた翌日、私はふたたびセビリアの空港に向かう車中でタクシー運転手その5にそう訊ねる。彼は大らかなタイプのようで、話題がレクレアティボ・ウエルバに移るまで乗車して三十秒しかかからない。ただ、私にはあまり時間が残されていないうえ、聞きたいことがまだいくつかある。彼もやはりベティコで、これで五人中四人の勘定だ。「ファシスト？　さあ、そんな話は聞いたことがないな。どうしてだい？」親しげな家族思いの中年男は、私の質問に面食らっているようだ。

「つまり、四〇年代のチームはロス・シュトゥーカス（シュトゥーカは第二次大戦中のドイツの急降下爆撃機）と呼ばれていたでしょう？　ちょっと胡散臭くないかな？」

彼は笑い声をあげる。「あんまりたくさんゴールを決めるから、そう呼ばれただけさ。親父が彼らについて話してくれたのを憶えてる。親父はセビリスタでね。若いころはジュニアの選手だった。シュトゥーカスはネルビオンでバルセロナを、たしか11－1で破ったんだ」その歴史観に訴えてみよう。「でも、それは彼らをドイツ空軍と呼ぶようなものでは？」彼はまた笑って、「それはフェアじゃないと思うな。もし当時のベティスが得点力の高いチームだったら、やっぱりシュトゥーカスと呼ばれたさ」つづいて四日間のサッカーとタクシーの旅のなかでもっとも痛烈な反論が飛んでくる。「彼らが何て呼ばれたらよかったんだい？　スピットファイアズ（スピットファイアは第二次大戦中の英国の戦闘機）か？」そして彼はこうつづける。「そういえばいかがわしいこともあったな」運転席の窓から暖かい風がはいってくるため、言葉がはっきり聞き取れない。「いかがわしいこと？」

「ああ。内戦のころの会長、名前は、ええとペレス・デ・バルガスといったが、この会長はコンタデーロ伯爵で、金をたんまりもっていた。その後、市長にもなっている。会長を務めたのは当選を確実にするためだといわれたが、(ファン・)アルサを獲得したのはバルガスだ。アルサは偉大な選手だった。とてもじゃないが、会長の金なしでは買えなかったろう。いまはともかく、ベティコにそんな金はなかったからね。バルガスはナチスと親しくしていたと思われてるが、そうじゃなかったやつがいるかい?」私はふたたびノートを取り出す。驚くべきことだ。五分ほど話をするだけで、どのタクシー運転手の口からも詳細で興味深い事実が気前よく流れ出てくる。この点でセビリアに匹敵する街が世界のどこにあるだろう?

あとひとつ知っておく必要があるのはベティスの現会長、ロペラのことだ。ロペラについて意見を求めたとき、タクシー運転手その2は完全な人間嫌いモードにはいっていた。彼ほど辛辣でない人物の話も聞かなくてはならない。ロペラはどのようにして立身出世したのか。「彼はたしか、中古のラジオやテレビを貸し出していたんだ。街の人間にはまだ即金で買う余裕がなかった時代にね。一定の貸出期間をすぎたら買い取らなくてはならないという賃貸借契約書をつくっていたらしい。契約書はその条項がわからないような書き方をされていたそうだ」私は肩をすくめる。それでどうなったのか?「彼は〝同僚〟を使って代金を取り立てた。もし払わなかったら……」だが、たとえそれが事実だったとしても、金持ちになるいちばんの近道とは思えないが。「本当のところは誰にもわからない。ただ、その中古業者はある日突然、大金持ちになる」

彼は笑う。「まったく、連中《オンブレ》はみんな不正をはたらいている。会長たちのうち誰かひとりでも正直者だったとしたら、そのほうが驚きだ。ヒルを見てみろ。もう誰もあの男に干渉できない。みんな金をつかまされてるからな! かりに投獄されたとしても、ヒルは刑務所をまるごと買収するだろう。

どっちにしても、ロペラはベティスを有名にしてくれた。彼が現れるまえは、ゴルディーリョにしろデル・ソルにしろ、選手をどんどん売らないとやってけなかったが、いまではアルフォンソとかフィニディみたいにいい選手を買える」

車が空港に到着し、彼は車を降りてトランクから私の荷物を取り出しにかかる。「それじゃあ。イングランドに帰ってもお元気で」と片手で私と握手しつつ、もう一方の手で荷物を引っぱり出す。「きょうはいやな一日だったが、あんたのおかげで気がまぎれたよ」と、白いプジョーの歩道側の後部ドアをうらめしそうに指さす。ひどいへこみようだ。「あのバイクの野郎。あんたを乗せる五分ほどまえのことだ」と彼はこぼす。誰かに愚痴を言わずにはいられないのだ。「横からいきなりぶつかってきた――ドスンと――交差点で。相手が大丈夫か確かめに出ると、地面に倒れてる。小僧がな。そいつはバイクを起こすと、こっちの顔をまともに見もしないで逃げやがるんだ。わびのひと言もなしに。畜生め。これは高くつくな」自動車保険には加入しているのだろうか。「ああ、第三者賠償だけのやつにな。総合は高すぎる。まあ、とにかく、あんたと話せて楽しかったよ。ビバ・エル・ベティ！」彼はややぎこちなく言って、私に手を振る。

一九九二年の万博のために徹底的に改装された豪華な空港のなかで、ふと思う。この数日間でさまざまな情報が集まったが、いろいろ考えると、結局は何も明らかになっていない。セビリアという街は自分自身を、その伝統や歴史、より大きな枠組みのなかでの立場、そしてサッカー関連のモルボの特性をよくわかっているように映る。ところが、本気でそれを分析してみようという者はひとりもいない。運転手その4の言葉を引用するなら、両チームのライバル関係は〝健全〟だという暗黙の了解を揺るがしかねない議論に加わろうという者も。

　私はひたすらモルボの豊かな鉱脈を掘り当てようとしてきたが、そこには細い脈しかないのだろうか？　街の人々がまったく悪気のない戯れだと主張するなら、最終的にはそう解釈するほかない。それでも、ベティスの誕生などの出来事を追っていけば、逆の結論にたどり着く可能性はある。つまり、いまも昔も険悪な関係にあるのではないかと。ベティスと似た理由で創設されたクラブはほかにひとつもない。

　一九〇五年のセビーリャFC設立から四年後、そしてスペインの地で開催された最初の試合で〈セビリア水道設備〉の英国人従業員たちが勝利した十九年後のこと。セビーリャの新任理事のうち三人が、トリアナに住むワーキングクラス出身の選手との契約承認を拒んだ。彼らに反発したふたりの理事がクラブを脱退し、一九〇九年にベティスを創立する（ベティスという名称はアンダルシア地方の古代ローマの属州名、バエティカにちなんでいる）。したがって、ベティスは左寄りという評判がたちまち広まったのも不思議ではない。記録本では通常一九〇七年を創立年としているが、これはセビーリャ・バロンピエ（バロンはボール、ピエはフットの意）が設立された年である。その後、このクラブとベティスが一九一三年に合併して、現在のレアル・ベティス・バロンピエが誕生した。

　合併から五年後のセビーリャ－ベティスによる地域カップのプレイオフ前夜、兵役中のベティスの選手五人はセビリア兵舎に寝泊りしていたが、守衛たちが命令を受け、誰も外出できないように門を施錠した。ベティスは抗議の意図からジュニアチームを送り出し、22－0という屈辱的な大敗を喫した。セビーリャのファンはいまでもデルビーの日にこのスコアを合唱する。一九九〇年代前半に固定背番号制が導入されたとき、ロペラはのちに態度を和らげたものの、当初は22番のシャツを含むことを認めなかった。〝陰謀〟が立証されたためしはないが、この街では昔から当たり前のように不正が行われているようだ。これで健全なライバル関係といえるだろうか？

一九九九年十二月十七日未明、サンチェス・ピスフアンに近いネルビオン地区の場末のバーで、セビーリャの選手四人がけんか騒ぎを起こして逮捕された。四人はつぎの日曜の試合に出場できず、セビーリャはオビエドで4－2と敗れて最下位に転落し、結局そのシーズンに降格が決まる。悪夢のような展開のなか、せめてもの気休めとなったのはベティスも降格したことだった。逮捕された選手たちの証言を読むと、これがなかなか興味深い。その主張によると、妻たちとバーにいた――その真偽のほどはわからない――とき、数人の〝サポーター〟に中傷を浴びせられたらしい。しばらく無視していたが、堪えかねて立ち向かっていき、殴りかかった。その結果、相手のひとりが顎を骨折したのである。

「向こうはベティコだった」と、まるで驚くべき情報であるかのように選手のひとりは語った。マルカ紙でそのベティコが自分たちの言い分を述べている。「ぼくたちは席に着いて静かに飲んでいた。するとと彼らがやってきて、ベティスのシャツを着たままバーにいるのは許さないと言うんだ。とっとと消えろと言ったら、殴りかかってきた」

健全なライバル関係？　ほかに言いようがありそうだ。

7 田舎者、キュウリ、マットレスメーカーズ――スペインのクラブカルチャー

コミュニティの化身

スペインは儀式が深く根づいた国だ。膨大な時間と労力が万華鏡のように多彩な伝統の保存に注がれ、そうした伝統を記念して地方のフィエスタが行われる。スペインに関する究極の本を書くには、一年三百六十五日、あちこちの町《プエブロ》でそれぞれのフィエスタに参加すればいいのかもしれない。肝臓に問題が起きるのは目に見えているが、この企画は充分実行可能だ。とめどなく増えつづける聖人の日（サッカー選手がその誉れあるリストに名を連ねる日もそう遠くはあるまい）や、あまり知られていない地方の祭りのほか、労働者の日、町や市の創立記念日、憲法記念日、スポーツの日、隣人交流の日など、あらゆる機会が仕事を休む体のいい口実を提供してくれる。

そしてスペイン人はそれをうまくやりこなしている。ひどく反権威主義的で、見たところ社会的な行動は無秩序な国なのに、ことフィエスタとなるとおそるべき忠実さを発揮するのだ。英国の若者ならせせら笑うところを、スペインの若者たちは照れくさい顔ひとつせずに盛装して、あらゆる奇天烈《きてれつ》なことをやってのける。皮肉と個人主義という粗食で育った英国人移住者としては、背中をたたき合

うような一体感に圧倒されずにはいられない。しかも、そうした親睦の場は、年間を通してめまいがするほど頻繁にある。よそ者は群衆に交じって騒いでもいいし、屋根裏部屋に何年もこもってフォルマ・デ・セール（みずからの在り方）を守ってもいい。どちらの選択についても、実例はたっぷりある。

もちろん、こうした地域への帰属意識や儀式は、サッカーがイベリア半島に流れ着くはるか以前に確立されたものだ。だが、サッカーは上陸後まもなく地域文化に受け入れられ、週ごとのお祭り騒ぎに加えられて人々の暮らしに織りこまれた。スペインのサッカーはフランコ政権下でようやく普及した――国民の注意を社会の病弊からそらす方便として――などという話はどれも、この国を三枚レンズの望遠鏡でしか見られないライターたちが広めた作り話だ。フランコ以前、フランコ時代、フランコ以後。そんな望遠鏡を下ろしてこの競技のスペインでの発展をじっくり観察すれば、たちまち確かな事実が目に飛び込んでくる。

サッカーはスペインが内戦へ向かっていた時期も非常に人気が高かったし、それ以前から着実に勢いを増していた。バルセロナとレアル・マドリードは最初から、あまりに異なる地域環境から生まれてきたという単純な理由で反目しあっていた。サッカーがスペインで消滅することはありえなかったし、地元のプエブロの名をもつチームはあっという間に地域の魂そのものの延長となった。トップリーグまで息が届く範囲内にいるスペインのチームはたいてい、その地域のフィエスタや住民や歴史以上に、コミュニティを代表するものとなっている。

地域の文化全体より有名になったといっても、そのチームが依然としてプエブロの本質を保っていることを見落としてはならない。イングランドのビッグクラブの大半は、これにはとてもかなわないだろう（おそらくニューカッスルは例外だが）。かつてはマンチェスター・ユナイテッドとマンチェスター・シティも街にある別々のコミュニティを代表したかもしれないが、どちらもバルサがそのコミュニティの精神を体現しているようにマンチェスターを包みこんだことはない。マンチェスター・ユナイテッドは、地方文化の延長というより独立した組織となっている。

　ところがスペインの場合、クラブは周囲を取り巻くコミュニティの化身であり、いまだに両者は互いに支え合う熱烈な共生関係にある。外国人傭兵が大量に流入してきても、それは変わっていない。一九九九―二〇〇〇年シーズンの末にアトレティコ・マドリードが降格したとき、数人の選手がクラブの駐車場で車のタイヤを切られ、屋外での練習中にはあらゆる罵詈雑言を浴びせられた。同年、セグンダBに降格したログロニェスは、最終戦後にマルコ・バロナト監督を警察に保護してもらう羽目になり、地域のイメージを汚した者を罰しようと押しかけた一群のファンのせいで、選手たちは何時間も更衣室に閉じこめられた。

　マイケル・ロビンソンが司会を務める週一回のテレビ番組、『その翌日』が成功したのは、サッカーそのものよりも、むしろその背景にある文化に重点を置いているからにほかならない。この番組には、奇妙な儀式、ニックネーム、グラウンドの名称、一風変わったサポーターなどをそれぞれ特集したコーナーがある。よくあるファンジン風アプローチと思われるかもしれないが、それどころではない。ここでは毎回どんなに小さなコミュニティにも焦点があてられるのだ。クラブの記号論を述べるために登場する人物は、きまってその町《デ・プエブロ》の出身である。サッカーはどうも二の次にされているようだ。

イングランドなら即座に打ち切りになるだろうが、この番組はスペインで当然のように成功をおさめている。地方のスタジアムがその四方を取り巻くすべてを囲いこみ、その土地の特色や機微をわかりやすく表現するようになったことを理解しているからだ。だとすれば、クラブのシンボル、カラー、愛称、クラブソングが最重要事項であるのも意外なことではないだろう。

縦縞シャツのルーツ

スペインにおけるクラブカラーの重要性は、チームをロス・ベルディブランコス（緑と白）などと呼ぶ根強い習慣が報道機関にあることからも察しがつく。この現象は古くは一九二〇年代の記事に見られるもので、いまではバスク地方にまで広まっており、レアル・ソシエダードは地元のスペイン語紙で「エル・エキポ・チュリ‐ウルディン」と呼ばれている。これはスペイン語（チーム《エル・エキポ》）とバスク語を合体させた妙な言いまわしで、後半の部分は〝白と青〟を意味している――おそらくサッカー界で唯一、白を先にした呼び方だろう。単純な色のもつ力は、シャツの広告と容赦ないマーケティングのせいでどのクラブでも弱まっているが（バルセロナは例外）、スペインにはまだ生き残っている何かがある。年ごとにウェアは変わっても、基本的なデザインは変更されていないからだ。クラブのカラーをいじくりまわすのは、プエブロとその価値観に対する侮辱、歴史を尊重しない態度とみなされるのだろう。簡単に過去を忘れない国ではシンボルが大切だ。なかにはクラブのカラーが特定の理念を強く示す象徴となったケースもある。たとえば、バルセロナの独特なカラーはいまやカタルーニャ主義に欠かせないものとなっている。

クラブのカラーは、市のエスクード（盾形紋章）に使われる町や市の色そのままであることが多い。スペインにけばけばしいユニフォームを選ぶクラブがほとんどないのは、それで説明がつく。もちろん、例外はある。レアル・バリャドリードは街とカスティーリャの色を忠実に守っているが、一九二二年に紫と白の縦縞に決めたのを後悔したこともあったにちがいない。紫といっても厳密にはライラックとラベンダーの中間のような色で、これは記憶にあるかぎりサッカーチームのユニフォームとしてはもっとも変わった色だ。このクラブの愛称はロス・プセラノス（Los Pucelanos）で、事情を知らない人は暗褐色《ピュース》（puce）に関係がありそうだと思うかもしれないが、じつはこの都市のローマ時代の名称に由来している。

レアル・マドリードも同じカスティーリャの色をシャツのトリミングに使っているが、クラブ側はこれは青だと頑固に言い張っている。真っ白に青（っぽい）色の縁取りというユニフォームの発案者はイングランド人のアーサー・ジョンソン、一九〇二年のバルセロナとの初対戦でレアル・マドリードの対バルセロナ戦初得点を決めた人物で、この二色はジョンソンの母国のひいきチーム、コリンシアンズのカラーだった。ジョンソンはさらにこんな提案をしている。親善試合は紫の斜線が一本はいった白いシャツを着るべきだが、公式戦は白のシャツとパンツに黒のソックスを着用し、そしてもちろん、必要不可欠な布製の帽子を忘れてはならない、と――この場合、帽子はダークブルーでなければならなかった。ジョンソンが厳格な服装規定を主張したのは、彼の考えるコリンシアンズ流の規律と秩序をマドリードにもちこむ試みだったように思われる。色やユニフォームに対するこうしたこだわりは、当時のまだ未発達だったほかのクラブには見られなかったものだ。

マドリードがシャツの色をあまり工夫しなかったのは、このクラブが織物業者によって設立されたことを考えると奇異に映る。だが、二十世紀初頭からほとんど変更されていないのは、験のいい色を選んだと満足している証拠と見てまちがいない。このスペイン一有名なクラブのカラー（もしくは、その欠如）は、一九一三年につけられたとされるロス・メレンゲス（メレンゲ菓子）という愛称のもとになった。イメージを大切にする強豪クラブにしては、ずいぶん女々しいニックネームという気がする。

サッカー界では当初、カラーはまずまずの資金力があるしるしだった。二十世紀初頭は、最初の人工染料がイングランド人のウィリアム・パーキンによって開発されてから五十年足らずとあって、白を着るほうが安上がりだったわけである。初期の重要な四つのクラブのうち、ウエルバとレアル・マドリードは白のシャツという単純な選択をし、アスレティック・ビルバオは青と白の縦縞、そしてバルセロナはあの青とえび茶を身にまとった。ウエルバは一九〇九年に青と白の縦縞に変更したが、これはそういうシャツを着て大通りを歩くイングランド人の船員を、地元の社交クラブのメンバーが見かけたのがきっかけらしい。船員の説明によれば、そのシャツはイングランドからの途上でサン・セバスティアンに届けたものの余りだったという。少なくとも、それがそのメンバーの言い分だった。

たしかに、レアル・ソシエダードはその年に初めて白と青の縦縞を着用している。ソシエダードの前身であるクルブ・シクリスタは、やはり白ずくめだったが、白と青は彼らの地元サン・セバスティアンの色で、じつはウエルバ市の色でもある。バルセロナのカラーの起源が何であるかはともかく（4章参照）、〝コミュニティの旗艦〟という理念をもっとも強く示すクラブが、赤と黄を採用しなかったのは興味深い。赤と黄が彼らの地域の色となったのは十世紀、スペインを表す色となるはるか以前のことだった。アスレティック・ビルバオは、3章で述べたように結局一九一四年に赤と白に落ち着いた。これはサンダーランドへの敬意からと思われるが、航海上の理由からサウサンプトンとの友好関係を強固にするためだったと主張する人もいる。サンダーランド説の難点は、ご都合主義から生まれたように思えることだ——酒場にいるビルバオの歴史家たちが、サンダーランドと関連があればもっと箔《はく》がつくと考えたのではないか、と。港が近いだけにサウサンプトン説のほうがもっともらしいが、サンダーランドの産業面を考えれば、こちらとのつながりにも無理はない。

もちろん、ここには純粋に美的な側面もある。サッカーチームを選ぶのは一生の問題だ。だが、最初は親に連れられて行くのが普通なので、チームカラーにあまり選択の余地はない。多くの場合、その色を愛する術《すべ》を学ばなくてはならないが、おそらくは八月の土曜の午後、柔らかな陽射しを浴びながら初めて試合を生で観れば、そのチームのカラーに魅了されずにいられないはずだ。相手チームのシャツの色は消しがたい民族の記憶のように頭に焼きつくことだろう。この美意識は完全に主観的なもの、自分だけのもので、その後は試合を観るたびに強められていく。

チームが身につける色から、そのチームに対する好き嫌いが決まることは少なくない。私は子供のころウォルヴズ(ウォルヴァーハンプトン・ワンダラーズ)が好きだったが、それはあの金色のシャツが気に入っていたからだ。アーセナルは好きになったためしがない。白い袖と春先のトマトのような色の身ごろがあまりにちぐはぐだし、カラフルすぎる柄や取り合わせのチームはどれも反射的に敗者として認識された。サッカーに欠けているものをそれで埋め合わせているように思えたのだ。サンデーリーグ八部のチームはきまって虹のようにカラフルなユニフォームだ。セビリアのタクシー運転手は、子供のころからすっきりした色づかいが好きだったからバレンシアを応援することにしたと話してくれたが、これはほとんどフェティシズムに近く、私には即座に理解できた。セビリアのようにサッカーが盛んな街の人間が、白のシャツと黒のパンツを理由によその土地のチームを応援することに決めるとは、いったいどうしてなのか？　たぶん彼がベティスの緑と白の縦縞を好きになれないのは、まったくの偶然なのだろう。そうした行動を理屈で説明することはできない——ただそれだけのことなのだ。

スペインに来た当初、私は子供時代をもう一度くり返しているような気がした。日曜の夜、名前を聞いたこともなければ、その伝統など知るはずもないチームのダイジェストニュースを見るうち、絵と音が大きな意味をもつ子供の視点に逆戻りしている。チームカラーに対する私の反応は瞬間的で容赦のないものだった。バリャドリードのシャツは、あらゆる穏当な趣味に反する人騒がせな犯罪に思えた。カディスは当時、一部リーグの底辺にいたが、その理由は青いトリミングのついたカナリアイエローのシャツに大書されていた。その一方、オビエドはひと目で好きになった。青のシャツに白のパンツという簡素なエヴァートン風のコンビネーションは、職人的で律儀な感じがした。

縦縞がひどく多くて、当時は一部リーグの二十チーム中九チームを占めていた。四つものチームが赤と白のストライプ——ビルバオ、ログロニェス、スポルティング・ヒホン、そしてアトレティコ・マドリード——とは、多すぎはしないか。あとで知ったところ、二十世紀初頭は赤と白の組み合わせがベッドのマットレスに使われていたため、それがもっとも安く製造できるストライプだったらしい。

寝具業界用に準備された染色ずみの布地を、サッカーのユニフォームに転用するのはわけなかっただろう。ビルバオとアトレティコ・マドリードは当初、青と白の縦縞だったが、赤と白のほうが安いと気づいたことも変更する動機になったようだ。先んじて変えたアトレティコが、ロス・コルチョネロス（マットレスメーカーズ）という今日まで変わらない愛称を頂戴している。

ログロニェスはワインの産地であるラ・リオハのチームであり、そのストライプは地元でとれる赤と白のブドウを表していると主張する。この言い分はかなり胡散臭い。彼の地で有名なのは赤ワインだけだし、そもそも白ワインをつくるブドウは緑色だからだ。とはいっても、赤と緑のストライプではあんまりなので、これは本当の話かもしれない。スポルティング・ヒホンの赤白ストライプは市の紋章からそのまま取ったものだが、このクラブはもっと別の理由で知られている——たとえば、サポーターがこの国でいちばん暴力的だという評判であるとか、本拠地のエル・モリノンは女性建築家が設計した欧州唯一の本格スタジアムであるとか。

エスパニョールは、デポルティボ・デ・ラ・コルーニャとレアル・ソシエダードと同じく、青と白の縦縞を着用する三クラブのうちのひとつだった。もっとも、中央の太い青のストライプからは野暮で冴えない印象を受ける。エスパニョールはスペインに数少ない、最初の選択とはまったくちがう色に変更したチームのひとつだ。一九〇〇年、彼らは当初、ソシエダード・エスパニョーラ・デ・フットボールとして明るい黄色のシャツで登場した。パンツの色は各選手の判断にまかされていた。陽気な印象の色を採用したチームの先駆けだったわけだが、これは創設者の友人だった織物業者のところに、王室の晩餐会用のテーブルクロスに使った黄色の生地が数ヤード余っていたからにすぎない。

この生地はまもなく足りなくなるか洗って縮むかしたにちがいなく、一九〇一年には白のシャツと青のパンツに変更された。現在の色は一九一〇年に採用されたもので、これはカタルーニャの有名な提督の紋章を模したシャツにしようというある会員の提案がもとになっている。

デポルティボも太めのストライプだが、シャツと全体のデザインはもう少し工夫されている。青いパンツのわきの粋な白いラインや、袖ぐりがストライプの切れ目になっているあたりに、やや変わったことをしたいという心意気が感じられる。青と白はガリシアの色で、この地方のほかの主要二チーム、コンポステラとセルタ・デ・ビーゴはデポルティボの暗めの色調と差をつけるためマンチェスター・シティ風のブルーを使っている。セルタは悪くないが、コンポステラのスカイブルー半分、白半分のシャツは洗濯で色がにじんだように見える。

スペイン東海岸のカステリョン近郊にあるビリャレアルは、一九九八年に初めてトップリーグ入りを果たし、と同時に一風変わったユニフォームのいわれももちこんだ。あまり知られていないが、愛称をサブマリンズ（ビートルズの曲にちなんだらしい）というこのチームの黄色いシャツは、一九四七年以来のものだ。この年、クラブ会長の息子がチームの公式カラーである白のシャツと黒のパンツを補充するため、買い物に便利な最寄りの大都市（バレンシア）まで出かけた。あいにく店には白いシャツの在庫がなかったが、シーズンの開幕が迫っていたため、会長の息子は唯一残っていたものをあわてて買い求めた。それが黄色だったのである。ビリャレアルに帰ってみると、選手たちは黄色いシャツを気に入ってくれたが、黒のパンツとは合わないと考えた。何はともあれ決断力だけはある会長の息子は、今度はカステリョンへ出かけて白のパンツをひと山購入し、それを選手の投票結果にしたがって青く染めた。クラブはいまでも民主的に採決された美意識に基づく配色を使用している。

私がスペインにやってきた一九九一年、ベティスは二部に落ちようとしているところだったが、緑と白の縦縞はテレビのハイライト集で見ても目立つし、どこか過激で、まちがいなく型破りだった。これはありきたりのユニフォームではない。たぶん緑色が欧州の一部では縁起の悪い色とみなされているためだろう。ムスリムの国では数多くのチームが緑色を着ている。もちろん、イスラム教の色だからだが、セビリアのアラブ人たちはベティスが緑と白の縦縞を採用したことに何の関係もない。

一九一二年、クラブの創設メンバーであるマヌエル・ラモス・アセンシオが出張先のグラスゴーから緑と黒の縦縞シャツ一ダースを持ち帰り、ベティスのユニフォームにどうかと提案した。チームはこの新しいシャツで五試合を戦い、全敗に終わった。つぎの対戦に向けて黒の代わりに白を入れたユニフォームが縫われると、ベティスはこれに勝利する。験をかついで幸運のシャツを使いつづけることにし、緑と黒の一式はゴミ箱行きとなった。ほかに緑を着ている唯一の主要チームはサンタンデールだが、第一ユニフォームは通常、緑のトリミングがある白のシャツ、黒のパンツに緑のソックスからなる。ベティスとちがって、この色は地元のカンタブリア地方からとられたものだ。

英国人がスペイン・サッカーを観て驚く点に、似たような格好をしたクラブどうしの対戦の多さがある。これはお互い第一ユニフォームを身につけるためで、アスレティック・ビルバオとレアル・ソシエダードのバスク対決は、きまってまぎれもないストライプ合戦となる。ここまで本来の筋にこだわる姿勢は、イングランドではあまり見られない。ふたつのチームはしばしば見分けがつきにくく、とくにテレビではむずかしいが、生でその光景を観ると心が洗われる思いがする。まだユニフォームには背番号しかついていなかったころ、インジュリータイムにソックスを下げることが許された無邪気な時代に戻ったような気がするのだ。しかも、これはストライプに限った話ではない。一九九二年にテレビで観たブルゴス－オサスナ戦で、両チームがほとんどおそろいの赤いシャツを着ていたのを憶えている。オサスナが黒のパンツに黒のソックスだったのに対してブルゴスは白だったが、いずれにしても不思議な光景だった。いまではとても考えられない。

愛称クイズ

色の歴史が豊かなのに比べると、スペインのクラブの愛称はどちらかというと貧弱である。すでに述べたように、赤と白、青と白、緑と白などと、クラブをシャツの色で呼ぶ風潮のせいで時の彼方にかすんでしまったものもあるだろう。だが、スペインのプエブロにおける儀式や神話の重要性を考えると、これは驚くべきことだ。プエブロこそ活気あふれるニックネーム・カルチャーが花開くにふさわしい土壌だと思う向きもあるだろうに。といっても、もちろん注目に値する例外はいくつかある。

むかし受けた中等教育終了共通試験の地理の問題に、地図上に町や地域の産業の種類を記入するものがあった。出題された町のほとんどにサッカーチームがあり、私はその愛称について情けなくも完璧な知識をもっていたので、答えを出すには簡単な推理をはたらかせるだけでよかった。ノーサンプトンが靴屋《コブラーズ》と呼ばれることを知っていた私は、この地域が靴の製造、したがって革の生産で名高いにちがいないという当然の結論にたどり着いた。ウォールソール（馬具屋《サドラーズ》）、スカンソープ（鉄《アイアン》）、シェフィールド（刃《ブレイズ》）についても正しい答えを導き出したが、リヴァプールを中心とするマージーサイドはお菓子(エヴァートン・ミント)と音楽産業で有名という回答に試験官が感心してくれたかどうかは知らない。ともあれ、私が合格したのはイングランドのクラブの愛称にそれぞれの町や市の産業と呼応するものが多かったおかげである。

スペインとなると、そうはいかない。産業の伝統が愛称に反映されているクラブは二部リーグのエイバルぐらいのものだろう。バスク地方の小さな町のこのチームは、ロス・アルメロス(砲撃手)の名で知られている。銃器の製造が地場産業だったためだ。このエイバルとともに、つかの間のトップリーグを楽しんだのち二部に逆戻りしたアルバセテは、エル・ケソ・メカニコ(時計仕掛けのチーズ)と呼ばれている。これは、キューブリックの映画が公開されたころに地元のマンチェゴ・チーズと組み合わせてできた愛称なのだろう。スペインのプレスはもう何年も、七〇年代のオランダ代表を映画のタイトルそのままにラ・ナランハ・メカニカ(時計仕掛けのオレンジ)と呼んでいる。

南西部に位置するエストレマドゥラのメリダは、ロス・ロマノスと呼ばれている。とすると当然、この町にはローマ時代の重要な遺跡があるのではと思われるだろうが、そのとおり。この町はたしかに、歴史的遺物のほうが一九九九―二〇〇〇年シーズン末に財政上の不正という理由でセグンダAから降格したサッカーチームより有名だ。ベティスは緑色のストライプのせいか、ロス・ペピノス(キュウリ)の名で知られている。また、パンプロナのオサスナはロス・ロヒリョスと呼ばれているが、これは「小さい赤いやつら」(シャツが赤)という意味で、ここからは小ささを示す接尾辞(イリョもしくはイコ)をほとんどの形容詞につけるナバラの人々の愛すべき癖がうかがわれる。私は以前、生粋のナバラ人が友人のことを「グランディコ」と呼ぶのを耳にした。文字どおりの意味は〝小さい大きい〟だ。

バスクの州都ビトリアのクルブ・デポルティボ・アラベスは、ロス・ババソロスと呼ばれている。これは不思議な愛称で、そのいわれを満足に説明できる者はいないようだ。クラブに電話してみたが、応対した職員には「見当もつかない」と言われた。クラブのマスコットはキツネかコヨーテのような動物で、ソロはキツネを意味する。とすると、この名前は〝よだれを垂らしたキツネ〟という意味なのかもしれない。ババは赤ん坊の顎を伝い落ちるものを指すからだ。たしかにアラバ県にはキツネがたくさんいるが、それがよだれを垂らす種類なのかどうかは定かでない。レスター・シティ（マスコットはキツネ）にこんな問題はなかった。

ところが、どうやらババソロはキツネとまったく関係のないバスク語に由来するというのが真相らしい。この言葉は英語のyokel（田舎者）のような侮蔑的な意味をもち、〝野暮ないなかっぺ〟といった含みがある。アラベスを応援する人たちも、陽気にけつの穴（クレス）を自称するバルセロナ・ファンより恵まれているわけではないようだ。

ババはバスク語で小型の堅い品種のソラマメを指している。このソラマメがジャガイモと並んで（アラバ県はむしろジャガイモで有名だが）、凶作の年に地元住民の主食となったにちがいない。ババソロスは文字どおり訳すと〝ソラマメ好きの人々〟で、ほかに食べるものがない栄養不良のみすぼらしい田舎者といった意味合いを含む短縮語だ。もっとも、話はこれで終わるわけではない。もうひとつ解釈があって（これがいちばん信用できそうだが）、ババはジャガイモを意味するスペイン語の短縮語で、ソロとは作物を枯らすダニやアブラムシなどの害虫であるという。「ソモス・ロス・ババソロス」、直訳すれば「おれたちはジャガイモにつく悪い虫」とサポーターが高らかに歌うというのは、どんなものだろうか？　筋を通すなら、クラブのマスコットはジャガイモかソラマメであるべきだろう。だが、一九九八年のトップリーグ昇格、それ以前のカップ戦での快進撃、そして二〇〇〇年のUEFAカップ出場――限られた財源を考慮すると申し分のない実績――などを達成したクラブのマーケティング部は、イメージ戦略上、よだれギツネのままでいることにしたにちがいない。

エスパニョールの有名な愛称、ロス・ペリキートス（小さなインコたち）についても、さまざまな解釈が認知を求めてしのぎを削っている。先ほど述べたように、当初彼らは黄色のシャツを着ていたので、当然のようにロス・カナリオスと呼ばれていた。一九一〇年には現在の太めの青と白の縦縞に変えていたが、この色の組み合わせを見つめてまず連想されるのが小型インコということはありそうにない。ある説によると、この名前は漫画に出てくる猫のものだという。二十世紀最初の十年間にバルセロナで発行された風刺雑誌のキャラクターが、エル・ペリキートだった。エスパニョールはテラス席とチケット売り場があるカタルーニャ初のグラウンドを設けたが、この雑誌によると、そのせいで試合を観にくる人が少なかったらしい。カタルーニャ人はスペイン国内ではけちで知られていて、本人たちも真っ先に認めることが少なくない。

バルサびいきの編集者が出版したこの雑誌は、エスパニョールの試合には〝四匹の猫〟しか来ないと言いたかったようだ。〝四匹の猫〟というのは〝ほとんど誰も〟を意味する口語表現である（ピカソも通ったという二十世紀初頭のバルセロナでもっとも名高いボヘミアンのたまり場も、四匹の猫《エルス・クアトレ・ガッツ》という名だった）。だが、雑誌の一匹の猫が原因でサポーター（四匹の猫）がペリキート

（インコ）一般と結びつけられるようになったというのは、少々飛躍のしすぎだろう。それ以上に無理があるのが、そのサポーターがスタジアムをラ・マニグア（ジャングル）と呼んでいたことを愛称の由来とする意見だ。これは椰子《やし》などの草木が周囲に密生したためだが、たしかにインコはそういう環境に生息するものの、それをいうならタランチュラやホエザルも同じだろう。

もうひとつ、試合の日にサリア・スタジアムの前でナッツを売っていた老人のせいでこの名がクラブと結びついたとする説もある。この老人は両肩に元気な（青と白の）セキセイインコのつがいをとまらせていたという。もしそんなことがあったなら誰かが写真を撮っているはずだが、知られているかぎり、その謎のナッツ売りと青白ストライプの小鳥たちがいた証拠となる記録はない。真偽のほどはともかく、エスパニョールは二〇〇〇年に幸せな創立百周年を迎えた。国王杯でマットレスメーカーズことアトレティコ・マドリードを破って一九四〇年以来のトロフィーを獲得したのだが、バルセロナが無冠に終わったことで、この優勝はいっそう甘美なものとなった。

バレンシアの呼び名はロス・チェスで、たがいに〝チェ〟と呼びかける市民の特異な習慣から来ている。これはバレンシア方言で、〝相棒《メイト》〟といった感じに訳せるらしい。バレンシア人は自分たちの言葉に誇りをもっていて、それをカタルーニャ語の方言などと言われるとじつに不愉快そうな顔をする。興味深いのは、この愛称が地域の言葉を使ってかろうじて肯定的な文化上の特色を示している数少ない例のひとつであることだ。バルセロナのけつの穴やアラベスの田舎者はとてもこの範疇に入れられないし、ガリシア地方には愛称にガリシア語を使っているチームがひとつもない。

それどころか、つまらない愛称といったら、ガリシアのコンポステラが断然トップなのである。コンポスという呼び名からは、彼らのピッチによく肥料が施されているということしか思い浮かばない。スペイン西部の人々は概して愛称のつけ方に臆病なようだ。デポルティボ・ラ・コルーニャは単にスーペル・デポルと呼ばれているし、セルタ・デ・ビーゴにいたってはそもそも愛称がない。

クラブソングを聞き逃すな

愛称にスペイン人気質の控えめな一面が表れているとしたら、それはおそらくクラブソング、つまりイムノへの関心のほうが高いためだろう。こちらのほうがずっと肝心で、そこではスペイン・サッカーのある要素が明らかになる。英国ではその要素が欠けているのだが、これは騒々しい楽団が近くにいることに英国のスポーツ観戦者が九十分も耐えられないせいかもしれない。けっこううんざりしながらも断固としてクラブソングを吹奏し、時間帯もスコアも理性も忘れてトランペットやシンバルを盛大に鳴らすのだ。こうしたバンドはクラブに公認されていることも多く、スタジアムの決まった場所を割り当てられている。だから、なるべく離れた席を買うことは可能なのだが、それでも音は響いてくる。勝っても、負けても、引き分けても。ただしチームが勝っていれば、テンポがきびきびして観客がいきなり音に合わせて歌詞をつけたりする。これはシュールレアリスムがスペインの土壌に根づいた理由をさりげなく証明するような光景だ。

クラブソングで興味を引く点は、すべてのプロチームに賛歌があるのもさることながら、そのスタイルや歌詞の内容が均一であることだ。歌の多くは創立以来のものだが、オリジナルソングに加えて〝現代〟版をもつクラブもいくつかある。その大半は一九四〇年代後半から五〇年代前半にかけてつくられたもので、窮乏にあえいだ内戦と第二次世界大戦終結後の当時は、多くのクラブが生まれ変わったような気分に浸っていた。もっとも、歴史の研究者が社会の成り立ちや地方文化の証拠として使えそうな歌はほとんどない。その代わり、ほぼすべての歌詞で、狂詩に目のない好事家がにんまりしそうな誇張法と詩的技巧が駆使されている。

どのクラブソングにも出動命令のような箇所が通常、最後の節に、もしくは観衆を煽動するコーラス部にある。それぞれの歌で微妙に異なる掛け声が採用されているが、これは肺からできるだけ息を吐き出すためのまったく意味のない言葉だ。たとえば、レアル・マドリードの場合、こんな鬨《とき》の声が一回めに参加しそこなった人のために最後にもくり返される。「アラ・マドリード！ アラ・マドリード！」セルタも〝アラ〟を使っているが、「セルタ、セルタ、ラ・ラ・ラ」の一行を加えてオリジナリティに欠けると思われないようにしている。サラゴサのコーラスの冒頭は「アウパ・サラゴサ！」で、その意味は〝アラ〟と大差ない。レアル・オビエド、スポルティング・ヒホン、それにコンポステラも〝アウパ〟派だ。アスレティック・ビルバオの歌は、いうまでもなくバスク語だが、「アスレティック・エウプ！」というすばらしい一行があって、まるできついヨークシャー方言のように聞こえる。

一方、テネリフェの煽り文句はまるで異次元の世界からやってきたかのように響く。一九六〇年の対ムルシア戦のまえに初めて演奏されたそうだが、（当時）人気があった地元のグループ、ロス・ウアラチェロスが作ったこの歌には、初期のＬＳＤの薬効としか思えない掛け声がはいっている。「リキ・ラカ・スンバ・ラカ、シン・ボン・バ！ リア・リア・リア、リアン・プン・タ！」これにつづいて、ラシン・サンタンデールが一九七九年にまずまずの出来の「ア・ラ・ビ、ア・ラ・バ、ア・ラ・ビン・ボン・バ！　ラシン、ラシン、ラシン、ラ・ラ・ラ」という一行をひねり出した。こうした歌はどれも大まじめにつくられ、歌われている。

ログロニェスのクラブソングとして一九一〇年にJ・エイサガなる人物が書いたパソドブレ（行進曲風の舞曲）には、趣向の変わった一節がある。トップリーグでの数シーズンののち二〇〇〇年にセグンダBに降格したログロニェスは、ラ・リオハ州の小さな町ログロニョの中堅チームだが、噂によれば、長年の耕作作業で鍛えられた恐ろしいサポーターがついているらしい。そして、レアル・マドリードの悪名高いウルトラス・スルでさえ遠征を拒否するといわれるふたつのグラウンドとは、スポルティング・ヒホンとログロニェスの本拠地なのだ。さて、そのクラブソングはこんな感じである。

ラ・リオハのワインがおれの血潮
気高くなるか無情になるかは、やつらの出方しだい
ラ・リオハの教えでは、スポーツの格は
プレイの流儀に表れる
だから、やつらの出方しだい、やつらの出方しだい
それなりのもてなしをしてやろう

まるで作者がクラブの将来の評判を見越していたかのようだし、この地方の特色も見事にまとめら

れている。ブドウの黒々とした木々が見渡すかぎり何マイルもつづき、ときおり小さな村がふと現れる緩やかな起伏のある土地。よそ者は子供たちに遠巻きにされ、まるで宇宙船から降り立ったばかりのようにまじまじと見つめられる。地域全体が少しばかりタイムワープしたようなところで、人々はぶっきらぼうで疑い深い。まさにこの歌のとおりだ。フェアに勝負するなら、きちんと扱ってやるが、ふざけた真似をすれば、ただではすまないと、歌はほのめかしている。

一九九四年、彼らのグラウンドであるラス・ガウナスに観戦に訪れたことがある。レアル・ソシエダードが4－0で圧勝したのだが、バスに戻ろうとしたところで、私はこの結果を悔やむこととなった。私たちのグループはうなり声をあげるティーンエイジャーの集団に囲まれ、バスクのテロリストどもめ、と罵られたのだ。同行者のうちふたりは赤いスプレーペンキをかけられ、もうひとりは催涙ガスらしきものを吹きつけられて一時は目が見えなくなった。ひどい仕打ちだった。スペインでの普通のアウェイ体験とはかけ離れている。

クラブソングに共通する特徴としてはもうひとつ、チームの功績を高らかに謳うフレーズを挿入しようという努力の跡がある。その結果、ばかばかしいほど大げさな形容詞が羅列されていて、《シンプリー・ザ・ベスト》（グラスゴー・レンジャーズのクラブソング）が慎み深さを身につける訓練に思えてくるほどだ。はたしてレアル・マドリードが、最盛期を迎えようという一九五二年に書かれた応援歌、《アラ・マドリード！》でこの風潮のきっかけをつくったのだった。一九〇三年にルイス・マリア・セゴビアという名のエンジニアが英語表記の《ゴール！》という独創的な題名のパソドブレを書いていたが、一九五二年にはクラブも新たな景気づけが必要だと感じたにちがいない。

あらゆるスポーツの栄光に包まれ
国じゅうを凌駕する
旗を掲げるマドリードを見よ
けがれなく、白く、けっして衰えない
高貴な血統、寛大な精神のクラブ
勇気、心、たくましさ
老いも若きも、老いも若きも
その栄光を忘れるなかれ……

けがれのない色と「高貴な血統」を訴えている点に注目していただきたい。スペイン語では純血《カスティソ》で、これはベルナベウ・スタジアムの通路に純粋な貴族の血が流れていると示唆する非常に強い表現だ。家長制でカスティーリャ重視という特定のスペイン像を象徴することに尽力する組織としては、意味深長な言葉の選択である。当然のことながら、詞のなかにクラブの創立者がカタルーニャ人だったことにふれた箇所はない。

うぬぼれているのはマドリードだけではないが、それもべつだん驚くことではない。本音としては「おれたちはゴミだ」とか「おれたちの野心は身のほど知らず」といった気持ちがあるとしても、クラブソングでそう宣言するはずはないのだから。サラゴサは自分たちがアラゴン地方の代表であることを強調し、作詞者はクラブの「プレイに表れるサラブレッドの血統」について書いている。そして、「気高さと雄々しさ、アラゴンの旗と誇り……チームはこの土地に立ちはだかる巨人」と謳歌する。セビーリャもカスタ、つまり「よき血筋」を自慢しているし、エスパニョールは王に認められた唯一のクラブだと言いたげに、名称に冠した王のことばかり力説する。小さな犬が吠えるようなくり返しは、藁《わら》にすがっているのかと思わせる。

王室のクラブ、エスパニョール
エスパニョールよ、おまえは王、真の王
その気高さゆえにおまえの狙いは正しいものとなる

どんな「狙い」なのかはさておくとしよう。空っぽのトロフィー陳列棚というままならない現実を反映させるのではなく、生ぬるい詩的逸脱を用いて壮大な主張をくり広げようとするクラブソングもある。スポルティング・ヒホンは八十八年間のクラブ史上、主要なトロフィーを獲得したことは一度もない。きっと赤面しながら、この感動的なコーラス部を歌っているはずだ。

王室のスポルティング、名高いチーム、きらめく珪石《けいせき》からつくられた
輝かしい歴史が町に名誉の光を注ぐ
われらのグラウンドで負けはしない

われらの石切り場からは勇気が立ち昇る
何人も忘れられない
スペインの大地の勝者よ！

この歌が書かれたのは、一九四四年に二部から昇格してトップリーグでの最初のシーズンを七位と健闘して終えたころのことだった。一九四八年にはふたたび降格したが、それはささいな事柄にすぎない。残念ながら、スポルティングがこれまでに残した唯一の記録は、一九九八年に一部リーグから降格したときの勝ち点13、つまり史上最低の勝ち点である。

クラブの色、愛称、歌。この聖ならざる三位一体こそ、スペイン・サッカーのときに不可解な愛すべき側面にほかならない。この三つがなかったら、この国のゲームはずっとつまらないものになるだろう。地方のサッカージャーナリストたちが得意とする言いまわしに、「スダル・ロス・コロレス・デ・ラ・カミセタ（シャツの色の汗をかく）」というのがある。これは真に献身的な選手に贈られる最高の褒め言葉だ。その選手がクラブソングの歌詞を知っていたら、ますますけっこうなのだが。

8　ダークホース——代表チームの不可解な失態

歴史はくり返される

　暖かく風の強い午後、サン・セバスティアンの人出で賑わうオンダレータ・ビーチでの出来事だった。潮は引いてピッチは完璧、一時間まえの波打ち際まで緩やかな下り勾配がつき、黒ずんだ砂は引いていく波にならされていた。一九九二年、それはビーチサッカーにもってこいの年だった。日曜ごとに外国人学生がビーチに集まり、そこにイングランド人教師たちがしだいに加わるようになった。私がある日曜に通りかかって参加を申し出たときには、十一人制の試合ができるほどになっていて、必然的に英国人対その他の対戦に発展した。満ち潮にあたった週末は満足のいくゲームができず、一時間もするとみんな軟らかい砂のせいで疲れ果てて帰ってしまう。だが、この日曜は絶好のコンディションで、英国人チームはその月最初の勝利をめざして燃えていた。

　そのふたりの男が現れたのは、私たちがプレイをはじめて三十分ほどたったころだったにちがいない。地元の人間で、歳は四十代なかばから後半、そんなふたり組が参加させてもらえないかと礼儀正しく訊ねてきた。「もちろん」と私は答え、ただ、試合中はひとり名誉英国人になってもらわなくてはならないとつづけた。その日、両チームには同じ人数が集まっていたからだ。ふたりは顔を見合わせ、にやりと笑った。少しローレルとハーディに似ていた。ひとりはずんぐりと太り気味、もうひとりは小柄でひょろひょろしていて、快活な少年のような顔をしている。ずんぐりした男が手を挙げたので、私はそれをこちらのチームでプレイするという意味だと受け取った。彼のピーター・パンのような友人は静かにピッチへ走り、ヨーロッパ人学生のあいだをぶらついてディフェンスの位置についた。

ふたりが現れたとき、たしか私たちのチームは負けていたのだと思う。それはいつものことで、悲しいかな、試合はそれぞれのサッカー文化をそのまま反映していた。ずんぐり男は穴だらけのディフェンスの後方でスウィーパーのポジションについたが、とてもチームの運命を変えてくれそうには見えなかった——ただしそれは、彼がボールをもつまでの話だ。ヨーロッパ人がこちらのゴールに近づくたび、なぜかボールはずんぐり男の足許に転がっていった。すると彼はちらりと目をやり、三十から四十ヤード先にいる新しいチームメイトの足許にまっすぐボールを送る。私たちが運に恵まれたのは明らかだった。サッカーの知識がほんの少しでもある人なら、彼が元プロ選手だとわかっただろう。正確な読み、素早いボールコントロール、息切れする生白い英語教師の足許まで三十ヤードもボールを飛ばす能力がすべてを物語っていた。

向こうのエンドにまわった彼の友人はこれといって特色がなかった。ボールが足許に来ても、横パスをするかキーパーに戻すかしかしない。わがチームのほうがいい選手を得たのはまちがいなかった。ところが十五分ほどたつと、男の本能がむくむくと頭をもたげる。ピッチの縦三分の二くらいの位置から、私が敵のゴール前をうろつく教師のひとりに期待をこめてパスを送ったときのことだ。小柄な痩せた男が横から飛び込んできてパスをインターセプトし、反転して傾斜のある砂浜をウイングへ駆けだした。接近してきたところを走って止めようとしたが、小走りと見えた動きから彼はいきなり加速し、内側に切れこむような微妙な素振りを見せたかと思うと、棒立ちになった私の外側を舞うように抜けていった。

彼の突進を見ようと振り返ったが、その動きは目にとまらないほど速かった。三、四人いたディフェンダーはすでに倒れるか、その緩急と方向転換に混乱させられていた。ディフェンスを抜き去った彼がシュート体勢にはいった。ずんぐりした友人はそれを防ごうともしない。と、ボールはそれまでの半時間に蹴り起こされた砂の塊に当たって跳ねあがり、腕白小僧のようなプレイヤーのもとから待ち受けていた友人のほうへまっすぐ転がっていく。ずんぐり男はボールを空中高く蹴りあげると、笑いながら倒れこんで友人の両脚を引っぱった。砂の山に転がったふたりは、立ちあがるとそわそわした様子でビーチを見まわした。人に気づかれることを恐れていたにちがいない。ふたりは私たちに礼を言い、ビーチを遊歩道のほうへ歩いていった。

ゲームのあとで数人のプレイヤーがふたりの飛び入りについて話をしていた。〝その他〟チームに地元の人間がひとりいて、話の内容に気づくと私たちの無知さ加減に唖然とした。「あのふたりが誰か知らなかったのか?」と嘲るように言った。「ロペス・ウファルテとミゲル・エチャリだ。小さいほうがロペス・ウファルテ。一九八二年のワールドカップに出場したんだ。ぼくのヒーローだった。彼を知らなかったなんて信じられない!」

ロベルト・ロペス・ウファルテ、通称〝小さな悪魔〟は十五の代表キャップを記録したが、本来はもっと選ばれてしかるべき選手だった。キャリアの大半をレアル・ソシエダードのウィンガーとしてすごし、リーグ通算百十二ゴールと見事な成績を残している。ジョン・トシャックが監督に就任した一九八六年には力が衰えかけ、膝の故障でスピードが落ちた影響で、やがて選手生活に終止符が打たれる。トシャックによってアトレティコ・マドリードに放出されたが、のちにレアル・ソシエダードに復帰し、何人もの監督の副官を務めた。一九九二年のその日曜日にサン・セバスティアンにいたのはそのためだ。

ミゲル・エチャリは同クラブの事務局長で、外国人タレントのチーフスカウトだった（あの日曜日、その基準に達した者はひとりもいなかったらしい）。七〇年代前半にレアル・ソシエダードでプレイしたが、代表歴はない。それにしても、ロペス・ウファルテとは！　スペイン・リーグを彩った史上有数の名ウィンガーにして、温和で謙虚な人物。プロとしての本能が目覚めるまで後方で静かに控えることに満足していたが、突如として活気を帯びると、私たちは呆然と立ちつくすしかなかった。ところが彼はゴールを決められなかった。それを望んでいたのは明らかだが、シュート体勢にはいったとき、ボールは彼のもとから転がっていった。

ロペス・ウファルテはすばらしい選手だったが、国際舞台で活躍したとはいいがたい。とくに地元スペインで開催された一九八二年のワールドカップでは、代表《セレクシオン》のチームメイトの多くと同様、期待に応えることができなかった。スペイン・リーグの実力と格式、スペインのクラブによるヨーロッパでの勝利の数々にもかかわらず、ナショナルチームはこれまでたいした実績を残せずにいる。毎回、今度こそと期待されるのだが、いざとなると目標に達することができない。ボールは砂の塊に跳ねあがって、転がっていく。一九五〇年のワールドカップで四位、一九六四年の欧州選手権で優勝、一九八四年のフランスでの欧州選手権で準優勝——ざっと、そんなところだ。一九二〇年のオリンピックから持ち帰った銀メダルでさえ、運営上の不備のおかげで獲得されたように見受けられる。

過去八十年のスペイン・サッカーの一貫した水準を考えると奇異に映るが、こうした期待はずれはいまだにこの国のサッカーの特徴で、もはやスペインは出場するどの大会でも〝ダークホース〟となるのが恒例化している。まるで歴史によって、多くを望んではいけないと厳しく仕込まれているかのようだ。

セルバンテスならナショナルチームの道化ぶりを楽しんだかもしれない。彼らはどう見てもドン・キホーテ的だからだ。代表の歴史はドン・キホーテとサンチョ・パンサの冒険を忠実になぞっている。気高い自己欺瞞、善意から生じた失敗、はなはだしいうぬぼれ。もっとも、スペイン人のプライドはつねに複雑で神経過敏なところがあり、そこには致死量の劣等感が盛られている。

一九二〇年の秋、スペイン代表がオリンピックに参加するため列車でアントワープに向かったとき（一九二六年までスペインにプロ選手はいなかった）、彼らが使ったのは三等車だった。選手のほとんどは外国に足を踏み入れたことがなく、当時のプレスの注目はもっぱらつぎの点に絞られていた。チームの参加によってスペインに対するヨーロッパの認識はどう高まるのか、そして、イベリア半島で孤立する国はほかの国々と競い合えるようになるのか。

どんな成績をあげられるか、スペイン人には見当もつかなかったのだろう。地球村を前にした彼らにとって、何に直面するのか予測するのはむずかしく、そのため試合にはピカレスク小説的な風味が添えられた。田園をさまようドン・キホーテさながら、どんなものに、あるいは誰に遭遇するのかわかっていなかったわけだ。そして全試合が終わってチームが銀メダルを胸に帰国したとき、自己欺瞞がかたちを帯びはじめる。

その後八十年におよぶスペイン代表のふがいなさは一九二〇年のオリンピックに大きな原因があり、当時の一連の出来事から将来の雛型はつくられた。一九六六年のワールドカップ優勝がツキに恵まれていたと認めなかったイングランドのように、〝自分たちは思ったほど悪くない〟というスペインの反応は、四年後のパリの失敗をもたらす一因となる。彼らはそこでイタリアに1－0と屈し、初戦で敗退した。

一九二〇年の戦績が印象深いものだったのはまちがいない。ブリュッセルでの第一戦でデンマークを1－0で下したのち、スペインは準々決勝でホスト国のベルギーに3－1で敗れた（オランダ人の主審に激しく不満を訴えたという）。だがこのあと大会は混乱をきわめる。ベルギーが優勝したのだが、これは不戦勝によるものだった。決勝でチェコスロヴァキアが（イングランド人の）主審の判定に納得できず、抗議して試合を放棄したためである。チェコスロヴァキアは資格を剝奪され、銀・銅メダルのチームを決めるトーナメントがただちに組まれたが、準決勝で敗れたフランスの選手の大半は監督のフレディ・ペントランドとともにすでに帰国していた。そこで、準々決勝で敗退した四チームがノックアウト方式で対戦し、その勝者が準決勝で敗れたもう一方のチーム、オランダとメダルを賭けて戦うことになった。スペインは帰りの乗車券を購入ずみだったが、このまわりくどい即席の大会に救われ、スウェーデンを2－1、イタリアを2－0で破り、二位決定戦では強敵と思われたオランダを3－1で下したのである。

振り返ってみると、この大会のスペイン代表にはその成功もうなずけるほどの戦力がそろっていた。サモラ、サミティエル、ピチチ、ドミンゴ・アセド、バスク人の闘将ホセ・ベラウステ（これはベラウステギゴイティアという悪夢のような発音の姓を省略したもの）。当時のスペインには知る由もなかったが、こうした選手はヨーロッパのアマチュアの精鋭たちと十二分に渡り合える実力をもっていた。

この遠征の記録からは、スペインの長所と短所のすべてがピッチ内外の行動に反映されたことが明らかになる。監督のパコ・ブルは、どうにか希望どおりの選手を集めたが、折悪しくデンマーク戦の前夜に選手たちの反乱というこの国のアキレス腱に悩まされた。イルンのフォワード、パトリシオ・アラボラサが選手の多数派であるバスク人を代表して、初戦のチームはバスク人のみで編成すべきとの旨をブルに訴えたのだ。ふたりの突出したプレイヤー、サモラとサミティエルも除外されることを考えると、これは奇妙な申し立てである。

この要望が政治・個人・戦術のいずれを理由としていたのかは不明だが、それを無視して〝スペイン〟代表を試合に送り出したブルの功績はいまも色褪せることがない。チームは勝利をおさめ、唯一のゴールを決めたパトリシオが、スペイン代表として得点した最初の選手となった。当初〝スペイン人のみ〟のチームを選出した連盟に対し、バスク人も選ぶようみずから仲立ちしたのがブルだったことを思えば、バスク人選手が監督に圧力をかけたのは筋違いもはなはだしい。

翌日に行われたホスト国との試合では、選手とブルが友好的に話し合って民主的にラインアップが決められた。控えゴールキーパーのギリェルモ・エイサギレは、若いサモラが引きつづきポストのあいだに立つことをミーティングで知ると、ホテルの部屋にこもり、荷物をまとめてつぎの日に列車で帰国した。チームスピリットはもはやそれまでだった。そしてベルギーに3－1で敗れ、民主主義もそれまでとなる。

三日後のスウェーデン戦がまぎれもない血戦だったのは衆目の一致するところで、この試合からはジャーナリズムの常套句、〝スペインの猛威《ラ・フリア・エスパニョーラ》〟が生まれている。さらに、この対戦ではスペイン・サッカー史上大きな意味をもつ瞬間が訪れた。スウェーデンに1－0と先行されたとき、巨漢のセンターバック、ベラウステはハーフウェイラインを越えながら、ボールをもつサビーノ・ビルバオにこう叫んだという。「よこせ《ア・ミ》、サビーノ、やつらを片づけてやる《ケ・ロス・アローリョ》！」サビーノは言われたとおりパスをまわし、ベラウステは鮮やかな同点弾を決めた。つづいて八十分にアセドが決勝点を入れたとき、フィールドには七人のスウェーデン人と八人のスペイン人しか残っていなかった。ほかの選手は地元の病院に運ばれるか、ピッチのそばで横たわっていた。スウェーデンも死闘に貢献したのはたしかだが、この試合はスペイン・サッカーの伝説と化し、セレクシオンが勇ましい戦士の民族の代表である〝証〟となる。ABC紙の記者は目の当たりにした光景に対する不快感も、自身の偏りも隠すことができなかった。

その午後、サッカー場を舞台とするもっとも野蛮かつ残忍なゲームがくり広げられた……先制したスウェーデンは暴力に訴えてリードを守る決意を固めた。対するわが国の選手たちは「当たっていけ」と叫び、その言葉どおりに試合を進めた。そしてわれわれは本物の根性と抵抗によって勝利をもぎとった。フィールドを去るスウェーデンは完膚なきまでに叩きのめされていたが、それも当然の報いだった。

翌日、手負いの軍団はサミティエル、フアン・アラテ、パトリシオ、アセド、さらにベラウステ抜きでイタリアと対戦しなければならなかった。いずれも激戦の犠牲となったのだ。だがチームの取柄は立ち直りの早さにあった。彼らは終盤の二十分を十人で乗りきっている。これはサモラが高貴な響きの名をもつバディーニ二世の顎に右フックを見舞い、早めの入浴を迎えたためだった。オランダ戦までの三日間で回復したスペインは、最強の布陣で試合に臨み、3－1で勝利をおさめる。三点めはピチチのヘディング、代表としては彼の最初で最後の得点だった。

ABC紙の記者ルブリクはこの成功が母国のイメージ向上にとって象徴的な意味をもつと力説した。

わが国に対する他国の印象やいかに？　きわめて良好だった。このスポーツがスペインでこれほど進歩しているとは誰も思っていなかった。スペインには闘牛士しかいないと考えていたのだ。

つづいてルブリクは、アントワープのスペイン領事セニョール・イエブラが「彼らは国家の名誉を正々堂々と立派に守ったとたたえた」ことを記している。正々堂々と立派に？　内部抗争も他国との戦いぶりも、とてもそんな結論の根拠にはなりえない。ところが、領事の言葉は記者自身の結びの一節と響き合っている。

その心地よい調べに乗って、忘れがたい闘いの鮮烈な思い出を胸に、われわれは翌日、偉大な祖国に戻る列車に乗りこんだ。愛国心を示す偉業にことのほか満足しながら。

列車がベルギー国境に到達すると、すでに述べたとおり、葉巻を持ち出そうとしたサモラが当局に逮捕され、チームの全員がフェニー警察署で数時間の取り調べを受けた。この事件が国のイメージにおよぼした影響にルブリクは一度でも言及したのだろうか。チームが帰国したとき、連盟がパコ・ブルを冷遇し、彼にメダルを与えないことを決定するなど、ほかにもさまざまなことがあった。代表が他国と対等に渡り合えることを証明し、ヨーロッパじゅうのサッカー記者がサモラを称賛していたにもかかわらず、このオリンピック遠征で表面化した亀裂が数十年にわたってナショナルチームを苦しめることとなる。

一九二〇年から一九二四年のパリ・オリンピックまでにセレクシオンは八戦六勝の成績を残し、大方の予想では大会を制するのは彼らだと目された。ここから長い失望の歴史がはじまるのだが、ひょっとしたらこれはスペイン国民の一般的な考え方の発端でもあるのかもしれない。スペインがバリャナのオウンゴールでイタリアに1-0の敗戦を喫すると、プレスはすかさず、こうなることは最初から目に見えていたと言いはじめる。記者たちが槍玉にあげたのは、ふたりの監督を置く体制だった。

辞任したブルの後を継いだパラヘスとセルヌダはどちらも練習試合をいくつか消化する以外、チームを調整する狙いをほとんどわかっていなかった。このイタリア戦には、一九二〇年にベルギーへ行った選手が三人しか出場せず、ふたりの監督と選手たちが緊張状態にあるというお決まりの報道もあった。結局、ボールは砂の塊に当たって跳ねあがってしまったにちがいない。

四年後、スペインは公明正大に戦うべく、アムステルダム・オリンピックにアマチュア選手のみを送った。二年まえにスペインの連盟がプロ選手を認めていたためである。ところが現地に到着してみると、大半のチームは有給の選手を戦列に加えていた。最初の対戦相手であるメキシコもオリンピックの真の精神に忠実に従っていたが、その善い行いのせいか、スペインの若いチームに7－1で完敗した。アマチュアだったとはいえ、このチームからは数人の選手がめざましいキャリアを積んでいく。ふたりだけ名前を挙げると、ハシント・キンコセスとパチ・ガンボレナがそうだ。

スペインがつづいて対戦したのはイタリア、急速に目の上のこぶとなりつつあったチームだった。くじ運の悪さを際立たせるかのごとく、イタリアはトッププレイヤーをそろえていて、一九二四年の対戦で出場した選手が六人残っていた。ほかの参加国の〝ほぼ全部〟がチームにプロ選手を加えていたというスペインのプレスの申し立ては、誇張だったかもしれない。だが、イタリア代表に対する非難は的を射たものだった。また、スペイン代表の特徴であるもうひとつのドン・キホーテ的要素——不利なときはうまく難局に対処し、有利なときは惨めなほどにしくじる——も、この場合に当てはまったようだ。十五分、スペインはフルバックのフランシスコ・サルドゥアの見事なロングシュートで先制すると、その後も虚をつかれた経験豊富な敵をしのぐプレイを見せる。ところが、終了十分まえに同点とされ、再試合では温存されていたスター、レヴラットを出場させたイタリアに7－1で勝利を奪われた。

ここまではごく初期の話だが、子供の人格が六歳までに形成され、それ以後は変えられないというのが本当なら、こうした出来事は決定的な影響力をもつことになる。一九二〇年代後半には世界のサッカーが組織的にまとまりつつあり、ワールドカップ開催の可能性を検討するまでになっていた。プロ選手も互いに競い合えるような場を設けるためである。一九二九年に開かれたFIFAのバルセロナ会議で、ウルグアイによる第一回大会開催の申し出が受理されたが（スペインなど、ほかにも候補地はあった）、ヨーロッパから南米に遠征したのは四カ国にすぎなかった。スペインは参加していない。ほぼ二カ月にわたって主力選手を送り出すことを渋るクラブが多すぎたうえ、連盟は財政難だった。

スペインが出場したとしたら、優勝候補ではあっても本命ではないダークホースとして大会に臨んだことだろう。その前年、スペインはマドリードのメトロポリタノでイングランドを破っている。これはサッカーの母国が英国諸島外のチームに敗れた初の国際試合だ。スペインがウルグアイで結果を残せたのではないかと考える根拠としてはもうひとつ、イタリアを3－2で下した一九三〇年のボローニャでの親善試合がある。一九三一年の前半には初のイングランド遠征に赴き、復讐を狙うホスト国にハイベリー・スタジアムで7－1と粉砕されたが、一九三三年にはスペイン代表史上最大の勝利を記録した。チャマルティンでの13－0という信じがたいスコアのブルガリア戦である。こうした戦績とイタリアまでの比較的短い移動距離のおかげで勢いづき、一九三四年にはワールドカップ初参加に向けて戦闘準備が整っていた。

第二回ワールドカップ・イタリア大会の開催当時、スポーツはヨーロッパの覇権をめぐるもっと根本的な闘いに利用されるようになっていた。前年にはドイツでヒトラーが政権を握り、しかも間の悪いことに一九三六年のオリンピックはベルリンで開催される予定だった。イタリア人は仲間のドイツ人と同じく、象徴的なスポーツの場でも実際の戦闘でも失敗することを好まなかった。一九三五年にはムッソリーニがアビシニア侵攻を命じることになる。だが、さしあたって重要なのは大会を立派に運営してみせることだった。

スペインが期待はずれに終わる理由を、これまでいくつか挙げてきた。選手間の地域的な敵対意識、規律の欠如、成功や失敗の原因に関する分析の不足、弱体化を招く劣等感。つぎは審判の出番である。予選でポルトガルを一蹴して本大会への出場権を獲得すると（一九三四年と五〇年の大会では、両国のあいだで予選が行われた）、監督のアマデオ・サラサールは、サンダーランドとスペイン国内で調整試合を三ゲーム行う契約を結んだ。結果はスペインの一敗二分けだったが、以前に比べればよく準備したといえるだろう。これまでは、まったくの無知、自信過剰、勝算ゼロのいずれかの状態で臨んでいたのだから。

本大会の初戦でスペインはいまだ新興のブラジルを3－1で破ったが、つぎの準々決勝でホスト国と当たることになった（この大会はすべてノックアウト方式で行われた）。哀れスペイン、またしてもイタリアである。フィレンツェでの最初の試合は1－1に終わった。先制したのはスペインだが、当時の記事を信用するなら、イタリアの同点弾は一九五八年のＦＡカップ決勝のロフトハウスの有名な体当たりも見劣りするようなものだったらしい。イタリアのコーナーキックの際、一九二八年の対戦の生き残りであるアンジェロ・スキャヴィオがサモラに体当たりし、その隙にジョヴァンニ・フェラーリがボールをネットに押しこんだのだ。当初、ベルギー人のルイ・ベール主審は得点を無効としたが、詰め寄る選手たちにイタリア語の文句を浴びせられた末に判定を覆し、イタリアに一点を与えた。すると今度はスペイン語の抗議を同じく浴びる羽目になったが、ゴールはそのまま認められた。後半、主審はスペインのラモン・デ・ラフエンテのゴールをオフサイドとして却下している。ラフエンテが四人の敵を抜き去ってからネットを揺らしたことを思うと、不可解な判定だった。

選手たちは負傷して歩くのがやっとだというスペイン側の不平をよそに、翌日、再試合が行われた。十四年まえのスウェーデンと同様、イタリアは注意深く標的を選んだらしく、サモラ、ギリェルモ・ゴロスティィサ、キンコセスは試合に出ることができなかった。ABC紙によれば、出場した選手たちも「戦地で松葉杖をつくも同然」だったという。結果は1－0でイタリアの勝利、残っていたスペイン人も忘却の彼方へ蹴り飛ばされ、しかもスイス人のルネ・マルセ主審にはカンパナルのゴールを無効にされた。ベールとマルセの両審判はワールドカップから帰国後、それぞれの国の連盟から資格停止処分を受けている。どうやらスペインは正真正銘の被害者だったようだ。少なくとも主役であるイタリア人は大会が幕を閉じるまで残っていなければならなかったのである。

六十年後、米国で開催された一九九四年のワールドカップで歴史はくり返される。スペインは準々決勝でイタリアに勝ってしかるべきだった。伏兵として浮上し、大会が進むにつれて調子をあげ、この大会で初めてダークホースという評判にたがわぬ活躍を見せていたのだ。ボストンを会場とするその試合、ホセ・ルイス・カミネロのゴールでロベルト・バッジョによる前半の先制点に追いついたとき、スペインはゲームを支配し、イタリアを圧倒していた。ところが、ディフェンダーのセルジに代わって投入された経験豊富なフリオ・サリナスが、残り十分の時点でディフェンスの裏に抜け出ながら、絶好のチャンスをふいにする。スペイン国民はいまだに彼を許していない。終了三分まえ、試合の流れに反してバッジョに決勝点を入れられたからだ。

終了間際に一九三四年の場合とは対照的な出来事が起きている。コーナーキックで前線に上がっていたルイス・エンリケが頭で合わせようとした瞬間、マウロ・タソッティに鼻を肘打ちされた。シャツについた血を見れば歴然としていたはずだが、ハンガリー人の主審はまったく取り合わなかった。またも不埒なイタリア人たちにしてやられたのだ。外国に対するネガティブな固定観念を振り払えずにいる国は多いが、スペインのサッカーもその例に漏れず、むしろそれを積極的に助長してきた。ステレオタイプを信じるスペイン人にとってイタリア人は犬《ペロ》、つまり信頼できないご都合主義者だ。両国間の対戦の歴史のせいか、残念ながらスペイン人は、自国のスポーツ文化の場にコリンシアンズ流の気高い精神が浸透していないことを見落としている。問題の二試合で真に勝利に値したのは、スペインだったかもしれないが。

とはいえ、同情心は沸き起こったと思うと、たちまち払いのけられる。ワールドカップ・アメリカ大会を特集したエポカ誌の結びの一節で、執筆者はつい昔の亡霊を呼び起こしてしまっているのだ。

惜しむらくは、スペインは最高レベルのサッカーができることを証明している最中に敗退した。

だが、そのとき何が起こったのかわれわれは知っている。不運、サリナスのミス、バッジョの一点めに対するスビサレータの躊躇、何も見えない臆病な主審……イタリアのほうが優れていたのではない。さまざまな事情がわれわれの前に立ちはだかったのだ。

この試合をもっと冷静にまとめた記事なら、つぎの点を強調しただろう。サリナスが好機を逃したのに対し、バッジョはミスしなかったこと。そしてスビサレータが判断を誤ったのに対し、ジャンルカ・パリウカはサリナスが接近できる角度を大半のスペイン人解説者が指摘したより巧妙なやり方で狭めていたこと。だが、スケープゴートを見つけるほうがたやすい。しかも、サリナスがみずから名乗りを挙げたのだ。ルイス・エンリケへのファウルはたしかにペナルティを宣告されても仕方のないものだったが、前半にチームメイトのミゲル・アンヘル・ナダルがロベルト・ドナドーニに拙いタックルを見舞った際、やはり主審に見逃されたことは伝説として語り継がれていない。

地域対立を超えるミステリー

スペインが評判倒れに終わる原因として挙げられる事情のうち、当のスペイン人たちがめったにふれないのが地域主義だ。分離主義の地方出身の選手がナショナルチームにいたら、更衣室やピッチで軋轢《あつれき》が生じるのではないか。外国人のなかにはそう思う向きが多いだけに、これは興味深い。スペイン代表はセビリアやベルナベウなど、邪心のない愛国的な応援が必要なだけ得られる場所に避難するというのが外国人に共通する印象のようである。

スペインに国立の競技場はないので、セレクシオンは中世の王様さながら、連帯意識や支援、確かな忠誠を求めて国をさまようことを強いられている。ときには思いきってサンタンデールまで北上することもあるが、ビルバオ、サン・セバスティアン、カンプ・ノウに行くことはないといっていい。バルセロナで試合をする場合はエスパニョールのグラウンド、とくに現在の本拠地であるモンジュイックのオリンピック・スタジアムを使用するのが普通だ。地元開催となった一九八二年のワールドカップでは、バレンシアで一次リーグの試合を行った。この街は地域文化こそ根強いものの、分離主義的な傾向はさほどでもない。ホームチームの情けない成績にこの街が責任を負う理由はないが、二次リーグ（マドリード）でイングランドと引き分け、両チームとも夏の休暇にはいる結果に終わると、評論家たちが論争をはじめた。

そのシーズンのチャンピオン、レアル・ソシエダードはチームのほぼ半数を代表に送り出していた。大方の意見では、スペインが結果を出せなかったのはそのためだとされている。ルイス・アルコナーダはまちがいなくスペインで指折りのゴールキーパーだったが、一次リーグ最終戦で北アイルランドのジェリー・アームストロングに股間を抜くシュートを決められた。ところがこの事実は、アルコナーダが大会を通じて正規の黒いソックスの代わりに白のソックスを履いていたことに比べると、半分も重く見られていない。白のソックスとは、いうまでもなく彼の所属するバスクのクラブ、レアル・ソシエダードのものと同じで、数人のジャーナリストがこれは非愛国的な行為に等しいと決めつけた――アルコナーダが民族主義者ではないことを考えると、何ともばかげた言いがかりである。

一九六〇年代から七〇年代にかけて、やはり偉大なバスク人ゴールキーパーであるホセ・イリバルは好戦的な左翼民族主義政党エリ・バタスナ（ＨＢ）への忠誠を公言していた。だが、セレクシオンの赤と黄のシャツに対する献身ぶりを疑われたことは一度もない。アルコナーダも代表のジャージを進んで着用したが、どうやら彼はつぎのような世論の犠牲にされたようだ。一九八二年大会で監督を務めたウルグアイ人のホセ・サンタマリアは、レアル・ソシエダードのメンバーに頼りすぎたばかりか、彼らが優勝したのは攻撃よりもむしろ堅い守備のおかげだったのに、レアル・マドリード流のプレイをさせようとした、というものである。

レアル・ソシエダードのディフェンダーはひとりも代表に選ばれなかったが、中盤からは半数、前線はほぼ全員が選出されていた。そのうち真の国際レベルに達していた選手は、ロペス・ウファルテ、われらがビーチの英雄ただひとりだ。ひとつのクラブ、それもバスクのクラブの選手がそこまで大勢いたからには、チーム内に緊張や派閥が生じたのではないかと思われるが、選手たちはこれを強く否定している。代表の残り半分を占めたのはレアル・マドリード勢で、彼らは〝成り上がり〟であるソシエダードにとって——単なる政敵ではなく——サッカーの面でもライバルになりつつあった。おそらくそうした話を信じたがる人の意見だろうが、両者はその夏、うまく融合できなかったといわれている。

それはナンセンスというものだろう。チーム内に政治・文化的な緊張がわだかまっているかぎりスペイン代表はうまく機能しないという通説にしてもしかり。一九八二年の大失敗《エル・グラン・フラカソ》はいまだ心にうずき、ディナーパーティの礼儀正しい会話でこの年にふれるのはタブーとなっている。それでもやはり、この質問を避けて通ることはできない——いまここで話題にしているのは誰にとっての国民的記憶なのか？　バスク人やカタルーニャ人はスペイン代表を応援するのだろうか？

スペインはヨーロッパでもっとも連邦制の整った国のひとつだ。各自治州では、医療、教育、財政政策に関して広範囲な権限をもつ地方政府を、選任された政治家たちが統轄している。憲法（フランコの死後に立案されたもの）の上では、バスクとカタルーニャもさまざまな自治州のなかのふたつにすぎない。ガリシア、アストゥリアス、アンダルシアなども、同等の地位と立法権を与えられている。

だがバスクとカタルーニャに関するかぎり、これはミルク入りコーヒーを万人に《カフェ・コン・レーチェ・パラ・トドス》的な憲法にほかならない。憲法を作成したのはエスパニョリスタ（スペイン主義者）たちで、その意図は国民に民主制の分け前を平等に与えるふりをした政治体制下に、真の地域文化と分離主義を取りこむことにあった。ガーディアン紙の元記者ジョン・フーパーはかつて、スペインには百四十二通りのコーヒーの飲み方があると書いたことがある。それがスペインのコーヒー文化なのだ。それをたったひとつの方法に限定することから連想されるのは、中央集権主義であって、地域の多様性ではない。この決定はバスクとカタルーニャの強硬なナショナリストたちに苦々しい思いを抱かせている。みんなと同じようにカフェ・コン・レーチェを飲めと強制されるようなものだからだ。結果としてバスク人はテロリズムに訴え、カタルーニャ人は経済、文化、さらにスポーツに関しても優位であると証明することに努めてきた。

スペインが民主制に移行して以来、わずかでもこれに似通ったことを行った自治州はほかにない。その最大の理由は、カフェ・コン・レーチェが見込みどおり、ほかの地域ではとくに問題にならないからだ。サッカーに関していえば、境界線ははっきり引かれている。オビエドやサンタンデールといった土地では、レアル・マドリード（あるいはセレクシオン）も温かく歓迎される。アリカンテ以南の沿岸地域では、地元の人が経営するバーの多くで、スペインでもっとも成功しているクラブのポスターが壁に飾られているほどだ。分離派番付の三位につけ、独特の文化・言語的アイデンティティをもつガリシアでさえ、カフェ・コン・レーチェは実質的な問題ではなく、したがってスペイン代表に関してもまったく問題は生じない。

また、ガリシア生まれのプロ選手はバスクやカタルーニャ出身者とちがい、毎年クリスマス（冬期休暇のあいだ）に集まって地域のセレクシオンでプレイしたりはしない。フランコ政権下では当然のことながら禁止されていたが、この集まりは通常、クリスマスの二、三日まえに行われる。目玉となるのは、東欧やアフリカをはじめとする外国のチームとの対戦だ。試合には大勢の観客が集まり、エウスカディ（バスク）とカタルーニャの選抜チームにそれぞれのトッププレイヤーが集結して、地域の色を身にまとう。

時代によっては、どちらかのチームがスペイン代表を粉砕できたのではないだろうか——もちろんそうした機会は政治的に実現不可能なのだが。ドリームチーム時代のバルセロナにはバスク人選手が何人か在籍していたが、彼らがいたころのエウスカディ選抜はめっぽう強く、クリスマスの試合は連戦連勝だった。スビサレータ、バケーロ、ゴイコエチェア、ベギリスタイン、サリナスを擁するチームはどんな相手にも引けを取らなかったし、レアル・マドリードのラファエル・アルコルタやミケル・ラサといったスペイン代表がいたことも忘れてはならない。同時期のカタルーニャ選抜もとうてい弱小チームではなく、グアルディオラ、セルジ、アルベルト・フェレール、ギリェルモ・アモル、ナダルなどが先発メンバーに名を連ねた。地元の連盟はともに試合の数を増やす努力をつづけている。カタルーニャの連盟は地域選抜がすべての大会に参加する国際資格を得られるよう、一九九九年にグアルディオラの署名を筆頭とする請願を起こしたほどだ。

グアルディオラは九〇年代のバルセロナが実現したドリームチームの地元のヒーローなので、スペイン代表のために髪を赤と黄色に染めて戦うタイプの男ではないと思われても仕方がないところだろう。ところが彼は代表の主将を務め、二十一世紀初頭までに四十を超える試合で際立った活躍を見せてきた。中立の立場の者には、グアルディオラのような人物がなぜそこまでするのか疑問に思えるかもしれない。地域の大義に傾倒しているなら、なぜ立場をはっきりさせてスペイン代表を辞退しないのか？ なるほど、歴史上スペイン代表として戦った強硬派の地域主義者はグアルディオラだけではない。おそらくグアルディオラなら、ほかに選択肢はないと答えることだろう。彼はあるとき、スペインのためにプレイすることでカタルーニャ人の勇敢さがいっそう明らかになると述べている。政治的な理由からスペイン代表を（公然と）辞退したカタルーニャ人は、過去にひとりもいない。

レアル・ソシエダードの主将として、一九七六年のあのビルバオ戦でバスクの旗を手に入場したイグナシオ・コルタバリアは、一度だけスペイン代表の試合に出場した。サッカーの歴史本によると、その後は二度と選ばれていない。どうやらプレイするのを拒否したというのが真相らしく、クラブの正史で彼は代表の雰囲気が「敵意に満ちていた」と語っている。一方、ビルバオのキャプテンだったイリバルは四十九キャップを刻んだものの、「私のことを仲間にふさわしくないと考える人たちがいた」との理由で五十回めの出場を辞退したという。もっとも、これは自分の力が衰えてきたことに対する言い訳だったのかもしれない。それ以前の四十九試合での出場を誰も疑問視しなかったのは妙な気がする。

こうした散発的な例を別にすれば、地域の問題はスペイン代表が抱える問題のなかでも最小の部類に属するように思われる。新世紀に行政上の地図がまったく予測不可能なかたちで変化しないかぎり、チームが複数の〝ナショナル〟チームに分裂する現実的なおそれはない。複雑な話ではある。だが最初の疑問に戻るなら、バスクやカタルーニャの人々がスペイン代表の運命に無関心というのは真実ではない。エウスカディの最深部にあるナショナリズムにどっぷり浸かったバーなら、ワールドカップの試合中、テレビの画面に何も映されないこともあるだろう。とはいえおおむね、大きな大会となればバスク人もカタルーニャ人もほかのスペイン人たちとともにもだえ苦しみ、ため息をつく。いうまでもなく、グアルディオラの論点をくり返せば、代表にはこうした地域出身の選手がたくさん含まれるのが普通だ。一九二〇年以降、彼らが過半数を占めたことは何度となくある。

一九八二年のようにスペイン代表が大失態を演じた場合、人々は無関心を装うかもしれないが、それは本心ではない。そもそも、問題の地域の選手たちがわざわざナショナルチームと旅をし、一心同体となることに決めたのなら、政治・文化上の主義のために手を抜くとは考えにくい。一九九四年にアメリカに渡ったスペイン代表の三分の二はカタルーニャ人とバスク人だった。開催国に到着した彼らに対する歓迎会は予想どおり紋切り型――フラメンコとカスタネットの嵐――だったが、それをおもしろがった選手たちはみんなでペリーリャを伸ばすことにした。ペリーリャとはあの不運な無敵艦隊の水兵たちが有名にした細い山羊髭のことで、スペインによる欧州ファッションへの最初の貢献として知られるものだ。このちょっとしたジョークはチームが緊張とは無縁で和やかだった証拠であり、だからこそ代表の歴史のなかでもまずまずの成績が残せたのだろう。

ボスマン判決によって影響を増した感のある問題に、国内のリーグに在籍する外国人の選手と監督の多さがある。欧州諸国の大半とはちがって、スペイン・リーグは従来、海外の選手を歓迎することを恐れなかったし、スペイン・サッカーの黄金期は外国籍選手の名前で彩られている。ディ・ステファノ、ベン・バレク、クバラ、プスカシュ、サンタマリア、プラトコ。近ごろはしばしば議論されるようになったが、こうした選手の存在が国内のタレントの芽を摘み、代表の弱体化を招くのだと判断されることは一度もなかった。スペイン人たちがその可能性に気づきはじめたのはつい最近のことだ。それほど海外からの侵略は猛烈で、現在のイングランドへの襲来もこれにはおよばない。

プスカシュとクバラの引退後、一九七三年のバルセロナによるクライフとの契約までのあいだに、スペイン・サッカー連盟はスペイン人の血を引く選手にのみリーグでのプレイを許可することを決定した。この結果、外国人枠はほぼ南米の選手だけに限定された。一九六五年に導入されたこの規約は、通常、親か祖父母のひとりがスペイン人であることを条件に選手の加入を許可するものだったが、この方針はやがてパラグアイ指針《エル・テイモン・デ・パラグアイ》と呼ばれるようになる。在パラグアイ領事が数多くの選手の文書偽造に加担し、相当な金額を稼いでいたことが発覚したのである。

この方針に異議を唱えたのはバルセロナの会長、アグスティン・モンタルだった。彼はレアル・マドリードがその筋と共謀して、バルセロナによる優秀な選手の獲得要請が却下されるよう仕向け、一方でほかのチームによる契約は簡単に承認させていると信じていた。事態が山場を迎えたのは、モンタルがカタルーニャ人弁護士を雇い、入国を許可された全選手の〝ルーツ〟を調査したときのことだった。契約を結んだ六十人中四十六人が偽造文書を使って認可されたとの発見から問題が暴露され、連盟はやむなく規約を変更した(アルゼンチン人のミゲル・アンヘル・アドルノは父親が「セルタ」生まれだと主張していた――それは港町ビーゴを代表するクラブの名称なのだが)。

レアル・マドリード自体がその方針から多大な利益を得たことを示す証拠はない。アドルノ(移籍先はバレンシア)とファン・ガラテ(アトレティコ・マドリード)を別にすると、やってきた選手の多くは水準以下の実力しかないことが判明したからだ。ひょっとしたらスペインの入国管理局がベルナベウ陣営の人物のアドバイスに従い、第二のディ・ステファノが現れた場合に備えて法律を可決させたのかもしれない。真相はどうあれ、スペイン・サッカー連盟と入国管理局、そして怪しげな在パラグアイ領事との内密の関係が表面化するおそれが生じると、とたんに制限は解除され、バルサがペルー人のウーゴ・ソティル、さらにクライフと契約を結ぶための道が開けた。クライフのバルセロナへの移籍は、三年まえの一九七〇年に関係当局によって阻止されていたのだ。

いまやオランダ人というよりスペイン人(カタルーニャ人)らしく見えるクライフだが、もちろんスペイン代表としてプレイしたことはない。かりにスペイン国籍を取得したとしても、代表の試合に出場することは認められなかった。一九六〇年代なかばに導入されたＦＩＦＡの規約で、ひとりの選手が複数国の代表になることは禁止されたからである。その規約が採択されるまでに、二十九人の外国人選手がスペイン代表の試合に出場した。アルゼンチン人が十四人、ブラジル人が三人、パラグアイ人が三人、ハンガリー人がふたり、キューバ人がふたり、モロッコ人、デンマーク人、フィリピン人、ウルグアイ人、フランス人が各ひとりずつである。このうち六人は十以上のキャップを記録し、ディ・ステファノはつい最近まで代表の歴代得点ランキングの二位につけていた。

これに対して、外国に移籍したスペイン人選手はわずかしかいない。このことから、スペイン人のサッカー選手とは偏狭な輩、もしくは単に注目を集めることに失敗した者だ、という一対の推論が導かれる。どちらにも一理あるだろう。そしてここには、なぜスペイン代表は期待に応えられないのかという疑問に対する、いささかおもしろみを欠く答えがあるのではないか。つまり、トップクラスの国産選手があまりいなかっただけのことなのだと。いい選手はいる。だが、超一流のプレイヤーは？

外国人である著者にとってこれは注意を要するテーマだが、事実は分析されることを求めている。誰もが羨むフランス・フットボール誌選定のバロン・ドール（欧州年間最優秀選手賞）に輝いたスペイン人は、一九六〇年のバルセロナのルイス・スアレスただひとりだ。これはプスカシュを二位に退けての受賞だった。以来、ジャーナリストの投票によって毎年世界のトッププレイヤーに贈られるこの賞で五位以内に食いこんだのは、わずかにブトラゲーニョのみ（二〇〇一年、ラウル・ゴンサレスが二位にはいった）。のちにスペイン代表監督を務めるスアレスが、イタリア人に注目された歴史上数少ないスペイン人選手のひとりというのは意味深い。一九六〇年代にインテルナツィオナーレと契約したスアレスは、結局サンプドリアで現役を終えている。

クバラが指揮する隙のない中盤でポジション争いを強いられたにもかかわらず、ガリシア生まれのスアレスは、多くの者にスペインが生んだ史上最高の選手と思わせる存在になった。ヘント、サラ、サミティエル、サンティリャナにもその座を求める権利はあるかもしれない。だがスペインはおおむね、サモラ、イリバル、アルコナーダ、スビサレータなど偉大なゴールキーパーを輩出したことで広く知られていて、その全員が世界じゅうのサッカーファンの記憶に刻印を残している。同じことを成し遂げたフィールドプレイヤーはごく少なく、最高の選手としての票を獲得できるのはスアレスしかいない。

監督についても同様で、スペインはサッカークラブの指揮官としての外国人招聘にも、ピッチ上の人材の輸入に劣らず熱心だ。ルイス・モロウニーがレアル・マドリードにリーグタイトルをもたらした一九八六年からハビエル・イルレタがデポルティボ・デ・ラ・コルーニャを優勝に導いた二〇〇〇年まで、トロフィーを掲げたスペイン人監督はひとりもいなかった。デポルティボのタイトル獲得が決定したエスパニョール戦後、インタヴューを受けた控えめなイルレタはつぎのような発言で注目を集めた。この勝利はスペインのサッカーにとって喜ばしいものだ、従来の二クラブによる独占を打ち破っただけでなく、何年ものあいだ陰に隠れていたスペイン人監督たちの居場所を再確認したのだから、と。

たしかにその年は、自国の指導者の存在が三回にわたって再確認された。イルレタの偉業に加えて、レアル・マドリードの通算八個めとなる欧州チャンピオンの杯を腕に抱えて持ち帰ったのはビセンテ・デル・ボスケ（一九八一年にパリでリヴァプールに敗れたチームの一員）だったし、国王杯決勝ではパコ・フローレスに導かれたエスパニョールがすでに降格の決まっていたアトレティコ・マドリードを破り、六十年ぶりの栄冠に輝いた。

スペイン・サッカー史上の名監督といえば、ヨハン・クライフ、エレニオ・エレラ、ラディスラオ・クバラ、フレッド・ペントランド、レオ・ベーンハッカーらの名が思い浮かぶだろう。外国人であるペントランド、サンタマリア、ダウツィクはスペイン代表の監督を短期間ながら単独もしくは共同で務めているし、クバラが采配をふるったのは合計十一年で、これはどの監督よりも長い。そんな言い方をすると、この分野のスペイン人の専門技術を過小評価することになりかねないが、スペインのサッカーが外部の人間によって形づくられ、特徴づけられているとの印象を喜んで持続させているのはスペイン人自身なのだ。ここからはスペイン人のことが、あらゆる領域で国際的な影響を歓迎して吸収しようとする姿勢がよくわかるように思う。スペイン人は偏狭だ（しかも、それを誇りに思っている）とのそしりを受けることが多々あるが、彼らのサッカーの歴史はかならずしもそれを反映していない。

スペインは昔から、スポーツに関するアイデアの輸入は建設的なことであって堕落につながるものではないとみなしてきた。外国人のスターを帰化させて祖国《ラ・パトリア》の赤と黄色のシャツを汗で濡らす準備をさせることに、ヨーロッパでもっとも寛大な国だ。ディ・ステファノ、プスカシュ、クバラ、サンタマリアは出身国での代表経験があったにもかかわらず、スペイン代表として数多くの試合に出場した。内戦まえは、サッカーを通じて周囲の文化の流れに足先を入れることができ、しかもそれで深みにはまることはなかった。その後、サッカーは国を立て直すのに役立ち、一九五〇年代には外国人選手の影響によって世界じゅうの注目と称賛を集めるまでになった。

フランコがこれを大いに喜んだのはすでに述べたとおりだが、彼に笑顔をもたらしたのはレアル・マドリードだけではない。セレクシオンもまた、五〇年代前半をスペイン・サッカーの黄金期とするのにひと役買っている。マーシャル・プランから除外され、戦時中の連合国から怒りを買っていたスペインは、一九五〇年、パーティに貢献できることを証明すべく戦後初のワールドカップ出場に向けてブラジルへ旅立った。チームはまずまずの状態だったが、期待はほとんどされていなかった。アントニオ・ラマリェッツは堅守のゴールキーパーという系譜を受け継ぐ選手だったし、前線には左サイドのピル・ガインサと、スペイン一の点取り屋であるアスレティックのサラがいた。だがイングランドは強敵で、ウルグアイは今大会も好調であり、ブラジルはゲームを根本から変えつつあった。スペインはささやかな希望しかもっていなかったが、その現実主義が報われる結果となる。

一次リーグでは米国とチリに快勝したのち、ビリー・ライト、トム・フィニー、スタンリー・マシューズ、ジャッキー・ミルバーン、そしてスタン・モーテンセンを擁するイングランドと対戦した。一九二九年にイングランドを4‐3で破っていたものの、一九五〇年七月二日のマラカナでの1‐0の勝利は、いまもスペイン代表のもっとも名高い勝利とみなされている。サラが五十分にゴールを決めたことを知らない者はいない。それがガインサとシルベストレ・イゴアの連携の仕上げとなるサイドキックの軽やかなシュートだったことも、その午後、ブラジルから生中継でラジオの実況をしていたマティアス・プラッツがサラのヘディングの能力と重圧下での冷静さを指して、「サラ――チャーチルに次ぐヨーロッパの頭!」という不朽の名言を生み出したことも。

一九五〇年にはスペインはラジオ聴取者の国となっていて、このワールドカップは試合の行方を生中継で追うことのできた初の大規模なサッカーの大会だった。雑音まじりの短波とはいえ、プラッツの流麗な声に乗ってゴールの様子が各家庭に直接に届けられたからこそ、この一戦は長く国民の記憶に残っているのかもしれない。ただし、もっと政治・社会的な事情を指摘する声もある。

この政治的な事情は明白だ。サラのゴールは北方の国に向けられた巨大な嘲笑だった。指導者たちが大戦後の援助リストからスペインを排除するよう働きかけ、スペイン内戦中に労働者や知識人の多くを左翼のために戦場へ送り出した国。世界を救ったつもりになって、大きな顔をしているように見えた国。スペイン国民は孤立感を味わい、犠牲となって必要なものを奪われているように感じていた。これといって〝救われた〟と実感できる理由などなかったのである。そんなときに、なんと連合国側の二大リーダーである米国とイングランド（もちろん英国と同じものとして見られていた）がともにスペインに敗れ、一次リーグで敗退するとは！

話をサッカーにかぎるなら、これにはスペイン人もひどく驚いた。下馬評では、イングランドは少なくとも決勝まで進むものと目されていたからだ。もっとも、決勝リーグにはいると現実が押し寄せてくる。第一戦は結果こそ2－2の引き分けだったが、相手のウルグアイは最終的に優勝するチームで、この試合でも事実上の勝者だった。それでもスペイン国民は相変わらずラジオのまわりで世界征服を夢見ながら、二日後の開催国との対戦を迎える。十五万人以上が詰めかけたマラカナで、スペインはイゴアが一点を挙げるも、ブラジルに六ゴールを奪われた。そして翌日、3－1でスウェーデンに敗れ、重い足取りで帰国の途につく。

ここから先はレアル・マドリードの出番となった。代表は二大会連続でワールドカップ出場を果たせなかったからだ。ある意味でスペインは自分の首を絞めたといってもいい。ＦＩＦＡに対してポルトガルとともに、予選ではほかの相手と対戦させてほしいと訴えたのである。イベリア半島の隣国はお互いの顔を見ることにほとほとうんざりしていた。少なくともポルトガルはスペインに勝たせるだけの礼儀をわきまえていたのだが。

一九五四年のスイス大会への出場権を賭けて、スペインは未知の相手トルコと対戦することになった。地元で行われた第一戦で難なく4－1の勝利をおさめると、これなら第二戦も楽勝だろうと高をくくった。ところが1－0で敗れ、その結果、まだ総得点という発想がなかったために三日後にローマでデセンパテ（プレイオフ）を戦う羽目になった。スペインは終了十分まえに同点として、2－2のドローにこぎつけるのが精一杯だった。クバラという、一年まえにスペイン代表としてデビューしたパズルの肝心なピースが欠けていたためだ。ローマのオリンピック・スタジアムに選手が入場する時刻の十分まえ、FIFAの職員を名乗る男が更衣室に踏みこみ、ある手紙を振りかざした。ハンガリー代表歴のあったクバラのスペイン代表としての資格を問う文面だったらしい。口論の末、クバラが身を引き、彼のいないスペインは精彩を欠いたのだった。

ところが翌日、FIFAはスタジアムに使者を送ったことを否定し、クバラがスペイン代表としてプレイすることに異議はないと請け合った。謎はいまだに解明されていないが、こうした不運のカードを何年も配られてきたのだとスペインは信じて疑わない。2－2の引き分けは二カ国のあいだで抽選が行われることを意味した。ここで邪魔者となったのはまたしてもイタリア、今回はフランコ・ジェンマという名の目隠しをした十四歳の少年で、この少年にスイスへ行くチームの名を記した紙を大きな銀製のジョッキから引く役目が与えられた。そこにトルコと書かれていたのはいうまでもない。

四年後のスペインは史上最強チームだったといえるだろう。四つの伝説《クアトロ・レイエンダス》のチームは、少なくとも理論上は驚異的で、クバラ、ディ・ステファノ、フランシスコ・ヘント、ルイス・スアレスが勢ぞろいしていた。実態は大将が多すぎて兵隊が少ないチームだったかもしれない。だが公式の大会に関するかぎり、世間がそれを知る由はなかった。このころワールドカップ予選はいくぶん複雑になり、今回スペインは二カ国との対戦を義務づけられた。相手はスイスとスコットランド。どちらも眠れぬ夜が何日もつづくような敵ではなかったはずだが、小国スイスをマドリードに迎えた初戦は2－2の引き分けに終わった。

二カ月後、ハムデン・パークの春雨のなか、ジョージ・ヤングとトミー・ドハティのスコットランドに4－2で敗れ、事実上、予選突破の可能性はなくなった。三週間後のベルナベウでチームはまとまりはじめたが、例によって後の祭りだった。スコットランドを4－1で粉砕すると（主審を務めたのはバルセロナのお気に入りのイングランド人、レグ・リーフ）、十一月のローザンヌでもクバラとディ・ステファノがともに二点を決めて同じスコアを再現する。だが、お寒い滑り出し――以降つきまとう傾向――と、グラスゴーの寒い気候という天敵にたたられ、すでに敗退は決定していた。

翌年、スペインは第一回欧州ネーションズカップ（現在の欧州選手権）のホーム・アンド・アウェイ方式による予選で誤解を正す努力をする。ぎこちない戦いぶりのワールドカップ予選よりプレッシャーが少ないのか、エレニオ・エレラがベンチ入りしたスペインは、ポーランドをアウェイで4－2、ホームで3－0と簡単に退けた。フランコはポーランド遠征を強いられるという政治的含みをあまり喜ばなかったが、その後の抽選でソ連との対戦が決まると、もはやこれまでと判断した。チームは大会から撤退させられ、ディ・ステファノは帰化先の国の代表として活躍する待望の機会を一度も得られずに終わる。

一九六二年、ディ・ステファノはチリに向かったものの、大会がはじまらないうちに負傷したといわれている。このワールドカップに向け、スペインは〝トレーナー〟にエレラ、監督にパブロ・エルナンデスを置く評判の悪い二頭体制を採用した。ふたりがうまくいくはずはなく(エレラとうまくやっていける者はいなかった)、おまけに両者は年輪を重ねたアルゼンチン生まれのスターに疑念を抱いていた。エレラはディ・ステファノを構想外としたことを否定している。だがビニャ・デル・マルでの練習中、チェコスロヴァキアとの初戦の二日まえに、変人で知られるこの策士は故障もちの同胞に無用の特訓を課したらしい。

チェコスロヴァキアには1-0で負けたものの、サンタマリア、プスカシュ、スアレス、ヘントが名を連ねるスペインはなかなかの好チームだった。ところが、第二戦は弱小メキシコに1-0で勝つのがやっとで、三日後にはジジとガリンシャを擁するブラジルに善戦して七十分までリードしていたのだが、2-1で敗れて帰国便のチケットを予約する。結局ブラジルとチェコスロヴァキアが決勝まで駒を進め、スペインは帰国して再考を迫られた。今度こそ、うまくやり遂げなくてはならない。

一九六四年夏、スペインがベルナベウでソ連を破って国際大会初のトロフィーを獲得した翌日、保守的なABC紙はある漫画を大々的に掲載した。そこではフランコが勝者たちと握手しながら、こう言っている。「きみたちと私は互角だ。ともにアカに勝ったのだ」スペインがネーションズカップの開催地に選ばれたとき、フランコが四年まえに比べて慎重に勝負する決意でいたのはまちがいない。一九六〇年の第一回大会を制したソ連は全盛期のレフ・ヤシンがいる世界の一流国だった。ここでそのチームを破る機会を逃すわけにはいかない。フランコにはわかっていた。対立する信条とふたたび一時的なつながりをもてば、国のイメージを落とすのではなく高めることになる。それはヨーロッパ・ファシズムの偏狭な砦であるという一般のスペイン像を（たとえまだそのとおりだったとしても）覆す助けとなるだろう、と。

理論上、今回の代表はとうてい一九五八年のチームほど強い印象を与えるものではなく、クバラが帰化して以来、初めて国産の選手だけで編成されていた。名のある選手はイリバルとスアレスくらいだったが、そのふたりを別にすれば若く試用段階にあるチームが安定していたのは、本当に期待されているわけではなかったからかもしれない。ルーマニア、北アイルランド、アイルランド共和国戦はどれも楽勝だった。準決勝では延長にもつれこんだ壮絶な戦いの末、ハンガリーを2－1で下している。

決勝のソ連戦では、若きヘスス・マリア・ペレダの見事なシュートがヤシンを破って五分に先制するも、三分後にガリムシアン・フサイノフに同点とされる。スペイン・サッカー史上二番めに名高いゴールが生まれるには八十三分まで待たねばならなかった。ゴール裏から撮られた有名な写真を見るかぎり、マルセリーノ・マルティネスが放った長いレンジのヘディングに対して、ヤシンは判断ミスをしたようだ。広角で捉えたその写真のなかで、ボールは弧を描いてバーの下をくぐり、ネットの左隅にきれいにおさまっている。ヤシンが前かがみになって左腕で宙をもがく一方、写真の右隅では呆然とするエドアルド・ムドリクになかば隠れて、マルセリーノが驚異的な跳躍から地面に落ちたところだ。

翌日、ABC紙は感動的な調子で報じた。

この四半世紀、共産主義とその支持者たちに対する勝利に国民がここまで熱狂する姿が見られたことはない……スペインは日々、秩序と成熟と団結の度を強める国家であり、経済・社会・制度の発展の道を着実に歩んでいる。これは国家的な冒険だ。

そうかもしれない。だが、代表チームの前進はさほど着実ではなかった。一九六六年ワールドカップへの貢献ははかないもので、2-1で勝利したスイス戦後に西ドイツとアルゼンチンに連敗して早々と帰国している。二年後にはさらに事態が悪化したが、一九六八年の欧州ネーションズカップ準々決勝で戦力の充実したイングランドに敗れた際、チームが浴びた批判はとうてい正当なものではない。わずか二年まえにホセ・ビリャロンガの後を受けた監督のドミンゴ・バルマニャは、みずから職を辞し、メキシコに向けて予選を突破する仕事は不運なエドゥアルド・トバに託された。彼はそれを果たせず、ヘルシンキでのフィンランド戦に2-0と敗れて屈辱の予選敗退が決まる。この試合は一九九九年にキプロスで3-2の敗北を喫するまで、スペイン代表史上最悪の時とみなされていた。哀れなトバは何週間も自宅に身を潜め、連盟はいよいよクバラに職を任せる頃合いと判断した。飲酒の問題があったにもかかわらず。

七〇年代のセレクシオンのことは、当時の髪型ともども忘れてしまったほうがいい。ワールドカップ西ドイツ大会での予選落ち、アルゼンチン大会からの早々の敗退という成績がそれを雄弁に物語っている。一九八二年ワールドカップで悲惨な経験をしたとあって、一九八四年にフランスで開催された欧州選手権ではたいして期待されなかった。ところが、この大会でスペインは最盛期を迎え、決勝で敗れながら一九六四年の優勝に匹敵する栄誉に包まれる。これは、スペイン人がひねくれた心理に大きく左右されるという説の裏づけとなるものだ。どうやらその心理は、どん底に落ちたときに報いてくれるが、調子に乗りすぎると罰を与えるものらしい。この症状の特効薬は見つかっていないものの、ここからはスペインが国際舞台でさしたる実績をあげられない理由が明らかになる。

このフランスへの道のりは、開催国の語彙を借りれば、じつに奇怪《ビザール》なものだった。予選では快調な滑り出しを見せたが、最終戦をまえにオランダに得失点差でグループ首位に立たれる。それも大差をつけられ、マルタに十一点差で勝たなければ突破できない状態だった。だがスペインはセビリアでの試合でマルタを12－1と叩きのめし、国民は浮かれてマドリードの株式相場は天井知らずとなった。オランダ人は悲嘆に暮れたが、そのまえにオランダのサッカージャーナリストたちはマルタのゴールキーパー、ボネロを指弾している。

だが試合の経過を見るかぎり、スコアこそ出来すぎであるものの、これはフェアな戦いだったようだ。スペインは開始二分でペナルティを失敗し、十三分後にサンタリャナが得点するも、その二分後にデマニュエルの何でもないと思われたシュートで同点にされた。マルタが賄賂をもらって負けるつもりだったとすれば、じつに効果的な煙幕を張ったことになる。スペインはあと十一点が必要で、残された時間は七十二分——ほぼ七分に一点を取らなくてはならない。

はたして彼らはやってのけ、フアン・セニョールがペナルティのミスを帳消しにする十二点めを八十六分に決めた。古巣のスタジアムで最高のプレイを見せる元ベティコ、閃きに満ちたラファエル・ゴルディーリョのゴールを主審が認めないひと幕さえあった。不運なゴールキーパーのボネロは試合まえ、十一点を取られることは考えられないとスペインの報道陣に語っていた。マルタでの第一レグでスペインは3－2で勝つのがやっとだったというボネロの指摘はもっともだったが、十一点を取られたら国に帰れないと言ったのはまずかった。マルカ紙は翌日、ボネロの話を茶化して、帰国の便に乗れるように十二点めを献上したのだと書き立てた。この試合はスペインの国民的な伝説の保管庫におさめられており、ある世代の人たちは誰もがゴールキーパーの名前と得点者の順番を憶えている。

期待されないまま本大会にたどり着いた以上、リラックスしてもよかったはずだが(先ほどの説によれば)、スペインはそもそも予選で苦労した理由を示してみせた。最初の二試合でルーマニアとポルトガルに引き分けたのだ。だが第三戦は上出来で、西ドイツを終了間際のアントニオ・マセダのヘディングで下している。この有名なゴールは、十年後のワールドカップ・アメリカ大会準々決勝対ドイツ戦で、ブルガリアのヨルダン・レチコフが決めた得点に劣らずヨーロッパじゅうで称賛された。マセダの一撃がシューマッハーを破ったときは、オランダ人でさえ溜飲が下がったにちがいない。

準決勝ではプレベン・エルケーアとミカエル・ラウドルップを擁する優勝候補デンマークと対戦し、シェーレン・レアビーの先制点にまたもマセダの得点で追いつくと、PK戦で勝利をおさめた。つづく決勝、その六月にパルク・デ・プランスで行われた異彩を放つフランスとの戦いは、いまや一九六四年の優勝よりも有名な試合となっている。ひとつには、当然、より最近の出来事であるためだが、この試合は民主化以降の現代に属しているばかりか、これまでつきまとってきた政治的な含みがいっさいない。だがそれ以上に決定的な要因は、ゴールキーパー、ルイス・アルコナーダの有名なミスがあったことだろう。ミシェル・プラティニの放った力のないフリーキックがアルコナーダの身体の下をすり抜けてラインを越えたとき、スペインはパーティを台無しにするつもりかと思われた。ブルーノ・ベローヌによる二点めがインジュリータイムに決まって、フランスはさぞ喜んだにちがいない。この試合は現代最高峰のパフォーマンスとして歴史に刻まれているが、そのなかで唯一興ざめとなったのがアルコナーダのミスだった。

何年かまえ、アルコナーダに英語を教えていた私の友人にゴールキーパー本人がこぼしたそうだが、彼は選手としてのキャリア全体よりもひとつのミスでよく知られている。スペインの歴代名ゴールキーパーとして、通常はサモラとイリバルに次ぐ三位につけるアルコナーダだが、酒場の評論家やプレスはけっして彼のしくじりを許さない。だがアルコナーダがいなかったら、そもそもチームが本大会に出場することもなかったのではないだろうか。一九九四年のサリナスや一九九八年のスビサレータのように、集団の責任を認めるのが当然の場合にもプレスは安易なスケープゴートを探し出す。ユーロ二〇〇〇準々決勝対フランス戦でラウルが外したペナルティキックも、きっと同じように語り草となるのだろう。ただ、この選手は当時もいまもスペインの偶像であるせいか、プレスもあの試合の直後は責任を押しつけにくかったようだ。

スペインは今後もダークホースでありつづけるのだろうか？　もしそうならないとしても、この国がもっと高く評価されることを望むとはかぎらない。むしろ、迷信深いままでいたがるのではないか。早いうちから自信をもちすぎないようにすれば、万一負けた場合にも、因果応報といういたずら好きの悪魔に活躍の場は与えられないと思いこんで。はたしてビーチは平らにならされ、砂の塊は消されるのか、それともセルバンテスはこれからも顔に冷ややかな笑みを浮かべて見おろすことになるのだろうか？

9　失われた序列

シェイクスピアの『トロイラスとクレシダ』には〝序列〟について語る力強いせりふがある。作中でギリシアの武将ユリシーズは、雄大な事物の成り立ちはかき乱さずに、天の思し召しどおりにしておくのが一番だと言い放つ。さもなければ、結果は深刻なものになりかねない。

序列を排してその弦の調子を狂わせたなら
聴こえるだろう、あとにつづく耳ざわりな音が！
……将軍はその部将に見下される
部将はその部下に
部下はその配下の者に……

そうかもしれない。だが、目下のところミレニアム後のスペイン・サッカーは、その弦の調子を狂わせて将軍を見下すチームがあっても、繁栄と上昇をつづけている。耳ざわりな音は聴こえてこない。

〝従来どおりの一位、二位独占〟と思われた百年はにわかに平等主義寄りの時代に発展し、人々は電子ターンスタイル（回転式入場口）を通ってスタジアムに詰めかける。昔も観客はやってきたが、いまの彼らは先立つものがあれば観戦に訪れるし、しかも目当てのチームが参加する戦いは、優勝候補がほんの二、三にとどまらない。

ビッグ2がいまも二大勢力なのはいうまでもない。ただし、レアル・マドリードはますます負債を貯めこんでいるようで、融資元の銀行と対等な立場を保つためにOBのネットワークや持ちつ持たれつの関係を利用し、見返り物件の価値を訴えている。たしかに根拠のある主張だが、この複雑な事業組織の舵をとるチームが機能しなくなっても成り立つものではない。

ユリシーズのように従来の覇権を守ろうとする者にとっては、新世紀とともに地域の力関係の変化という不思議な逆転のシナリオが浮かんできたことも問題だ。カスティーリャでは、ラーヨ・バリェカノが貧しい隣町のチームとして沈んでいた奈落から頭角を現し、首都唯一の重要なチームという長年にわたるレアル・マドリードの自負に戦いを挑んでいる。かたやアトレティコ・マドリードは二冠達成後わずか四年にして、窒息寸前の男のように二部の底辺付近でもがいているところだ。カルデロンがここまで憂鬱なスタジアムになったことはいまだかつてない。

アンダルシアでは、伝統的な軍閥であるベティスとセビーリャが二部リーグからの脱出を図る一方、通常はお上りさん扱いをされるマラガがトップリーグの地位と大勢の観客を満喫している（ベティスとセビーリャは二〇〇一—〇二年シーズンに一部に昇格した）。バスクでは、主要四チームが史上初めて一部リーグに勢ぞろいしたシーズン（二〇〇〇—〇一年）に、一時的ではあれ、アスレティック・ビルバオが地域のトップチームであるとの認識を嘲笑うようにビトリアの弱小アラベスが台頭した。チームを構成していたのは、ジョルディ・クライフなど、よそのクラブでお払い箱になった選手や無名の脇役たちだ。シーズン前半の彼らは、リーグにしろUEFAカップにしろ、どんな相手にも臆することがなかった。ジャガイモの害虫たちは、果敢な電光石火のカウンターアタックスタイルで一躍、侮れないチームとなっている。

　カタルーニャ人とその言葉が幅を利かせる地域では、マリョルカと、何よりバレンシアが波紋を広げており、巨人バルセロナの九〇年代のチームが投げかけた影から脱け出しつつあるようだ。バレンシアのチャンピオンズリーグでの躍進に加えて、一九九九—二〇〇〇年シーズンの末にスペイン人のベストプレイヤー、ガイスカ・メンディエタがヨーロッパのほぼすべての一流クラブから誘いを受けたことも、その証拠だろう。バルセロナがオファーをほのめかしたとき、穏やかな口調のミッドフィルダーは二〇〇五年までバレンシアに残る契約を結んで意思表示をするとともに、思いもよらない言葉を口にした。「バルサでプレイすることに興味はない。ここで満足している。このクラブにいれば、もっとトロフィーを獲得できるはずだ」バレンシアはコミュニティ（十年まえは彼らのファンの相当数がバルセロナの会員だった）としてもクラブとしても、カンプ・ノウ特有のカタルーニャ主義を離れて自信を高めつつある。メンディエタの決断はそれを一段と強める結果となった（メンディエタは二〇〇一年、イタリアのラツィオに移籍）。

　同じシーズンの終わりにはリーグタイトルがガリシアに渡り——ほぼ九〇年代を通じてその前兆は見られていたが——、この地方を世に知らしめた。デポルティボが余裕の優勝を飾ったのだ。会長のアウグスト・レンドイロが財布を開くことを恐れなかったのはたしかだが、リーグ制覇は場当たり的な経営で成し遂げられるものではない。過去十年にわたってクラブはユースの育成と効果的な外国人選手の獲得を両立させることに取り組んできた。そして九〇年代なかばの〝バベルの塔〟チームの過ちから立ち直ると、控えめなバスク人の知将ハビエル・イルレタを迎えて手堅いサッカーをすることに専念する。

ときに扱いにくかった集団をイルレタが手を加えやすいチームにつくり変えると、やがて成功が訪れた。ガリシアからリーグチャンピオンが現れるなどと言ったら、二十年まえなら物笑いの種になっただろう。ところが、いまはそれが現実だ。レアル・マドリードとバルセロナにすれば厄介なことに、デポルはそこに居座りそうな気配を見せている。もはやガリシア地方の名物は、悪天候とサンティアゴ・デ・コンポステラへの巡礼の道だけではない——もちろん、この州都にもサッカーチームはあるのだが。

ソリアのヌマンシアやレバンテのビリャレアルなど、これまで無名だったチームもトップリーグで健闘している（ヌマンシアは二〇〇〇－〇一年シーズンの末にリーグ最下位で降格）。彼らにも栄冠を狙える力があると言う者はまだいないが、この先どうなるかはわからない。下克上を歓迎する雰囲気のなかに新たな民主制の予感が漂っている。もはやレアル・マドリードに威圧される者はいないようだ。とはいえ、レアルの選手層の厚さは相変わらず驚異的である。チームに二十五人の代表選手がいるなら、重傷者発生による危機も白旗を掲げる理由にはならない。

三年間で二度めの欧州チャンピオンの座を宣言した六カ月後、レアル・マドリードはトレドに敗れて国王杯から姿を消した。トレドが属するのはセグンダB——地域別のリーグの集合で、格としてはイングランドのコンファレンスにほぼ相当する。のちに三人の選手がマルカ紙に対し、試合が一発勝負とは知らなかったと認めたが、この結果はいずれにしてもカステリャーナ通りに衝撃を与えた。マドリードは強力な布陣で臨んだ結果、パートタイマーたちにまともに敗れたのだ。これは全体のレベルが上がっているという国内に広がる印象を端的に示す出来事だったように思う。

白状するが、私は転向者だ。イングランド・サッカーという特殊なミルクで育てられたせいか、いまでも『マッチ・オブ・ザ・デイ』のテーマ曲に心を動かされるし、名誉の泥にまみれる一月のFAカップ三回戦と五月のファイナルのない生活に順応するのはむずかしい。そんな断ちがたい絆が、自分の一部となって魂のどこかに巣くっている。それでも美的感覚と頭は治癒された。スペイン・リーグを体験したら、プレミアシップは粗野な演《だ》し物に見えるし、テクニック、フィットネス、駆け引きの才をめぐる全体の格差はますます広がっているように思える。

そうなった理由は定かでないが、たぶんスペイン人の言うカリダード（テクニックの質）に関係があるにちがいない。彼らはいまやこの考え方に取りつかれていて、体調管理といった基礎は二番めに重要な部類に格下げされている。ここではフィットネスは当然の前提なのだ。人々は子供のころからよく食べて身体に気をつけるようしつけられる——血に染みついているというわけである。すでに述べたとおり、スペイン人は健康に関してやや矛盾した行動をとることが少なくなく、運動したあとむやみに煙草を吸ったりするが、平均的なサッカー選手はいまも英国の選手たちよりずっと健康そうに見える。

二〇〇〇年にチャンピオンズリーグの試合でレアル・マドリードがエランド・ロードに乗りこんだ

とき、後半に両チームのフィットネスの差が残酷なまでに暴露された。リーズが激しく息を切らしていたのに対し、マドリードはオーバードライブの効いたポルシェのように走りつづけたのだ。イングランドにいたころは迷いがうかがわれたスティーヴ・マクマナマンも、周囲のカリダードのおかげで変身したのか、いまのプレイは落ち着きと知性を感じさせる。リヴァプール時代にはめったに見られなかったものだ。

もちろん、結構ずくめというわけではない。反権威主義の文化もサッカーのフィールドにもちこまれると、そのうち鼻につくようになる。スペインの審判は見たところヨーロッパ最悪だが、実をいうとこれは〝われわれとあの連中〟といった非生産的な雰囲気のなかで笛を吹くよう強いられているためだ。いまやプレミアシップにも忍びこみつつあるこの心理が、スペインでは昔から国じゅうに蔓延している。また、スペイン人審判は正当なフィジカルコンタクトがどういうものか判断できないようだが、これはタックルのレベルが依然として低いことにも原因がある。残念ながら、選手たちは欺く行為を奨励されていて、プロフェッショナルファウルやダイビングについて公然と理屈を並べる。判定を下すために雇われた側に勝ち目はほとんどない。スペインのサッカー文化では、ずる賢く試合を進めない者はまぬけだとみなされており、正々堂々と戦うチームに進歩はないとの認識が浸透しているのだ。この国で抗議に対する十メートル・ルール（フリーキックの反則を取られたチームが審判の判定に抗議するとボールの位置を十メートル下げられる）が採用されたとしたら、ディフェンダーの大半はファンと並んで席に着くことになるだろう。

こうした点は一掃し、心を入れ替えてもらわなくてはならないが、そのプロセスに手をつけようと提案する者は見当たらない。過去数年間にやってきた外国人選手のほとんどはすぐになじんでしまったし、必要な行動パターンを身につける早さにはがっかりさせられるほどだ。ジョン・オルドリッジは九〇年代なかばの大量流入以前にスペインに移籍したが、トップリーグでの順調な二年のあいだにスペイン語の便利な言い回しをひとつだけおぼえた。彼が使いこなしたちくしょう《イホ・デ・プータ》は発音が完璧で、言語学者としても有望であることを示していた。オルドリッジ自身、ピッチではほかにおぼえる必要などないとスペインの新聞に語ったことがある。たぶんそのとおりだったのだろう。

　とはいえ、この本を辛辣な調子で締めくくるわけにはいかない。私がこの国に腰を落ち着けた理由のひとつは、そのサッカーの楽しさにある。ボスマン判決が効力をもつ直前のことだが、私は息子が生まれるのはここ、サン・セバスティアンでなくてはならないと言ってゆずらなかった。いつかカンテラから育ってレアル・ソシエダードの選手になれるように、と。その手の行動はきっと子供をサッカー嫌いにするだろうが、それならそれでかまわないと思う。

　巷にサッカーがあふれているとしても、私が飽きることはない。そのスペクタクルにも、モルボにも、誰を入れて誰を出すかをめぐる見知らぬ人との白熱した談義にも。土曜の夜の生中継の観戦、果てしなくつづく日曜の夜のダイジェスト番組、月曜夜のロビンソンの『その翌日』にも。

　サッカーの新世紀がどうにかはじまったいま、過去百年のあいだに数多くの道しるべが立てられたとはいえ、このゲームがたどる正確な方向を予測するのはむずかしい。それでも当然、たしかだと思えることがふたつある。まず、スペインの国民はこれからもサッカーをプレイし、観つづけるだろう。そして、モルボという言葉が廃れることはありそうにない。

謝辞

つぎに挙げる方々のご協力に感謝を申しあげたい。

デイヴィッド・リンジー、ファンホ・モラン、ファン・バウティスタ・モハロ・ガルシア、トニ・ストルベル、ダンカン・ショー、サイモン・イングリス、クリス・テイラーと『ホエン・サタデイ・カムズ』のみなさん。マイク・ティチャー、アンディ・ライオンズ、ダグ・チーズマン、リチャード・ガイ、そしてシェイン・シンプソン。

訳者あとがき

現在、世界最高峰の呼び声も高いスペイン・リーグ。欧州の大会を舞台とするスペイン勢の快進撃は依然としてとどまるところを知らない。一九九九―二〇〇〇年シーズンに参加枠が拡大されたチャンピオンズリーグではベスト4に三チームが名を連ね、レアル・マドリード－バレンシアという史上初の同じ国のクラブによる決勝が実現した。翌二〇〇〇―〇一年シーズンには二チームが準決勝に進出し、決勝ではバレンシアが惜しくもバイエルンに敗れたものの、今季もまたイングランドと並んで最多の三チームが二次リーグに残っている。二〇〇一年のUEFAカップ決勝で〝弱小〟アラベスがリヴァプールを相手に激闘を演じたのも、国内リーグの底上げを物語る何よりの証拠だろう。

日本でも、二〇〇二年ワールドカップの対戦国となったロシアの両雄カルピンとモストヴォイが所属するチーム、セルタ・デ・ビーゴが一躍、注目を集め、二〇〇二年五月には百周年行事の一環としてレアルと〝ヤタガラス〟の対戦が控えるなど、スペイン・リーグを取り巻く状況はあいかわらずにぎやかだ。

そんななか、スペイン代表がワールドカップで韓国のグループにまわったのが、日本に暮らす者として少々残念ではある。「今度の今度こそ」との下馬評もささやかれるだけに、ここはぜひとも決勝進出を果たして横浜に上陸してもらいたいところだが……。

本書『バルサとレアル――スペイン・サッカー物語』は、歴史・社会・政治・文化などの背景を踏まえてスペインのサッカーを描いた一作だ。原題は *morbo* : *The Story of Spanish Football*（WSC Books, 2001）。「モルボ」のくわしい説明は本文に譲るが、著者はまずこれをキーワードにクラブ間の反目の理由を解き明かす。そして、バスク勢やバルサ、レアルの歴史をたどり、スペイン・サッカー発祥の地や二チームが激しく対立するセビリアの街をめぐりつつ、クラブカルチャーや代表の戦績を振り返って、スペイン・サッカーの全貌を浮き彫りにしていく。

二〇〇一年春、『サッカーの敵』の著者サイモン・クーパーはこう書いた。「折りしもスペインのチームがヨーロッパを席巻しているいま、フィル・ボールの傑作 *morbo* が出版される」「チャンピオンズリーグのつぎのラウンドは誰が欧州ナンバー2であるかを示す証となるだろう。ナンバー1はいまのところ、フィル・ボールである」また、「大量のインクが闘牛に浪費された末、ようやくスペインの真の情熱の対象がフィル・ボールの快著で確認された。*morbo* ――歴史、政治、分析、逸話が鮮やかにからみ合う一冊だ」（ガーディアン紙）、「自称スペイン・サッカー通も蒙を啓かれるにちがいない」（ワールド・サッカー誌）など、スペイン・サッカーの全体像を初めて英語で紹介した本書は各方面で称賛の的となった。

著者フィル・ボールはカナダのヴァンクーヴァー生まれ、イングランドのクリーソープスで育ち、バスクのサン・セバスティアンに暮らすイングランド人だ。本書はスペイン生活の賜物だろうが、日本人のスペイン・サッカー観にある種の偏りがあるように、イングランド人のスペイン・サッカー論も優越感と劣等感が交錯する比較文化論的色合いを帯びている。たとえば、レアル・マドリードに敵意を燃やすアスレティック・ビルバオがなぜ親英派なのか。セビーリャ－ベティス間のモルボと、リヴァプールとエヴァートンの対立感情との違い。スペイン人選手の〝ずる賢さ〟に対する英国人の見方。スペイン人やイングランド人にとって、スタジアムやユニフォームの色といったクラブカルチャーがもつ意味。といったあたりが見えてくる点も、本書の大きな魅力のひとつだと思う。英国有数のフットボール・ファンジン、『ホエン・サタデイ・カムズ』常連寄稿者の面目躍如といったところか。

二〇〇二年二月

近藤隆文

データ：クラブチームの戦績

1．ヨーロッパの大会

◉欧州チャンピオンズリーグ（1992年まではチャンピオンズカップ）

1956	レアル・マドリード4－3スタッド・ド・ランス	パリ
1957	レアル・マドリード2－0フィオレンティーナ	マドリード
1958	レアル・マドリード3－2 ACミラン	ブリュッセル
1959	レアル・マドリード2－0スタッド・ド・ランス	シュトゥットガルト
1960	レアル・マドリード7－3アイントラハト・フランクフルト	グラスゴー
1961	ベンフィカ3－2バルセロナ	ベルン
1962	ベンフィカ5－3レアル・マドリード	アムステルダム
1964	インテルナツィオナーレ3－1レアル・マドリード	ウィーン
1966	レアル・マドリード2－1パルティザン・ベオグラード	ブリュッセル
1974	バイエルン・ミュンヘン4－0アトレティコ・マドリード	ブリュッセル
1981	リヴァプール1－0レアル・マドリード	パリ
1986	ステアウア・ブカレスト*0－0バルセロナ	セビリア
1992	バルセロナ1－0サンプドリア	ロンドン
1994	ACミラン4－0バルセロナ	アテネ
1998	レアル・マドリード1－0ユヴェントス	アムステルダム
2000	レアル・マドリード3－0バレンシア	パリ
2001	バイエルン・ミュンヘン*1－1バレンシア	ミラノ

＊はPK戦による勝利

◉ UEFAカップ（1971年まではフェアーズカップ。太字が二戦通算による勝者）

1958	ロンドン2－0バルセロナ	**バルセロナ**6－0ロンドン
1960	バーミンガム0－0バルセロナ	**バルセロナ**4－1バーミンガム
1962	バレンシア6－2バルセロナ	バルセロナ1－1**バレンシア**
1963	ディナモ・ザグレブ1－2バレンシア	**バレンシア**2－0ディナモ・ザグレブ
1964	レアル・サラゴサ2－1バレンシア（開催地バルセロナ）	
1966	バルセロナ0－1レアル・サラゴサ	レアル・サラゴサ2－4**バルセロナ**
1977	ユヴェントス1－0アスレティック・ビルバオ	ビルバオ2－1**ユヴェントス**
1985	ヴィデオトン0－3レアル・マドリード	**レアル・マドリード**0－1ヴィデオトン
1986	レアル・マドリード5－1ケルン	ケルン2－0**レアル・マドリード**
1988	エスパニョール3－0レヴァークーゼン	**レヴァークーゼン***3－0エスパニョール
2001	リヴァプール5－4アラベス（開催地ドルトムント）	

＊はPK戦による勝利

◉**カップウィナーズカップ**

1962	アトレティコ・マドリード3－0フィオレンティーナ	シュトゥットガルト
1963	トットナム5－1アトレティコ・マドリード	ロッテルダム
1969	スロヴァン・ブラティスラヴァ3－2バルセロナ	バーゼル
1971	チェルシー2－1レアル・マドリード	アテネ*1
1979	バルセロナ4－3フォルトゥナ・デュッセルドルフ	バーゼル
1980	バレンシア0－0アーセナル*2	ブリュッセル
1982	バルセロナ2－1スタンダール・リエージュ	バルセロナ
1983	アバディーン2－1レアル・マドリード	イェーテボリ
1986	ディナモ・キエフ3－0アトレティコ・マドリード	リヨン
1989	バルセロナ2－0サンプドリア	ベルン
1991	マンチェスター・ユナイテッド2－1バルセロナ	ロッテルダム
1995	レアル・サラゴサ2－1アーセナル	パリ
1997	バルセロナ1－0パリ・サンジェルマン	ロッテルダム
1999	ラツィオ2－1レアル・マリョルカ	バーミンガム

＊1第一戦は1－1の引き分け　＊2 PK戦でバレンシアの勝利

◉**スペインのクラブから選ばれた欧州年間最優秀選手**

1957　アルフレド・ディ・ステファノ（レアル・マドリード）
1958　レイモン・コパ（レアル・マドリード）
1959　アルフレド・ディ・ステファノ（レアル・マドリード）
1960　ルイス・スアレス（バルセロナ）
1973　ヨハン・クライフ（バルセロナ）
1974　ヨハン・クライフ（バルセロナ）
1994　フリスト・ストイチコフ（バルセロナ）
1999　リヴァウド（バルセロナ）
2000　ルイス・フィーゴ（バルセロナ／レアル・マドリード）

2．プロ化以降の国内の栄冠

	リーグ・チャンピオン	**カップ・ファイナル**
1929	バルセロナ	エスパニョール2－1レアル・マドリード
1930	アスレティック・ビルバオ	アスレティック・ビルバオ3－2レアル・マドリード
1931	アスレティック・ビルバオ	アスレティック・ビルバオ3－1レアル・ベティス
1932	レアル・マドリード	アスレティック・ビルバオ1－0バルセロナ
1933	レアル・マドリード	アスレティック・ビルバオ2－1レアル・マドリード

1934	アスレティック・ビルバオ	レアル・マドリード2－1バレンシア
1935	レアル・ベティス	セビーリャ3－0サバデル
1936	アスレティック・ビルバオ	レアル・マドリード2－1バルセロナ
1937	開催中止	開催中止
1938	開催中止	開催中止
1939	開催中止	セビーリャ6－2ラシン・フェロル
1940	アトレティコ・アビアシオン	エスパニョール3－2レアル・マドリード
1941	アトレティコ・アビアシオン	バレンシア3－1エスパニョール
1942	バレンシア	バルセロナ4－3アスレティック・ビルバオ
1943	アスレティック・ビルバオ	アスレティック・ビルバオ1－0レアル・マドリード
1944	バレンシア	アスレティック・ビルバオ2－0バレンシア
1945	バルセロナ	アスレティック・ビルバオ3－2バレンシア
1946	セビーリャ	レアル・マドリード3－1バレンシア
1947	バレンシア	レアル・マドリード2－0エスパニョール
1948	バルセロナ	セビーリャ4－1セルタ・デ・ビーゴ
1949	バルセロナ	バレンシア1－0アスレティック・ビルバオ
1950	アトレティコ・マドリード	アスレティック・ビルバオ4－1レアル・バリャドリード
1951	アトレティコ・マドリード	バルセロナ3－0レアル・ソシエダード
1952	バルセロナ	バルセロナ4－2バレンシア
1953	バルセロナ	バルセロナ2－1アスレティック・ビルバオ
1954	レアル・マドリード	バレンシア3－0バルセロナ
1955	レアル・マドリード	アスレティック・ビルバオ1－0セビーリャ
1956	アスレティック・ビルバオ	アスレティック・ビルバオ2－1アトレティコ・マドリード
1957	レアル・マドリード	バルセロナ1－0エスパニョール
1958	レアル・マドリード	アスレティック・ビルバオ2－0レアル・マドリード
1959	バルセロナ	バルセロナ4－1グラナダ
1960	バルセロナ	アトレティコ・マドリード3－1レアル・マドリード
1961	レアル・マドリード	アトレティコ・マドリード3－2レアル・マドリード
1962	レアル・マドリード	レアル・マドリード2－1セビーリャ
1963	レアル・マドリード	バルセロナ3－1レアル・サラゴサ
1964	レアル・マドリード	レアル・サラゴサ2－1アトレティコ・マドリード
1965	レアル・マドリード	アトレティコ・マドリード1－0レアル・サラゴサ
1966	アトレティコ・マドリード	レアル・サラゴサ2－0アスレティック・ビルバオ
1967	レアル・マドリード	バレンシア2－1アスレティック・ビルバオ
1968	レアル・マドリード	バルセロナ1－0レアル・マドリード

1969	レアル・マドリード	アスレティック・ビルバオ1－0エルチェ
1970	アトレティコ・マドリード	レアル・マドリード3－1バレンシア
1971	バレンシア	バルセロナ4－3バレンシア
1972	レアル・マドリード	アトレティコ・マドリード2－1バレンシア
1973	アトレティコ・マドリード	アスレティック・ビルバオ2－0カステリョン
1974	バルセロナ	レアル・マドリード4－0バルセロナ
1975	レアル・マドリード	レアル・マドリード*0－0アトレティコ・マドリード
1976	レアル・マドリード	アトレティコ・マドリード1－0レアル・サラゴサ
1977	アトレティコ・マドリード	レアル・ベティス*2－2アスレティック・ビルバオ
1978	レアル・マドリード	バルセロナ3－1ラス・パルマス
1979	レアル・マドリード	バレンシア2－0レアル・マドリード
1980	レアル・マドリード	レアル・マドリード6－1カスティーリャ
1981	レアル・ソシエダード	バルセロナ3－1スポルティング・ヒホン
1982	レアル・ソシエダード	レアル・マドリード2－1スポルティング・ヒホン
1983	アスレティック・ビルバオ	バルセロナ2－1レアル・マドリード
1984	アスレティック・ビルバオ	アスレティック・ビルバオ1－0バルセロナ
1985	バルセロナ	アトレティコ・マドリード2－1アスレティック・ビルバオ
1986	レアル・マドリード	レアル・サラゴサ1－0バルセロナ
1987	レアル・マドリード	レアル・ソシエダード*2－2アトレティコ・マドリード
1988	レアル・マドリード	バルセロナ1－0レアル・ソシエダード
1989	レアル・マドリード	レアル・マドリード1－0レアル・バリャドリード
1990	レアル・マドリード	バルセロナ2－0レアル・マドリード
1991	バルセロナ	アトレティコ・マドリード1－0マリョルカ
1992	バルセロナ	アトレティコ・マドリード2－0レアル・マドリード
1993	バルセロナ	レアル・マドリード2－0レアル・サラゴサ
1994	バルセロナ	レアル・サラゴサ*0－0セルタ・デ・ビーゴ
1995	レアル・マドリード	デポルティボ・ラ・コルーニャ2－1バレンシア
1996	アトレティコ・マドリード	アトレティコ・マドリード1－0バルセロナ
1997	レアル・マドリード	バルセロナ3－2レアル・ベティス
1998	バルセロナ	バルセロナ*1－1マリョルカ
1999	バルセロナ	バレンシア3－0アトレティコ・マドリード
2000	デポルティボ・ラ・コルーニャ	エスパニョール2－1アトレティコ・マドリード
2001	レアル・マドリード	レアル・サラゴサ3－1セルタ・デ・ビーゴ

＊はPK戦による勝利

◉著者略歴

フィル・ボール　Phil Ball

1957年、ヴァンクーヴァー（カナダ）生まれの英国人。イングランド東部で育ち、子供のころはグリムズビー・タウンのファン。中等学校教師を経て、ペルー及びオマーンで英語を教え、91年からバスク自治州のサン・セバスティアン在住。大学講師（言語学）や自治州政府の教育コンサルタントを務めるかたわら、フットボールファンジン『When Saturday Comes』（ロンドン発行）などにスペイン・サッカー事情を執筆。

◉訳者略歴

近藤隆文　（こんどう　たかふみ）

1963年、静岡県生まれ。一橋大学社会学部卒。翻訳家。訳書にジョナサン・タロック『シーズンチケット』（アーティストハウス）、ニック・ホーンビィ編『天使だけが聞いている12の物語』（ソニー・マガジンズ、共訳）、テリル・ランクフォード『明日なき者の宴』（扶桑社ミステリー文庫）、ロバート・ボーヴァルほか『オリオン・ミステリー』、ブライアン・マギー『哲学人』（以上、NHK出版）などがある。

校正――――田中光恵

カバー写真――表：2001年11月4日、サンティアゴ・ベルナベウにおけるレアル・マドリード－バルセロナ戦。
裏：2000年10月22日、カンプ・ノウのバルセロナ－レアル・マドリード戦で、フィーゴ選手への抗議のポスターを掲げるバルサ・サポーター。
いずれも© AFLO FOTO AGENCY

バルサとレアル
スペイン・サッカー物語

2002(平成14)年 3 月 10 日 第 1 刷発行
2005(平成17)年 4 月 25 日 第 5 刷発行

著者 フィル・ボール
訳者 近藤隆文
発行者 松尾 武
発行所 日本放送出版協会
〒150-8081 東京都渋谷区宇田川町41-1
電話 (03) 3780-3319 (編集)
(03) 3780-3339 (販売)
http://www.nhk-book.co.jp
振替 00110-1-49701
印刷 亨有堂／大熊整美堂
製本 田中製本

乱丁・落丁本はお取り替えいたします。
定価はカバーに表示してあります。

ISBN 4-14-080673-7 C0075 Printed in Japan